家事诉讼中未成年人参与权研究

张莉蔚◎著

吉林大学出版社

长春

图书在版编目（CIP）数据

家事诉讼中未成年人参与权研究 / 张莉蔚著. —长春：吉林大学出版社，2021.9
ISBN 978-7-5692-8918-3

Ⅰ.①家… Ⅱ.①张… Ⅲ.①婚姻家庭纠纷—民事诉讼—青少年保护—权益保护—研究—中国 Ⅳ.① D923.904 ② D922.7

中国版本图书馆 CIP 数据核字（2021）第 195813 号

书　　名：家事诉讼中未成年人参与权研究
　　　　　JIASHI SUSONG ZHONG WEICHENGNIANREN CANYUQUAN YANJIU
作　　者：张莉蔚 著
策划编辑：卢　婵
责任编辑：徐　佳
责任校对：单海霞
装帧设计：黄　灿
出版发行：吉林大学出版社
社　　址：长春市人民大街 4059 号
邮政编码：130021
发行电话：0431–89580028/29/21
网　　址：http://www.jlup.com.cn
电子邮箱：jdcbs@jlu.edu.cn
印　　刷：武汉鑫佳捷印务有限公司
开　　本：787mm×1092mm　　　1/16
印　　张：21
字　　数：260 千字
版　　次：2021 年 9 月　第 1 版
印　　次：2021 年 9 月　第 1 次
书　　号：ISBN 978-7-5692-8918-3
定　　价：125.00 元

前　言

习近平总书记强调："家庭是社会的细胞，家庭和睦则社会安宁，家庭幸福则社会祥和，家庭文明则社会文明。"未成年人是家庭的核心，未成年人权益的实现事关家庭、社会与国家的和谐、稳定与发展。近年来，随着离婚案件的增多，涉及未成年人权益保护的监护权、抚养权、探望权等家事诉讼的案件数量也随之上升，这些家事诉讼案件的处理对未成年人未来的居住、教育、亲子关系等方面均有重大的影响，事关未成年人的生活与发展，因而，保障未成年人最大利益成了家事诉讼的首要考虑。因未成年人身心未臻成熟，如何保障未成年人有效地表达意愿、观点和偏好已成为各国与各地区家事诉讼中面临的一个重大问题。

2016年6月1日起，最高人民法院在全国部分法院开展家事审判方式和工作机制改革试点工作，着力实现维护未成年人等弱势群体合法权益，促进家庭关系和谐稳定，促进社会和谐健康发展。也是从这时候起，笔者开始关注家事诉讼这个领域，关注家事诉讼中未成年人权益保护问题，开始思考如何保障未成年人在家事诉讼中能够有效表达自身的意愿。在查阅、整理大量的域外资料中，笔者发现域外国家与地区的家事诉讼立法中对未成年人权益的保护较为完备，理论研究起步较早，成果积累深厚。然我国无论是在法律规范层面还是在司法实践领域，未成年人的声音均没有得到应有的重视。这样显著的差距，促使笔者萌发了在这个领域进一步深入开展相关研究的计划，本书就是笔者近几年学习、研究的一个阶段性成果。

本书以家事诉讼中未成年人参与权为研究对象，在总结我国相关立法及司法实践经验的基础上，借鉴有关国家与地区先进立法，提出构筑符合未成年人身心发展特点的参与权实现机制，希望促使未成年人的声音能够真正进入到家事诉讼中来，弥补我国学术界对未成年人参与权研究方面的不足，为当下进行的家事审判的改革探索提供理论支持，促进全社会尊重未成年人观念的形成。

在本书的撰写过程中，正值《民法典》颁布之际，其确立了最有利于未成年子女的原则以解决父母离婚时子女的抚养问题，同时，规定了子女已满八周岁的，应当尊重其真实意愿。在本书付梓之际，《未成年人保护法》修订通过，进一步明确了有表达意愿能力未成年人在有关自身权益的事项上享有参与权。未成年人权益保护的立法又向前迈出了一大步。

本书的顺利完成包含了家人、老师、朋友的诸多支持与帮助，在这里表达最诚挚的感谢。同时，笔者虽倾尽全力，但专业能力所限，本书中的诸多内容还不够深入完善，未来将不断努力学习相关知识，进一步关注该领域的发展并开展相关研究。

相信在习近平法治思想的指导下，我国全面依法治国的进程将不断深入推进，社会主义法治建设将越来越好！

目　录

第一章　家事诉讼中
未成年人参与权概述

第一节　未成年人的再认识

一、未成年人及与相关概念界分

（一）未成年人

人从自然意义来说，是过程的存在。未成年人因其身心发育尚不成熟，处于人生的发展期，显现出与成年人明显不同的生理、心理和社会特征。在国家发展与社会进步的历史进程中，未成年人承载着国家的希望，担负着民族的未来。在法律的世界里需要对人生的不同阶段进行一个价值性的割裂，以期对事物本身展开深入的研究。对未成年人权益保护的研究首先需要对未成年人的概念进行法律意义上的确定。

英语中的"minor"和"juvenile"均有"未成年人"的意思，前者与

"major"（成年人）相对，带有歧视性的倾向，认为与成年人相比，未成年人是不完全的个体，在智识上无法做出满足其最大利益的决定。时至今日，尽管已承认未成年人是独立的权利主体，但其权利的行使仍受到其心智有限的诸多限制，需要法律为其设置诸多制度或程序以补强其缺陷。"Juvenile"是在刑事诉讼程序中被经常使用的术语，包含否定性的违法之义。现今，在一些国际性文件及学者的学术研究中多用"child"指代"未成年人"。① 在我国古代，曾经以身高作为衡量是否成年的标志，推定达到了一定的高度就拥有了成年人的气力。古罗马时已采用年龄作为确定成年与否的依据，并以 25 岁为成年年龄。现今不同的国家和地区均是根据本国公民生理发育的情况对成年年龄做出规定，而本国的政治、经济、文化、传统、风俗习惯，甚至是气候等因素对公民生理发育均有不同程度的影响，因而不同国家和地区关于成年年龄的规定呈现出差异。在美国，尽管每个州的法律制度不尽相同，但各州基本上都对未成年人的年龄界定在 18 周岁以下。法国、德国、英国也均规定年龄不满 18 周岁者是未成年人。② 《日本民法典》第 4 条规定"年满二十岁为成年"。③ 荷兰、比利时等国规定 21 岁为成年年龄。④ 《中华人民共和国未成年人保护法》（以下简称《未成年人保护法》）确认了未满 18 周岁的公民是

---

① 如联合国《儿童权利公约》（Convention on the Rights of the Child）及笔者查阅的大量英文文献均使用"child"来指代"未成年人"。

② 《法国民法典》第 388 条规定：男或女，年龄不满 18 周岁者，是未成年人。《德国民法典》第 2 条规定：满 18 周岁为成年。英国 2000 年修订的《遗嘱法》规定：18 岁为成年人，具有遗嘱能力。

③ 《日本民法典》，刘士国、牟宪魁、杨瑞贺译，中国法制出版社 2018 年版，第 3 页。

④ 杜新丽：《国际私法》，中国人民大学出版社 2015 年版，第 149 页。

未成年人。① 同时《中华人民共和国民法典》（以下简称《民法典》）也明确了不满18周岁的自然人为未成年人。② 可见，我国法律是以未满18周岁作为未成年人的界定标准。对未成年人规定的年龄界限是一个国家的立法权限，尽管各国立法对此规定不尽相同，但把未成年人作为一个特殊的群体给予特殊的关照与保护则是不争的事实。此外，一些国际性文件也对未成年人的年龄做了规定，以保障法律适用的准确性。《儿童权利公约》在第1条③ 就对未成年人的年龄进行了限定，从该条可以看出，公约选取较多国家认可的18岁作为未成年人的判断依据，同时，也顾及一些国家国情的特殊性，可以规定与公约不同的标准。综上，将未满18周岁作为未成年人的年龄界限已成为国际社会普遍认同的标准。

（二）概念使用的厘清

与未成年人有关的用语有儿童、少年、青少年等。《牛津法律大辞典》载明，儿童是指未达成年年龄标准的人，特别是指与作为其父母的特定他人有关系的未成年人。④ 可见，在此儿童与未成年人指向相同。有些国家或地区对这几个用语做了较明确的区分。在日本，少年即指未成年人，是通行于社会范围内各种语境中的正式词语，同样也在法律术语中正式使用。⑤ 青少年的年龄可从少年（11岁左右）起至青年晚期（35岁），是一

---

①　《未成年人保护法》第2条：本法所称未成年人是指未满18周岁的公民。

②　《民法典》第17条：18周岁以上的自然人为成年人。不满18周岁的自然人为未成年人。

③　《儿童权利公约》第1条：为本公约之目的，儿童系指18岁以下的任何人，除非对其适用之法律规定成年年龄低于18岁。

④　［英］戴维·M. 沃克著：《牛津法律大辞典》，李双元等译，法律出版社2003年版，第194页。

⑤　吴海航：《日本少年事件相关制度研究：兼与中国的制度比较》，中国政法大学出版社2011年版，第63页。

个跨度极大的年龄范围。这一概念主要用于犯罪问题研究，这是因为，从年龄上看，犯罪嫌疑人绝大部分集中在这一年龄段内，约占犯罪嫌疑人员总数的 80% 左右。[①] 对此也有学者持反对意见。[②] 在《儿童权利公约》中也并没有直接使用"未成年人"的表达，而是使用了"儿童"的称谓。

综观以上儿童、少年、未成年人、青少年等称谓的阐述，可知这些概念之间既相互联系，又互有区别。从有关国际性法律文件以及国家和地区的现有规定来看，普遍将 18 岁以下的自然人视为儿童或未成年人。在教育学、心理学研究领域，更多采用儿童或未成年人的表达方式。从法学的研究角度来看，少年或青少年的称谓主要在刑事诉讼领域被广泛采用。但是，在大多数情况下，无论是法律文本还是学术研究领域，对儿童、少年及未成年人的适用范围并不做严格意义上的区分与界定，所表达的内涵是一致的。

我国自《未成年人保护法》颁布时起，未成年人一词得到普遍的适用，成为儿童这一概念在我国社会的指称。同时，考虑到《民法典》中也选取了未成年人的称谓，因而，本书根据以上法律文本，同时为使本书整体表述一致，在阐释研究内容时本书统一使用未成年人的表述。此外，《儿童权利公约》中对儿童的界定也与我国上述法律中未成年人的界定年龄一样，因而，在本书中儿童与未成年人的指向同一。在引用其他学者研究成果或

---

① 赵秉志：《中国现阶段犯罪问题研究》（总卷），中国人民公安大学出版社 2004 年版，第 68-70 页。

② 该学者认为：青少年包括未成年人与成年人两部分群体，而根据中国现行法律与刑事政策，未成年人与成人有着重大区别，法律与政策的"特别优惠"一般仅施于未成年人；青少年一词的模糊性，不同使用者往往根据其不同的目的需要界定其上下限，而法律与法学研究讲求的是用语的精确。姚建龙：《少年刑法与刑法变革》，中国人民公安大学出版社 2005 年版，第 7 页。

文献著述以及涉及一些固有表达时，出于对原文的尊重以及表达习惯，对涉及儿童、少年、青少年等表述不做变通处理，其意义与未成年人相同。

二、未成年人身份的特征

对未成年人的认识如果仅仅停留在年龄的界定层面，是非常表面和肤浅的。事实上，未成年人不仅是一个体现不同心理阶段的生理性概念，而且也是一个具有深刻社会内涵的包含显著社会性的概念，更是一个需要在法律层面认真对待的群体。

（一）未成年人的社会特征

1. 未成年人的基础性

未成年人的基础性着重表现在儿童期与个体的关系上，儿童期是每个人成长发育的初期阶段，童年的生长经历影响着成年后的发展。一个人成年后的行为方式和意识状态，基本上都可以在其儿童阶段的成长中找到根源。美国哥伦比亚大学医学院心理学家 M.Ehresnsaft 教授曾做过一项为期 20 年的调查研究，主要对 540 名未成年人及其父母进行追踪，以家庭访问和问卷调查的形式考察这些未成年人成年后的生活、工作、夫妻感情等方面的情况，调查发现，童年时曾被虐待、殴打的，长大后也较易有这些行为，并认为暴力是解决问题的方法。[1] 众所周知，家庭是未成年人成长的重要场域，为未成年人提供情感支持、智力帮助和辅助照管。有研究显示，良好的家庭氛围主要指未成年人在成长阶段与父母的关系状态，是形塑未成年人良好心理、性格、品德等内在素质的重要因素，也是降低未成年人

---

① 转引自于海编著：《家庭与学校的联系》，远方出版社 2005 年版，第 217 页。

未来发生偏差行为风险的重要因素。[①] 所以，建构良性的家庭关系为未成年人提供其健康成长所必需的优质亲子关系是每一个父母应尽的责任，事关未成年人健全人格的养成与意识成长。儿童期在人发展的各个阶段处于基础性、导向性的地位，对未成年人个体的成长关系巨大。对国家而言，未来国家是否具有强劲的发展势头，是否具有民主法治的品格与意识均与当今未成年人的状态息息相关；对社会整体而言，未成年人是社会关系的集合体，社会保存和发展着人类创造的精神文明与物质文明的丰硕成果，未成年人通过自身的学习努力汲取，为未来社会的繁荣发展与文明传承而积累与积淀，未成年人的发展与努力影响的是未来社会的文明与延续。孩子是家庭的也是国家的，对未成年人的保护不仅涉及未成年人自身的发展，更关涉未来国家与社会的进步与延续。

2. 未成年人的发展性

人的一生是持续不断向前发展的，未成年人的发展在人生的各个阶段表现得最为明显。未成年人的发展性是集抽象和具体于一身的概念，前者是指未成年人群体总的发展趋势，后者反映的是未成年人单个的发展态势。从群体角度来看，发展是未成年人这个群体最本质、最根本的特征；从个体的视角来看，未成年人区别于成年人、老年人的显著特征就是发展性。

未成年人的发展性主要通过生理发展、心理发展和社会性发展三个方面予以体现。生理上的发展主要体现在身高、体重、骨骼以及神经系统等各器官和机能结构的功能完善和发展。可以说，体形和组织机能的不健全到健全发展的重要过程都是在未成年人阶段完成的，前者包括身高由低到

---

① 赵军：《未成年人犯罪相关因素定量研究》，人民日报出版社 2017 年版，第 32—34 页。

高、头颅由小到大、四肢由短到长等，后者包括呼吸系统、消化系统、思维系统等由低级到高级、由不健全到健全。从心理发展的角度看，尽管处于不同发育时期如乳儿期、婴儿期、幼儿期、学龄初期、少年期的未成年人的心理发展特点不尽相同，但无论是在知觉、认知等功能性发展方面，抑或是情感、意志等心理元素的发展方面，均呈现出快速变化发展之势。未成年人在各方面的成长变化相较于人生其他阶段，显现出全方位、多指向、高速度的特点。全方位发展，是指作为生物学意义和社会学意义上的个体的全面发展，即通过借助家庭和其他力量，依托各种形式与途径参与社会活动，摄取关于自然和社会的基本认知促进身体和心智的日趋成熟。多指向是指未成年人发展的方向具有多角度，是面向社会各个领域的，即包括对各种各样的自然现象的认识，也包括对各种各样的社会现象的认识。同时，儿童期的发展以惊人的速度在推进，是人生其他阶段的发展无法企及的。未成年人的发展能够实现一个人从无知到全面掌握各类知识、从心智孱弱跨进心智成熟，完成心理和生理的全面成熟，而成年之后，身体形态和认知意识基本已经形成，要想实现巨大的改变是比较困难的。未成年人在各方面的发展演变是成为真正意义上的社会人的重要过程，是完成从"生物人"走向"社会人"的重要转变的关键时期。这种高速的、多指向的、全方位的发展是儿童阶段所独有的，也表现出发展的概念在儿童期的重要意义。①

---

① 陆士桢、魏兆鹏、胡伟编著：《中国儿童政策概论》，社会科学文献出版社 2005 年版，第 5 页。

（二）未成年人的法律特征

1. 未成年人是独立的权利主体

在漫长的人类历史中，未成年人仅仅被作为一种客观存在，数千年都未被真正"发现"。"发现"并非指未成年人是否存在，而是指对于"未成年人"这一特殊群体在观念上形成认识，赋予其独立的权利主体地位，真正将其作为群体进行研究。①

儿童期是人类生命周期中的必经阶段，无论人类是否发现都是客观存在的。但是，在中世纪前的社会中，"儿童"是不存在的，儿童与成年人是没有区分的。在人类社会发展的早期，未成年人的价值与权利是割裂的、分离的，人们关注的仅是未成年人对于社会的价值，根本不存在未成年人权利的观念，常常把未成年人视为物，是成年人、家庭抑或国家的私有财产，即便是在文明程度较高的古希腊也是如此。7 岁以后家庭的抚养和教育任务就结束了，男孩子被送到国家教育机关接受教育，使其成为勇敢、坚韧的爱国战士。② 这一时期并没有认识到未成年人与成年人的区别，未成年人只是"缩小的成人"。

中世纪的欧洲，基督教教义占据着主导西欧各国意识形态的统治地位，"原罪论"以及"预成论"基本主宰了人们对未成年人的看法。"原罪论"主张人生来就有罪，就连刚出生的婴儿也是如此。在中世纪，生产力水平不发达，不允许未成年人长期依赖成年人，需要像成年人一样参加劳作，

---

① 这种认识包括：a. 儿童是不同于成年人的个体；b. 儿童与成年人的区别不仅在于个体大小的不同，更为重要的是，他们具有独特的心理特点和精神个性；c. 儿童具有独立的人格，而不是成人的附属品。张洪生：《广告与儿童发展》，中国传媒大学出版社 2011 年版，第 37 页。

② 赵厚勰、李贤智主编：《外国教育史教程》，华中科技大学出版社 2012 年版，第 12 页。

早日独立生活，因而未成年人的特殊之处并没有被真正认知。"儿童就是小大人，与成年人是完全一样的，没有本质区别，儿童与成年人唯一的区别就是年龄和身材的差异"，这就是"预成论"。[①] 从古代社会到中世纪的人类世界对未成年人的看法均是从未成年人的社会价值出发，以政治社会或宗教为原则，未成年人自身的特殊性与独立性并没有引起关注。然而即便如此，"儿童是独特的"这一观念在中世纪已初见端倪。亚里士多德已经认识到个人发展有三个时期，[②] 因而也有人称他为"第一个理解小孩子需要的人"。

在文艺复兴运动的推动下，未成年人开始受到关注，并被认为拥有一种"特殊而尊贵的地位"[③]。"儿童的发现"为儿童的命运带来了巨大的转机，使得儿童的生命、权利与自由以及应接受的教育得到了新的审视。一批具有先进思想的教育家展开了对中世纪落后儿童观的猛烈抨击，倡导要尊重与解放儿童，应依据儿童身心发育的特性保障他们的成长与发展。资产阶级革命的持续深入发展与资产阶级启蒙思想家推崇的人权、自由及平等的先进思想对西方国家进行法律领域的革命性变革起到了巨大的推动作用，纷纷颁布法律对人权做出确认。[④] 自此，国家根据儿童的自身特性将其与

[①]　杨柯主编：《学前儿童发展心理学》，西南交通大学出版社 2015 年版，第 13 页。

[②]　这三个时期是指，第一个是身体成长时期，第二个是爱好至上时期，第三个是理智占上风时期。杨柯主编：《学前儿童发展心理学》，西南交通大学出版社 2015 年版，第 13 页。

[③]　P. Gavitt, Charity and Children in Renaissance Florence . Ann Arbor, 1991: p.275. 转引自施义慧：《近代西方儿童观的历史变迁》，载《广西社会科学》2004 年第 11 期，第 143 页。

[④]　代表性的法律有 1676 年英国通过的《人身保护法》、1689 年通过的《权利法案》、1789 年法国通过的《人权和公民权利宣言》、1791 年美国通过的《人权法案》等。

成年人区分开并为其提供特殊保护。①

进入 20 世纪之后，在联合国的推动下，国际社会在未成年人权利保护方面达成了诸多共识，制定并签署了多个国际性法律文件，其中将保护未成年人的理念转化为对未成年人独立权利主体地位予以确认的是 1989 年联合国大会通过的《儿童权利公约》。未成年人作为"积极和创造性"的权利主体，享有"包括生存、发展和充分参与社会、文化、教育生活以及他们个人成长与福利所必需的其他活动的权利"。② 至此，有关未成年人的礼教观念逐渐转变为未成年人有独立权利的观念，承认未成年人有需要考虑的利益甚至是权利，需要考虑未成年人与成年人尤其是他们的父母的利益有着明显的区别。

我国古代早期的《周礼》《法经》到后来的《秦律》《汉律》《唐律》都有关于未成年人保护和未成年人处罚的法律规定。唐代以后的历代封建王朝，诸如宋、明、清都承袭了《唐律》中"恤幼"的思想，如《名例律》第 31 条规定的"犯罪时幼小，事发时长大，依幼小论"等。这些规定多是出于一种人类的朴素情感以及受到儒家的"以德治国""矜老恤幼""济贫救弱"思想的影响。然而，由于同时受制于"君君臣臣父父子子"这种三纲五常的封建伦理思想的禁锢，未成年人始终被看作是依附于父母、

---

① 主要有 1808 年英国颁布的《少年法》、1874 年颁布的《未成年人救助法》、1886 年颁布的《未成年人保护法》、1899 年美国伊利诺伊州通过的《少年法庭法》、1923 年德国颁布的《少年法院法》、1912 年法国颁布的《青少年保护观察法》、1912 年比利时制定的《儿童保护法》、1922 年日本制定的《少年法》、1924 年瑞典制定的《儿童福利法》等。

② 联合国 1990 年世界儿童问题首脑会议《儿童生存、保护和发展世界宣言行动计划·导言》第 4 条，载联合国网站，https://www.un.org/chinese/events/children/Action/Introduction.html. 访问日期：2018 年 11 月 10 日。

依附于家庭的个体，其主体性被淹没在伦理纲常的窠臼里。古代中国明确地、完整地用法律的形式专门规定未成年人的民事权利是在清末的法律改革中。1911 年完成但是并未施行的《大清民律草案》是一部接受西方先进法制思想并且大量保存封建性质的民法典。该法典对于未成年人的法律规定接近于现代法治观念，从人身权、婚姻、继承三个方面做了规定。同年颁布的《大清新刑律》首次提出应对少年犯在规定期限内实行强迫感化教育。①

新中国成立后，确认和维护未成年人权利是我国法制发展中的一项重要内容，尤其是 1991 年获准加入联合国《儿童权利公约》后，我国积极履行条约义务，依据本国未成年人事务发展的需要，借鉴域外先进立法经验，制定并颁布了多项有关未成年人生存、发展、教育、保护的相关法律和政策，促进了家庭、教育、司法等各领域未成年人权利保护观念的加强及权利保护机制方面的持续改善，以未成年人权利保护为宗旨的法制建设逐步规范化、健全化。②

2. 未成年人是法律予以特殊保护的群体

在人类社会发展的漫长进程中，怜悯弱小的善性始终是人类的优秀品格之一，对未成年人予以特别保护虽不及人类历史一样久远，但以法律的

---

① 陆士桢、魏兆鹏、胡伟编著：《中国儿童政策概论》，社会科学文献出版社 2005 年版，第 74 页。

② 这一时期颁布的法律、法规、文件主要有：1991 年中国政府签署的《儿童生存、保护和发展世界宣言》和《执行 90 年代儿童生存、保护和发展世界宣言的行动计划》，1991 年通过的《收养法》，1991 年通过的《未成年人保护法》且在 2006 年和 2012 年进行了两次修订，1999 年通过的《预防未成年人犯罪法》，2002 年国务院颁布的《禁止使用童工法》，国务院先后颁布的《中国儿童发展纲要（2001—2010 年）》《中国儿童发展纲要（2011—2020 年）》等。

形式确认下来却早已形成共识。

在古代，人们尚未发现未成年人与成年人有什么根本的不同。原始社会的未成年人并不是独立家庭的一员，而是氏族社会的成员，虽然当时的未成年人也会获得成年人的关照和抚养，但是这种关照并非来源于对未成年人的特殊身心发展需求的认识，而是出于种族延续的一种需要，将其作为未来的劳动力。奴隶社会的生产力水平有了一定的提高，人们的生存状况得到了改善，但是对未成年人的认识仍然停留在"缩小了的成人"的层面上，对未成年人权利的保护十分有限。尽管如此，在一些法典中已出现了给予未成年人特殊保护的条款，如《十二铜表法》第8表第9条的规定、①《摩奴法典》第8卷第27条的规定、②《汉穆拉比法典》第29条的规定③。在我国古代，未成年人犯罪与老年人和智障的人一样是可以得到赦免的，此即"三赦"。

进入封建社会，对未成年人权利的保护尽管仍然停留在维护封建统治的层面，但确实具有了一定的改观，对未成年人的特殊保护力度有所加强。我国古代最著名的法典《唐律》规定：凡70岁以上、15岁以下及废疾，犯"反

---

① 《十二铜表法》第8表第9条：如果成年人夜间在犁耕的田地上践踏或收割庄稼，则处以死刑。犯有同样罪行的未成年人，则根据最高审判官的处理，或者给以鞭打，或判处加倍赔偿使人遭受的损害。世界著名法典汉译丛书编委会编：《十二铜表法》，法律出版社2000年版，第37页。

② 《摩奴法典》第8卷第27条：如果儿童没有保护人，其继承财产应该置于国王的保护之下，直到他完成学业，或达到成人期，即达到16岁时为止。［法］《摩奴法典》，迭朗善译，马香雪转译，商务印书馆1982年版，第170页。

③ 《汉穆拉比法典》第29条：倘其子年幼，不能代父服役，则应以田园1/3交其母，由其母养育之。世界著名法典汉译丛书编委会编：《汉穆拉比法典》，法律出版社2000年版，第11页。

逆"杀人等死罪，可以上请减免，90 岁以上、10 岁以下，虽有死罪不加刑。①《唐律》的这一规定也为唐朝之后的朝代的立法所借鉴。

资产阶级革命的胜利极大地推动了人权运动的发展，对未成年人权利的关注与尊重取得了前所未有的改观。体现在制度层面，出现了一大批规范性的法律文件，其中既有国际社会共同达成的国际条约，也有主权国家制定的国内法。英国在未成年人权利保护的征程中发挥了先锋作用。② 美国的《少年法庭法》③ 则开启了未成年人司法保护的新篇章，该法专门对未成年人案件的组织机构、审判程序、对越轨少年的处理等问题做了详尽的规定，在未成年人司法的发展方面起到了重要的推动作用，该法也成为诸多国家与地区制定未成年人相关立法的重要借鉴。

现代法治社会，对未成年人赋予特殊法律保护的理念深入人心，法律体系日益健全。各国家和地区不仅有针对未成年人制定的专门立法如我国的《未成年人保护法》、1912 年比利时的《儿童保护法》、1923 年德国的《少年法院法》和 1991 年的《儿童和青年福利法》、1924 年瑞典的《儿童福利法》、1947 年日本的《儿童福利法》、1989 年英国的《儿童法》等，而且对未成年人权利保护的范围也不断扩大，权利保护的内容也更为细化，从宽泛的儿童福利立法发展到未成年人司法保护专门立法。可以说，对未成年人的关注与特殊保护正朝着立体化、全方位的态势发展。

---

① 肖永清：《中国法制史简编》（上册），山西人民出版社 1981 年版，第 312 页。

② 英国于 1802 年颁布的《学徒健康及道德法案》成为人类历史上首个保护童工的法律，此后又颁布了《1808 年少年法》《1874 年未成年人救助法》以及《1886 年未成年人保护法》，权利保护体系不断完善。

③ 该法于 1899 年 7 月 1 日在美国伊利诺伊州第 41 届州议会上通过。

3. 未成年人是实现权利的弱势群体

弱势群体的存在是任何一个国家与社会都无法回避而且必须重视的社会现象。保护与救济弱势群体是实现社会公正与法律实质正义的核心旨意，也是创建和谐社会的内在要求。弱势群体作为社会学研究的一个重要领域，近年来随着公民权利意识的提高逐渐在法学领域受到关注。弱势群体作为社会学研究领域的核心概念，由于研究者的出发点和关注点不同，对弱势群体的界定也存在着差异，目前学者们对其内涵还未达成一个统一的认识。[①]"从脆弱者群体生成的原因来看，可分生理性脆弱群体与社会性脆弱群体两大类，生理性脆弱者群体主要由未成年人、残疾人、退休者构成，是由生理上的缺陷或生理的衰老引起的，使他们在社会竞争中自然地处于不利地位。社会性脆弱者群体，由贫困者和失业、半失业者构成，引起的因素较复杂，有恶劣的地理环境等自然因素，有产业结构调整、企业经营机制转换等经济因素，也有个人素质低、能力差等个人因素。"[②] 笔者借用这一分类，将身体心智尚未成熟、个体社会化尚未完成的未成年人归入

[①] 代表性的观点主要有：弱势群体是由于社会结构急剧转型和社会关系失调或由于一部分社会成员自身的某些原因（如竞争失败、失业、年老体弱、残疾等），而造成对于社会现实的不适应，并且出现了生活障碍和生活困难的人群共同体。高强：《断裂的社会结构与弱势群体框架的分析及其社会支持》，载《天府新论》2004 年第 1 期，第 85 页。那些常处于不利地位的社会群体被称为弱势群体。弱势群体主要表现为经济力量、政治力量的低下。弱势群体则是在社会的经济结构和权力结构中处于不利地位的群体。王思斌：《社会工作导论》，北京大学出版社 1998 年版，第 17 页。弱势群体是指那些依靠自身的力量或能力无法保持个人及家庭成员最基本的生活水准、需要国家和社会给予支持和帮助的社会群体。郑杭生等：《全面建设小康社会与弱势群体的社会救助》，载《中国人民大学学报》2003 年第 1 期，第 2 页。"弱者"往往是"在自然的、社会的、政治的、法律的剥夺之下，从而在心理上、生理上、能力上、机会上、处境上处于劣势地位的人"。胡玉鸿：《和谐社会视域下的弱者人权保护》，载《现代法学》2013 年第 2 期，第 7 页。

[②] 朱力：《脆势群体与社会支持》，载《江苏社会科学》1995 年第 6 期，第 130–131 页。

弱势群体的范围。在法学研究领域，对弱者的界定也存在不同的标准与观点，[①] 并且弱者的确定也是具有相对性的。未成年人由于受各方面能力的限制，权利的实现存在障碍，需要法律给予特殊的关照和保护，属于法学意义上的弱者。综上，无论是从社会学角度还是法学角度，未成年人都属于弱势群体的范畴。

　　虽然未成年人存在着身体、心智尚不成熟等生理或心理上的缺陷，但是法律早已置未成年人于成年人平等的权利主体地位，是权利的拥有者。但是，要将"纸面上的法"体现为"行动中的法"，未成年人却是这一过程中的弱者，因此从这个角度来看，未成年人往往处于一种失衡的状态，需要法律做出具体的制度安排为其提供权利行使的保障与支撑，在这样的理念下作为保护未成年人重要方式的监护制度应运而生。家庭是承载监护责任的重要载体。未成年人是人发展的必经阶段，孕育着人类延续的希望，需要良好的家庭教育。习近平总书记强调："不论时代发生多大变化，不论生活格局发生多大变化，我们都要重视家庭建设，注重家庭、注重家教、注重家风，紧密结合培育和弘扬社会主义核心价值观，发扬光大中华民族传统美德，促进家庭和睦，促进亲人相亲相爱，促进下一代健康成长，促进老年人老有所养，使千千万万个家庭成为国家发展、民族进步、社会和

---

　　① 代表性的观点主要有："弱者"是指由于各方面能力的限制，使其大部分权利受限，其权利的实现需要其他群体的协助的一类群体。钱大军、王哲：《法学意义上的弱势群体概念》，载《当代法学》2004 年第 3 期，第 46–47 页。

谐的重要基点。"[①] 近年来，未成年人因监护失当[②]，其合法权益遭受侵害的案件层出不穷，在以上情况下，未成年人的合法权益便无法通过监护制度得以实现，反而监护人就是侵害其合法权益的一方当事人。在家庭结构出现改变时，未成年人往往面临着变更监护人、撤销监护人等问题，由于未成年人对父母具有天生的依赖性，当出现与监护人利益对立时就显得孤立无援。如果未成年人要通过司法途径维护其合法权益，则因有限的行为能力常常无法精准地表达意愿，导致裁判者无从了解其真实想法，进而影响其最大利益的实现。经研究者多年调查发现，影响犯罪的最主要的危险因素有 3 个，分别是个性特点、家庭影响和社会影响，在上述 3 个影响中，家庭影响最为重要，据对成都未成年犯管教所 300 名男性服刑人员的调查发现，33% 的犯罪者的父母离异，如果包括了父母亲其中一方或双方死亡所导致的家庭破裂者的比率，则高达 42.7%。[③] 可见，家庭是未成年人成长的最重要的场所。未成年人身心未臻成熟，处于身心发育和初步社会化的关键阶段，其人身权、财产权等权益均需得到家庭、社会、国家的关照，

---

① 宣言：《用好家风成风化人》，载《人民日报》2016 年 10 月 20 日。

② 这里的"监护失当"包括四种情况：（1）监护不力，是指由于监护人存在吸毒、赌博、酗酒等恶习，或由于监护人履行监护权行为明显失当，导致未成年人得不到有效的监护。（2）监护困难，是指由于监护人因长期外出务工、正在服刑或被采取限制人身自由的强制措施，或极端贫困、患严重疾病，导致未成年人得不到有效监护。（3）监护缺失，是由于没有或者无法查明监护人，又尚未经法律程序指定其他组织或个人担任监护人，导致未成年人得不到有效监护。（4）监护侵害，是指父母或其他监护人性侵害、出卖、遗弃、虐待、暴力伤害未成年人，教唆、利用未成年人实施违法犯罪行为，胁迫、诱骗、利用未成年人乞讨，以及不履行监护职责严重危害未成年人身心健康等行为。福建省三明市中级人民法院课题组：《困境未成年人国家监护制度的健全》，法律出版社 2016 年版，第 13—25 页。

③ 杨曦、张旭、章皎洁、李炎、胡泽卿：《家庭因素对青少年犯罪的影响》，载《神经疾病与精神卫生》2007 年第 2 期，第 105—107 页。

然而若出现家庭监护失当而又因监护权、抚养权、探望权等纠纷卷入司法程序时，在以成年人为主导的裁判程序中未成年人往往处于权利实现的弱势群体的不利境地，需要对其进行特殊的关注与照顾。

第二节　家事诉讼中未成年人参与权的基本释义

一、家事诉讼之本体论

（一）家事诉讼的概念

近代以来，随着天赋人权、独立人格等思想的产生，东西方的家庭法发生了巨大的转变。在中国，传统家庭始终保持着以父权为中心，以长子继承制为中轴的等级差序伦理的特性，个体独立的人格被淹没在"君为臣纲、父为子纲、夫为妻纲"的桎梏中。而这一切随着近代启蒙思想家将天赋人权、独立人格思想传播至祖国大地而被打破，反映在家庭关系领域开始向男女平等与未成年子女权益维护转变。各抗日根据地的婚姻法提倡简化结婚仪式，明确规定了夫妻有各自的姓名权，且各项权利和义务平等，细化了离婚伦理规范，从子女成长利益出发，改变了土地革命战争时期对离婚后小孩的抚养权主要归男方的规定。[①] 可以说"当代亲属关系的性质已发生根本性改变，从过去尊卑有序的身份支配与服从关系，演变为平等的、注重家庭弱势成员利益保护的互助型的共同生活关系"。[②] 涉及家庭

---

① 张红艳：《马克思恩格斯家庭伦理思想及其当代价值》，广西师范大学出版社 2015 年版，第 182 页。

② 薛宁兰：《婚姻家庭法定位及其伦理内涵》，载《江淮论坛》2015 年第 6 期，第 136 页。

成员的法律权利保护已不再绝对属于家庭自治的范围，即"法不入家门"随着权利意识的兴起而受到冲击。家庭关系逐渐转变为私法与公法交织下的领域，发生的家事案件也越来越受到法律的关注，进入到国家司法裁判的视野。

与其他民事纠纷一样，家事纠纷的解决方式存在私力救济、社会救济及公力救济多种手段。然家事案件真正为司法所关注并为其设立独立的裁判程序却是随着对家事案件的深入认知而产生的。家事案件具有明显的非契约性、公益性及伦理道德性等，法院对家事案件的处理不能仅仅停留在定纷止争的层面上，更需要关注当事人之间以及家庭其他成员之间的感情修复和亲情弥合，以及对未成年人权益的关照。家事诉讼是基于婚姻家庭领域发生的家事案件而产生的诉讼活动并基于这些诉讼活动发生的各种诉讼法律关系的总和。准确理解家事诉讼就要把握好民事裁判权和家事案件两个关键词。在很多大陆法系国家习惯将民事裁判权区分为争讼裁判权（Streitige Gerichtsbarkeit）和非讼裁判权（Freiwillige Gerichtsbarkeit）。[①]诉讼与非讼均是法院行使民事裁判权的两种方式。[②]民事诉讼程序与非讼程序构成了民事裁判程序的全部。与此相对应，家事裁判程序包括家事诉讼程序与家事非讼程序。从家事案件的构成来看，大陆法系国家通常根据案件讼争性的强弱与当事人处分权是否受限将家事案件划分为两类，即诉讼案件与非讼案件，尽管近年来，审理家事诉讼案件的程序有非讼化的倾向，但保持家事诉讼程序与非讼程序的分野仍然是存在的。可见，无论从

---

① ［德］奥特玛·尧厄尼希：《民事诉讼法》，周翠译，法律出版社 2003 年版，第 20 页。

② 有关司法权性质行为的二重性理论可参见［法］让·文森、赛尔日·金沙尔：《法国民事诉讼法要义》（上），罗结珍译，中国法制出版社 2001 年版，第 217–234 页。

民事裁判权的角度还是从家事案件的角度探讨分析家事诉讼，均能完整地展现家事诉讼的全貌，亦殊途同归地指向家事诉讼程序与家事非讼程序。

（二）家事诉讼的适用对象

婚姻家庭关系的和谐共生不仅对家庭成员的工作、生活有着重要影响，而且关系到社会的稳定发展。然而，就像纠纷是社会的共生物一样，从人类社会有了家庭开始，基于婚姻家庭关系而产生的纠纷成为不可避免的现象。核心家庭因离婚而分裂被认为是可能发生的最具压力的生活事件之一，现在它也变得越来越频繁。凡涉及家庭、家族、亲属之间的，因身份关系或基于身份而生的财产关系所产生的影响家庭、家族、亲属之和睦和生活的所有事件是为家事事件。① 可以说，婚姻家庭法② 上的身份关系构成了家事案件的核心内容，在这方面与基于财产法上的权利义务而产生的财产关系存在根本不同。家事案件属于集合概念，包括基于身份关系而产生的身份型家事案件和基于身份关系而

---

① 此定义是日本学术界通行的定义，原因主要有（1）日本有世界上最健全、完善的家事诉讼制度；（2）学术界和实务界对家事事件持恒的研究热情与法务实践；（3）此家事事件的概念范畴最具涵射力，几乎涵盖了所有家庭、婚姻、亲族有关的人身、财产事件，以及妥适解决之而为保护个人尊严与男女实质平等、维持家庭和睦与健全亲属共同生活的崇高目的。转引自田平安、陈飚：《中国家事诉讼程序论》，载董开军、张卫平、俞灵雨主编：《民事诉讼法修改重要问题研究》2011年卷，厦门大学出版社2011年版，第672页。

② 婚姻家庭法的称谓在不同国家或地区存在差异，归纳起来主要有四种称谓即婚姻法、家庭法、婚姻家庭法和亲属法。导致称谓不同的原因主要有：（1）因法的调整范围不同而称谓不同，例如调整婚姻关系的称为婚姻法，调整家庭关系的称为家庭法，调整婚姻家庭关系的则称为婚姻家庭法；（2）与国家或地区的传统习惯有关，如调整婚姻与家庭关系的法律，有的国家称为婚姻法，如我国；有的国家则称为家庭法，如罗马尼亚、德国。大陆法系国家多称亲属法，而在英美法系国家，因多采单行法规，故根据其内容进行命名，如英国的《婚姻法》《家庭赡养法》《离婚改革法》，美国的《统一结婚离婚法》等。

产生的财产型家事案件。对家事案件的准确把握，可以从以下两方面着手。

第一，从人事诉讼案件与家事案件的比较来看，人事诉讼案件是人事诉讼①的调整对象，尽管目前不同国家立法关于人事诉讼案件的范围有不同的规定，但基本认可涉及身份关系的部分案件如婚姻关系案件、亲子关系案件、收养关系案件等应适用人事诉讼程序，而且大部分人事诉讼案件属于诉讼案件。在日本，人事诉讼案件由《日本人事诉讼法》调整，人事诉讼案件以外的家事案件适用《家事事件程序法》。总体来看，家事案件的范围要宽于人事诉讼案件的范围。

第二，从大陆法系和英美法系国家或地区的立法比较来看，大陆法系仅将基于身份关系而产生的婚姻家庭领域的家事诉讼案件及非讼案件作为家事诉讼的调整对象，而英美法系确定的家事案件的范围要更为广泛，还包括有关未成年人的犯罪、家庭暴力等案件，②而且英美法系也没有在立

---

① 人事诉讼是大陆法系国家广泛使用的一个概念。一般认为，人事诉讼非以财产关系为诉讼标的，而关于人之身份或能力之诉讼。杨建华：《民事诉讼法实务问题研究》，广益印书局1981年版，第198页。

② The Honorable Gerald W. Hardcastle: Adversarialism and the Family Court: A Family Court Judge's Perspective, UC Davis Juvenile Law & Policy, Vol.9: 1, Winter 2005, p.90.

法与理论上区分诉讼案件与非讼案件[①]。总之，受法律文化、传统习惯等因素的影响，不同国家和地区对家事案件的界定与范围的限制是存在差异的，要准确把握家事案件的全貌只有将其置于特定国家或地区的立法、司法场域之中，脱离开这一条件，极有可能得出不准确的判断。本书探讨的家事诉讼的调整对象是发生在婚姻家庭领域的以身份关系为基础而引发的家事案件。从范围上来看，既有基于身份关系而产生的身份型家事案件也有基于身份关系而产生的财产型家事案件；从性质上来看，既包括家事诉讼案件也包括家事非讼案件。

（三）涉未成年人家事案件

如前所述，家事案件作为家事诉讼的调整对象，其范围涵盖婚姻家庭领域的以身份关系为基础的家庭纠纷。纵使不同国家与地区对家事案件范围规定的宽窄不一，但基本上都将婚姻关系案件、亲子关系案件、抚养关系案件、监护权案件、探望权案件、收养关系案件、继承案件等纳入家事案件的范围。

---

① 从大陆法系与英美法系的立法来看，因两大法系的法律渊源不同，大陆法系起源于罗马法，英美法系起源于格鲁曼法系。古罗马作为成文法国家，一般是根据成文法对诉讼上的事件做出裁判，所形成即规范出发型的司法制度，这样的裁判方式后来为欧陆诸国所承受，依据法律来认定权利和法律关系的事件被称之为诉讼事件，其他的则被称之为非讼事件。格鲁曼法系不存在成文法，在诉讼之前是没有法律存在的，即法是从事件当中被人发现出来的，裁判应该就事论事，并从中发现应有之法，形成的是事实出发型的司法制度。如果根据现代的说法，则裁判应该同时具备立法、司法和行政三方面的性质。这种思维方式随着民族大移动流入英吉利并成为英美法系的基础。也正因为如此，在英美法系中不存在诉讼事件与非讼事件的区分了。所以从大陆法系的角度看，英美法系几乎所有的事件都作为非讼事件处理掉了。〔日〕中村英郎：《家庭事件裁判制度的比较法研究》，郎治国译，张卫平主编：《民事程序法研究》（第三辑），厦门大学出版社 2007 年版，第 321 页。

我国因没有家事诉讼方面的专门立法，所以对家事案件的范围在现行法当中无法找到具体、完整的规定，对此，可以首先根据最高人民法院发布的《民事案件案由规定》来确定，可以纳入家事案件范围的是第二部分规定的"婚姻家庭纠纷"和"继承纠纷"以及第十部分规定的"监护权特别程序案件"；此外，《最高人民法院关于适用〈中华人民共和国婚姻法〉若干问题的解释（三）》（以下简称《婚姻法解释（三）》）规定的亲子关系案件，《反家庭暴力法》为了保护家庭暴力受害人及其子女和特定亲属的人身安全、确保婚姻案件诉讼程序的正常进行而规定的申请人身安全保护令案件也都属于家事案件的范围。《最高人民法院关于开展家事审判方式和工作机制改革试点工作的意见》（以下简称《家事审判改革意见》）将家事案件界定为"确定身份关系的案件及基于身份关系而产生的家庭纠纷"，并列举了家事案件的具体类型。①

综上，与未成年人权益保护有关的家事案件主要包括涉未成年人离婚关系案件、亲子关系案件、抚养关系案件、监护权案件、探望权案件、继承案件、收养关系案件、人身安全保护令案件等。

二、家事诉讼中未成年人参与权的概念与特征

（一）"参与"的语义解读

"参与"一词并非一个法律专业术语，它在不同学科被广泛适用。根

---

① 家事案件是指确定身份关系的案件及基于身份关系而产生的家庭纠纷，主要案件类型有：（1）婚姻案件及其附带案件，包括离婚、婚姻无效、婚姻撤销等，附带案件包括监护权、子女抚养费、离婚后财产分割等；（2）抚养、扶养及赡养纠纷案件；（3）亲子关系案件，包括确认亲子关系、否认亲子关系；（4）收养关系纠纷案件；（5）同居关系纠纷案件，包括同居期间的财产分割、非婚生子女抚养等；（6）继承和分家析产纠纷案件等。

据《现代汉语词典》的解释，"参与"即"参加（事务的计划、讨论、处理），参与其事"。① 在中国古代文化中，"参与"一词常常以"参与""参预"或"参""与"独立使用的形式呈现。《汉书·赵充国传》记载"朝廷每有四夷大议，常与参兵谋"。《晋书·唐彬传》记载"朝有疑议，每参预焉"。虽在古汉语中，"参与"常指君主与臣子共同商讨国家大事，但其基本的语义还是指参加、介入。在西方文化中，英语、美语、法语中均有与"参与"一词相对应的表达，② 其基本含义均是指参加、加入某一活动、组织、事情或事件之中。可以看出仅从"参与"的一般语义上理解，"参与"一词并无特别之义。"参与"的本质内涵是以民主政治中的公民参与来体现的。根据《布莱克维尔政治学百科全书》的解释，"公民参与"是"参与制定、通过或贯彻公共政策的行动。这一宽泛的定义适用于从事这类行为的任何人，无论他是当选的政治家、政府官员或是普通公民，只要他是在政治制度内以任何方式参与政策的形成过程"。③ 可见，公民参与不仅包含"参与"的一般意义，更强调参与者自主、自由、自觉的主观意愿以及对于过程的享受和对参与结果的影响与追求的目的性。在现代民主社会，公民参与遍及行使国家权力的各种公共生活方面。

参与的本质就是要使参与行为具有法律层面上的意义，即参与的行为应产生一定的法律效力，参与主体不仅仅在某一事件、过程中参加进来，

---

① 中国社科院语言研究所词典编辑室：《现代汉语词典》（第 7 版），北京：商务印书馆 2016 年版，第 123 页。

② 在英语中，"参与"表达为 participation、involvement；在美语中，"参与"表达为 participation；在法语中，"参与"表达为 participer à。

③ 李图强：《现代公共行政中的公民参与》，北京经济管理出版社 2004 年版，第 17-18 页。

而且能够通过自身的行为对过程的结果发生影响。参与主体一定是利益受到参与结果影响的行为人，而不是决策者，恰恰是因行为人的参与行为而使得决策者的决策保障了参与主体自身利益的最大化。参与理论虽产生于政治领域，但它适用于一切关乎行为人利益、权利的程序之中。程序的运作过程是行为人是否接受和认可程序结果的重要依据。给予受裁判者直接影响的人以充分而富有意义地参与裁判过程的机会，使人们固有的人格尊严和利益受到尊重和关注，从而产生受尊重、得到公平对待的感觉。① 因而无论是立法程序、行政程序还是司法程序，均要严格适用参与理论。诉讼程序作为纠纷解决的重要途径，事关纠纷当事人权益的实现与恢复，事关社会秩序的和谐与国家统治的稳定，必须要保障当事人及其他利益相关者的参与，使其能够富有影响地提出主张、事实与证据，进行陈述与辩论。本书立足于家事诉讼程序并以"参与"的本质内涵为基础展开对未成年人参与权的研究。

（二）未成年人参与权的内涵分析——对联合国《儿童权利公约》②的解读

联合国《儿童权利公约》对儿童权利主体地位的确认得到了国际社会的普遍认可。未成年人参与权体现在《儿童权利公约》第 12 条的内容之

---

① 孙长久：《刑事诉讼证据与程序》，中国检察出版社 2003 年版，第 17 页。

② 这里的《儿童权利公约》既包括 1989 年 11 月 20 日联合国第 44 届大会通过的《儿童权利公约》，也包括 2009 年 5 月 25 日至 6 月 12 日在日内瓦召开的儿童权利委员会第五十一届会议通过的《第 12 号一般性意见：儿童表达意见的权利》（简称 CRC/C/GC/12）。《儿童权利公约》中的条文大多是对儿童人权做原则性的叙述，而联合国权利委员会每几年会针对不同的儿童人权议题开会，在会议中对和该议题相关的《儿童权利公约》条文进行较细致的解释，这些对条文内容做出说明的文件称之为一般性意见（General Comments），也是联合国的正式文件。

中。根据 CRC/C/GC/12 的规定，未成年人的参与权就是未成年人表达意见的权利（the Right of the Child to be Heard），简称意见表达权。联合国国际儿童基金会（United Nation's International Children's Emergency Fund，简称 UNICEF）在 2005 年儿童参与权的情况说明书中对参与权做出了解释："尊重儿童的意见是指不应忽视儿童的意见，也不意味着自动认可儿童的意见。表达意见与做出决定不同，但它意味着影响决定的能力。需要鼓励对话和交流的过程，让儿童承担更多的责任，变得积极、宽容和民主。在这一过程中，成人必须向儿童指导和引导，同时以符合儿童年龄和成熟度的方式考虑他们的观点。通过这个过程，孩子将了解为什么要遵守特定的选择，为什么要做出与他喜欢的不同的决定。"[1]《儿童权利公约》被誉为儿童权利保护的"大宪章"，确认了儿童作为一个完整的人，具有正直人格和自由参与社会的能力。参与权被视为《儿童权利公约》中最激进和影响最深远的内容，也是在儿童生活的每一个领域最容易被违反和忽视的方面，有必要立足《儿童权利公约》对儿童参与权进行全面的分析，以准确把握其内涵。

1. 儿童参与权的主体是所有有主见的儿童

所有儿童，无论其年龄大小、属于哪个性别与种族、是否存在残疾都享有就关涉自身权益的事项发表意见的权利，而儿童的能力决定着这种权利享有的程度，这是《儿童权利公约》的基本要义。CRC/C/GC/12 对此也做出了明确，主张年龄不是限制儿童享有参与权的条件。有研究表明，即

---

[1]　UNICEF.（2005）. The right to participation（Fact Sheet）. Paris：UNICEF. https://www.unicef.org/child-rights-convention/what-is-the-convention. 访问日期：2018 年 11 月 26 日。

使处于幼儿期的儿童也有形成意见的能力，虽然处于这个阶段的儿童无法使用语言进行表达。[①] 儿童期作为人生的必经阶段，虽在表达能力、认知能力等方面还不成熟，但并不影响其享有和行使表达权。因此，所有的儿童都应该被假定是有能力形成自己的意见，而不是要求儿童通过能力测试来证明自己。[②] 也就是说儿童表达自己观点的权利并不取决于他们表达成熟观点的能力，只取决于他们形成观点的能力，不管是否成熟，而这种能力需要透过儿童的发展、理解事物的能力、视问题的本质以及程度来综合考量，由受过专门训练的专家加以解释。

2. 儿童参与权的客体是影响到本人的一切事项

《儿童权利公约》在第 12 条阐明儿童应在影响其本人的一切事项中享有参与权，即使这些事项或问题可能没有被《儿童权利公约》所涵盖。在家庭、学校、社会生活、司法诉讼等涉及儿童成长、发展和学习的不同环境和情况下都应落实儿童的参与权，都应注重倾听儿童的声音，让儿童参与决策的过程，并承担参与带来的利益或不利。第 12 条还特别强调了儿童在其受到影响的任何司法和行政诉讼中的表达意见的权利。CRC/C/GC/12 还专门就儿童在民事司法诉讼、刑事司法诉讼、行政司法诉讼中发表意见的权利进行了单独的规定，同时在民事司法诉讼中还专门就离婚和分居、与父母分离与替代照料问题中需要儿童陈述意见的主要问题做了详细的规定。在父母离婚诉讼中，儿童往往因父母婚姻关系的解除而导致生

---

① Lansdown G.，《儿童能力的发展》，因诺琴蒂研究中心，儿童基金会／拯救儿童，佛罗伦萨（2005 年），转引自 CRC/C/GC/12.

② Lowden, J. Children's rights: A decade of dispute. Philosophical and Ethical Issues, 2001，8：102.

活环境、教育环境等方面的变化，给儿童带来一系列的影响。在澳大利亚的一项研究中，很多父母表示，他们对家庭中的孩子就如何处理分居问题的想法知之甚少。如果父母更乐于听取孩子的意见和听取他们的意见，那么孩子在分居时所承受的压力就有可能减少。参与权保障儿童发出自己的声音进而有助于塑造儿童成为一个积极的、独立的主体。

3. 儿童参与权的内容是自由表达意见的权利

"有权自由发表自己的意见"是儿童参与权的核心内容。为实现儿童的自由表达，成人社会要给予儿童充分的尊重、鼓励、引导和帮助，而不能将成年人的看法强加给儿童。同时，成年人也要对儿童的意见保持倾听，这样儿童才能确定负责听取意见的成年人愿意倾听并且认真考虑其决定传达的信息。儿童参与权赋予儿童的是表达意见的权利而不是义务，若儿童不愿意参与也应该得到尊重。儿童在表达观点时，并非总是以口头方式做出。儿童权利委员会注意到，幼儿对其周围环境十分敏感，而且会非常迅速地了解其生活中的人、地点和日常事务，同时清楚地意识到他们自己的特性。早在他们能够通过常规方式说或写进行表达之前，他们就能够以多种方式做出选择，传达自己的感情、想法和愿望。[①]尽管儿童的发展本身存在个体差异，儿童参与过程也并不完全相同，但均应保障儿童在家庭、学校、社区等影响其利益的问题与事项上自由发表意见，这是儿童参与权的核心内容。

---

① 2005 年儿童权利委员会通过的《第 7 号一般性意见：在幼儿期落实儿童权利》（简称 UN/CRC/GC/7）para.14.

4. 儿童参与权的行使应有相关的程序保障

《儿童权利公约》规定："缔约国'应确保'儿童有权自由表达其意见。'应确保'是一个具有特殊效力的法律术语，没有给缔约国留下任何自行酌办的余地。因此，缔约国有严格的义务采取适当措施，全面执行所有儿童享有的这项权利。"[①] 可以说学校、家庭、社会、司法机关在落实儿童参与权方面均应承担相应的积极义务，为儿童设置一系列的程序或保障机制。CRC/C/GC/12 规定了执行儿童发表意见权的具体步骤，以保障儿童参与权的落实，主要包括（1）准备：在听取意见前，决策者必须帮助儿童做好充分准备，向其说明如何以及在何时、何地听取意见，参与者有哪些，并且还要考虑儿童在这方面的意见。[②]（2）听取意见：儿童应当在支持和鼓励的环境下行使其发表意见权，这样儿童才能确定负责听取意见的成年人愿意倾听并且认真考虑他决定传达的信息。应当有一个谈话大纲；最好不要在法庭公开听取儿童意见，而是在保密环境下进行。[③]（3）评估儿童的能力：儿童有能力形成自己的意见时，应对其意见予以适当看待。如果儿童能够理智和独立地形成自己的意见，那么决策者在解决问题时必须将儿童的意见作为一项重要因素来考虑。必须制定评估儿童能力的良好做法。[④] 严密的程序保障为儿童行使参与权提供了可行的机会与路径，规范的参与机制保障了儿童能够在一种安全的"儿童参与"环境中通过有效的引导、支持与协助真正地参加到涉及其权益的事项中。

---

① CRC/C/GC/12，para.19.

② CRC/C/GC/12，para.41.

③ CRC/C/GC/12，para.42 and 43.

④ CRC/C/GC/12，para.44.

5.儿童参与权的效力是对儿童的意见应按照其年龄和成熟程度得到适当看待

《儿童权利公约》的重大意义就在于强调儿童具有逐渐获得自主权的能力，以及受到与其能力相符的对待的权利。儿童参与权的享有不能仅停留在儿童能够参与并表达意见的层面上，还必须考虑如何看待儿童，如何正确理解他们的意见。可以说，真正意义上的儿童参与权应该是儿童的经历、意图和他表达的意思应该得到恰当的对待，儿童的参与也必须带来改变。《儿童权利公约》中所规定的儿童参与权是对儿童的一种赋权，参与权的行使能够使得儿童的声音在有关儿童事务中获得尊重。CRC/C/GC/12规定了看待儿童意见的信息反馈：儿童有权要求对其意见予以适当看待，决策者必须告诉儿童该进程的结果，并说明对其意见是如何考虑的。[1] 当儿童发表意见的权利以及要求对其意见予以适当看待的权利被忽视和受到侵犯时，法律应当为儿童提供申诉程序和补救。[2] 因未成年人的年龄和心智发育存在较大的差别，在衡量未成年人的意见时应当重点考虑其年龄和成熟程度、未成年人对问题的理解程度和认知程度。

（三）家事诉讼中未成年人参与权的概念

虽然未成年人权利的行使很大程度上依赖父母和其他成年人的协助，但他们仍然有权作为有权利的人而受到尊重。在涉及未成年人权益的家事诉讼中，尊重未成年人的权利主体地位，就要保障他们参与到诉讼中来，使其充分行使参与权，对影响其权益的事项发表意见。"家庭法律诉讼

---

[1] CRC/C/GC/12，para.45.

[2] CRC/C/GC/12，para.46.

将影响到那些参与到诉讼中的孩子的后半生。通常情况下，虽然孩子不被命名为当事人，但他们被认为是与诉讼'有真实利益的当事人（the real parties in interest）'。"[①] 在父母分居的案件中，只要未成年人能够在其精神以及经验上理解当中隐含的问题以及利害关系，此时未成年人的意见就值得参考。未成年人的需要、兴趣、心理均与成年人不同，"儿童是儿童问题的专家"，在由成年人主导的诉讼程序中，对孩子的倾向、依恋、愿望、情感没有比孩子自己更了解自己的人，在家事诉讼中这些均应由未成年人自己表达和呈现。被倾听是孩子的主要需求之一，"如果孩子们知道他们的观点被决策者考虑，即使最终的结果不符合他们的偏好，他们也会从情感上受益"[②]。正是由于未成年人身份的特殊之处，更有必要设置特别的程序来倾听未成年人的声音，保障未成年人的真实意愿得以完全的表达，从而促进未成年人的最大利益的实现。有学者认为未成年人参与权就是"每个儿童都有权用自己的语言自由表达其看法、意见或信念，有权特别对影响其生活的决定，包括在任何司法程序中做出的决定发表意见，并有权要求按其能力和不断变化的行为能力将这些意见考虑进去"。[③]

从诉讼法的角度来看，"程序参与"作为衡量程序公正的标准之一，其最初的表达就是"当事人有陈述和被倾听的权利"，时至今日，程序参

---

① Debra H. Lehrmann, J. D. Advancing Children's Rights to be Heard and Protected: The ModelRepresentation of Children in Abuse, Neglect and Custody Proceedings Act, Behavioral Sciences and the Law Behav. Sci. Law, Published online in Wiley Inter Science. 28: 463 - 479（2010）.

② Barbara Ann Atwood, Representing Children: The Ongoing Search for Clear and Workable Standards, Journal of the American Academy of Matrimonial Lawyers Representing Children, Vol.19. 2005, p.195.

③ 徐显明：《国际人权法》，法律出版社 2004 年版，第 397 页。

与的内涵已远远超过该含义，在诉讼法中扮演着集原则、制度、模式于一身的重要角色。早在 1997 年著名诉讼法学家陈瑞华先生就提出，程序参与原则是最低限度的程序正义的要求之一，其又可称为"获得法庭审判机会"的原则，其核心思想是那些权益可能会受到裁判或者审判结局直接影响的主体应有充分的机会并富有意义地参与法庭裁判的制作过程，从而对法庭裁判结果的形成发挥有效的影响和作用。[①] 在德国，程序参与原则又称为合法听审原则，位于民事诉讼法的基本原则的地位。[②] 从当事人权利的角度来看，有学者认为程序参与原则是当事人及相关第三人所享有的"程序参与权"，属于古典的程序基本权，被称为"诉讼程序的大宪章"，大体上包括"诉讼知情权"和"诉讼听审权"。[③] 日本学者棚濑孝雄从诉讼模式的角度出发对程序参与进行了剖析，他认为"在考虑现代司法应有的模型时，由于参加模式的灵活性和适应能力，应该说把重点放在当事者的参加上是更为可取的"，应当构建参加型审判模式。[④] 民事诉讼模式就是在民事诉讼制度和程序运作所形成的结构中各种基本要素及其关系的抽象形式。当事人以诉讼主体而非诉讼客体的身份参加诉讼是参加型诉讼模式的主要特征。实际上，无论是将程序参与作为诉讼法的基本原则抑或是将其作为当事人的一项重要权利还是诉讼模式，其本质内容都是趋同的，均强调受裁判结果影响的当事人以及与裁判结果有利害关系的人能够自主、

---

① 陈瑞华：《程序正义论——从刑事审判角度的分析》，载《中外法学》1997 第 2 期，第 73 页。

② ［德］奥特马·尧厄尼希：《民事诉讼法》，周翠译，法律出版社 2003 年版，第 159–161 页。

③ 邵明：《论民事诉讼程序参与原则》，载《法学家》2009 年第 3 期，第 115 页。

④ ［日］棚濑孝雄：《纠纷的解决与审判制度》，中国政法大学出版社 1994 年版，第 56 页。

自愿地参加到诉讼程序的过程之中，通过表达自己的声音而影响裁判的做出获得对己有利的结果。

《儿童权利公约》中规定的未成年人参与权又称为未成年人表达意见的权利，与诉讼法中的程序参与的核心内容具有一致性，均主张受到结果影响的人能够通过自身主动的表达，发表意见从而影响结果的实现。家事诉讼程序作为一个特殊的司法程序，未成年人在家事诉讼程序中或作为当事人或作为受裁判影响的关系人，必然享有参与权。结合《儿童权利公约》的规定以及程序参与在诉讼法中的内涵，本书的研究对象家事诉讼中未成年人参与权是指因自身权益受到家事诉讼影响的未成年人在诉讼中享有的能够自愿、自主、积极地表达自己的意见和观点，旨在积极影响司法裁判的形成的一种权利。无论是在家事诉讼程序中还是在家事非讼程序中，保障未成年人参与权的行使，能够使未成年人获得尊重并认可裁判的结果，保障未成年人的最大利益的实现。

（四）家事诉讼中未成年人参与权的特征

1. 家事诉讼中参与权享有主体的身心特殊性

未成年人参与权既是未成年人享有的一项重要权利，也是未成年人成长过程中应发展的一项重要能力。但是，无论是在家庭社会生活，还是在未成年人卷入的诉讼程序中，由于未成年人的身心特殊性使得参与权的行使彰显出与成年人的差异。

未成年人作为权利享有的主体，与成年人的不同之一就是身心发育未臻成熟，其成长与发展离不开成年人社会的照管、抚助与教育。从生物学的视角来看，发育作为生命体成长演变的方式，经历着从出生到成熟的发展过程，是生物体内部进行自我构建的重要过程。按照人类发展的一般规律，未成年人时期是人的重要发育阶段，生理、心理发育均不成熟是这个阶段的显著表征。在生理方面，未成年人的身高、体重、体力、体能及各项器官的机能均处于不健全的阶段。从心理学的角度来看，未成年人的认知处于非理性阶段，还不具有较强的逻辑体系，未成年人对各种事物充满好奇，但其智识又无法对各种事物与情况进行准确辨识，其行为极易受到外界因素的影响而无法通过自身的行为满足各种活动的需要，并对自己的行为承担完全的责任。未成年人在这个阶段缺乏理性的认知能力、准确的理解能力和有效的控制能力，但也是逐渐从"本能"走向"理智"的一个发展进步的过程，是人类从纯粹的自然人转变为多样化的社会人的必经时期，是由幼稚转向成熟的特殊群体。

由于未成年人生理和心理均呈现出多样性、不确定性和不成熟性，家庭关系的变动对未成年人来说是经历了一场危机，他们可能要失去原来的朋友、不得不离开熟悉的学校、面对与父母一方的分离，而这些经历都将影响未成年人已有的家庭、学校的生活与教育环境，导致未成年人情绪的不稳定与种种的不适应。如果因这些家庭矛盾而卷入家事诉讼，这将对未成年人造成更加巨大的影响。因而，家事诉讼在进行程序与制度设计时一定要立足于未成年人生理、心理等发展特点，有效化解与减缓诉讼对未成年人产生的不利影响，其中保障未成年人能够对涉及自身权益的事项发表意见、观点和偏好是实现以上目标的非常重要的一个措施。

2. 家事诉讼中未成年人参与权实现的依赖性

由于未成年人身心的自然特性，其对成年人的依赖性可以说是与生俱来，刚出生的儿童离开了成年人的照顾与保护则无法生存；未成年人依法享有的权利离开了成年人的支持也很难变为现实。随着对未成年人研究的深入，"未成年人在不同发展阶段能做什么和不能做什么的严格假设现在被认为是不合适的，因为这与其说是取决于他们的年龄，不如说是取决于他们参与的活动和社会环境。社会文化主义者已经证明，更多有技能的成年人通过与未成年人建立相互支持的伙伴关系，逐步提供支援，可以大大提高他们的能力。因此，由父母和家庭法院专业人员搭建的'脚手架（scaffold）'[①] 可以增强未成年人在家庭和法律决策过程中的有意义的参与。成年人现在有责任理解、支持、有积极的期望并在适当时指导和协助未成年人，而在过去，被视为决定其能力的是未成年人的认知能力和发展水平"。[②] 未成年人的能力受到其自身的影响并以互动的方式得到扩展。随着孩子独立性的增强，可以逐渐取消直接支持。指导和互动为孩子提供了支持，它允许孩子自己做他能做的，而不能单独做的则由别人代理。孩子们扮演一个积极的、创造性的角色，通过自己的理解重建任务，而不是被动地吸收周围成年人的观点。因此，那些在完全胜任之前就参与活动的孩子实际上在这个过程中获得了更多的支持。决定未成年人行使和实现权利的能力并不是未成年人的认知能力和发展水平，而是成年人富有责任的

---

① 脚手架（scaffold）是伍德（Wood）提出的旨在说明技术合作伙伴提供的渐进式援助理论。该理论主张一个人在获得其他人或条件的共同协作或援助下可以完成自己无法完成的任务。Wood D. , Bruner J. and Ross G. The Role of Tutoring in Problem Solving. Journal of Child Psychology andPsychiatry 1976（17）: pp.89–100. 转引自刘雄：《儿童参与权研究》，光明日报出版社 2020 年版，第 41 页。

② Nicola Taylor, Pauline Tapp, Mark Henaghan, Respecting Children's Participation in Family Law Proceedings, International Journal of Children's Rights 2007. No.15, p.68.

理解、支持、积极的期望，并在适当时指导和协助未成年人，这充分说明未成年人权利的行使与实现具有依赖性。面临父母分居的孩子们最初很难理解他们变化的个人环境，他们需要父母提供的指导、信息和支持，帮助他们构建和内化他们新生活的现实意义。如果父母无法提供这些指导和援助，则需要家庭外部的机构和专业人员提供。未成年人自身的知识和经验越丰富、理解力越强，父母、法定监护人或其他对未成年人负有法律责任的人就越需要将指导和指引转变为提醒和建议，最终成为在平等基础上的交流。这种转变不会发生在未成年人发展过程中的固定点上，而是随着未成年人受到鼓励表达意见而稳步增加。[1]

在家事诉讼中，未成年人或作为当事人出现，或作为关系人出现，无论是父母婚姻关系变动还是抚养权、探望权案件的解决，均会影响到未成年人权益，未成年人据此参与到诉讼中，表达自己对家庭关系和对他们有影响的事项的看法、关切和感受，为未成年人行使表达权搭建"脚手架"就成为必要。未成年人参与权的行使和实现依赖于父母、法院、其他专业人员的指导与协助。父母作为未成年人的法定诉讼代理人在一定程度上完成了对未成年人权利行使与实现的保障作用，但部分家事诉讼正是因为父母侵害了未成年人的合法权益而产生，未成年人的权益和父母的利益是冲突和对立的，在这种情况下，要了解未成年人的真实想法通过其法定诉讼代理人是无法实现的，需要设置其他的机制来疏通未成年人的表达途径，使未成年人能够真正陈述其诉求，对裁判的做出起到积极的作用。

---

[1]　CRC/C/GC/12，para.84.

3. 家事诉讼中未成年人参与权易受到侵害

虽然当今社会普遍承认未成年人有权参与有关自己权益的决策过程并发表意见和观点，而不再仅仅停留在未成年人权利只涉及需要照顾和保护的观点层面，但是，未成年人参与权仍然面临易受侵害的危险。据研究发现，"在实践中，未成年人根据《儿童权利公约》第 12 条规定享有的参与权取决于与成年人的合作，成年人可能不会遵守该条，原因有以下 3 种：怀疑孩子的能力（或认为他们缺乏能力）对决策做出有意义的投入；担心给予孩子更多的控制会破坏权威；担心给予孩子表达意愿的权利会牺牲决策的效率"。[①] 未成年人在身体、心理、经济上都严重依赖父母，未成年人往往无法维护自己的权益，其权益能否完全实现在很大程度上是由成年人主导和控制的。

在很多家事诉讼中，未成年人并非对立的双方当事人，但家事案件的处理结果会影响到未成年人的权益，如离婚关系案件、抚养权案件、探望权案件等。在这些案件中，父母处于纠纷的两极，围绕监护权、抚养权、探望权展开对峙和较量，而纠纷的相关利益人则是心智尚未成熟的未成年人，未成年人最终要承担因离婚或抚养关系变更而导致的生活环境的变化，心理的调适等结果。未成年人基于其自身的需求本应当享有向法庭陈述意见的权利和机会，但是由于审判的整个过程被成年人掌控，诉讼的全过程具有典型的"成人世界"的偏向，未成年人虽作为独立的权利主体得到认可，但参与权的行使还需成年人的支持和协助，而在这一过程中，未成年

---

① Laura Lundy, "Voice" is not enough: conceptualizing Article 12 of the United Nations Convention on the Rights of the Child. British Educational Research Journal Vol. 33, No.6, December 2007, pp.929-931.

人的参与权就易受到侵害。如未成年人很少能够参加到庭审中来表达自己的真实意愿，成年人存在依照自己的境况判断如何为未成年人提出权利诉求，未成年人的需求、愿望、动机、主张很少被考虑。在离婚关系案件、抚养权案件、探望权案件等诉讼中，父母往往为了自身的利益而做出与未成年子女利益相左的决定，未成年人的声音无法得到倾听。在家事诉讼中，审判人员在与未成年人进行交流，倾听其意见和感受时，要采用不同于与成年人交流和沟通的方式，这就需要对审判人员进行专门的训练或培训，以使其掌握相关的技巧和方式，如果审判人员没有掌握这些技巧，孩子可能会因此遭受"创伤"。

三、家事诉讼中未成年人参与权的内容

涉及未成年人的家事诉讼，其处理的妥当与否往往涉及未成年人未来的居所、教育、抚养、身心健康等问题，具有很强的公益性，赋予未成年人参与权，这既是对未成年人主体性的确证，也是正当法律程序的应有之义。综合《儿童权利公约》的规定及家事诉讼的基本理论，本书认为家事诉讼中未成年人参与权主要包括知情权、意见陈述权和意见受尊重权。

（一）知情权

当事人的知情权又称知悉权，是指当事人依法享有的了解诉讼进程、法院的审理活动、与案件有关的事实情况、诉讼权利义务内容及法律依据等与自身权益有关的信息的权利。当事人作为程序主体能够积极参与到诉讼程序当中，并通过自身的行为有效影响诉讼的结果，这是程序参与原则的基本要求。参与诉讼的前提是能够及时知悉与自身权益相关的一切诉讼上的信息，因此，知情权在未成年人参与权中处于基础性地位，其受尊重

和保障的程度直接关系着未成年人权益的完整实现。

首先，知情权的对象有诉前案件信息，具体包括是否提起诉讼，诉讼的对方当事人是谁，诉讼请求是什么等信息。未成年人原则上虽不具有单独进行诉讼的行为能力，但是其具有诉讼权利能力，未成年人可以自己的名义进行诉讼，虽然父母作为其法定诉讼代理人，但因诉讼的结果与未成年人关系重大，因而应告知起诉的理由、诉讼请求、对方当事人等信息，以保障未成年人在知悉的基础上有效表达自己的意见。如在一起抚养费诉讼中，未成年人的父亲作为法定代理人以未成年人的母亲为被告提起诉讼，要求给付抚养费。然未成年人在审判人员向其询问相关情况时却表示"对父亲起诉自己的母亲非常震惊"，"不愿意增加母亲给付生活费的数额"。①在本案中，未成年人在诉讼之前并不知道父亲以自己的名义提起了诉讼，从其内心并不愿意增加母亲的经济负担，然而，其知情权并没有得到保障，这样的诉讼实际上有害于未成年人的身心健康。

其次，知情权的对象还包括诉中案件信息的情况，如法院的审理活动、与未成年人有关的案件事实、诉讼进程等内容。在父母离婚案件中，往往涉及未成年人的监护安排即未成年子女随父生活还是随母生活的问题，这对未成年人未来的身心健康成长至关重要，法院在做出未成年人的监护安排时不能只听取成年人的意见，必须倾听未成年人的心声，以做出对未成年人来说最符合其利益的安排。因而，在诉讼过程中，未成年人的知情权的对象就包括诉讼中与其权益有关的信息。

最后，在诉讼程序结束后，未成年人也应知晓诉讼的结果。诉讼结果

---

① 王某甲与阎某抚养费纠纷二审民事判决书，（2016）鲁 03 民终 210 号。

关系着未成年人未来的居住、教育、抚养、监护等重大权益，如未成年人对诉讼结果满意可及时安排今后的生活、学习等事宜，如有意见则可通过相关程序进行救济。

在保障未成年人知情权时一定要注意告知未成年人与案件有关的信息不能有损于未成年人的身心健康，不能有损于未成年人与父母的亲子关系的维系。对于此类相关事实可以告知程序辅助人[①]，由程序辅助人在综合案件的各种事实与信息后，立足于未成年人的最大利益提出独立于未成年人、独立于法院的意见与主张，以实现未成年人的最大利益。

（二）意见陈述权

意见陈述权是指当事人享有的对影响其权益的事项能够予以陈述观点、发表感受与意见的权利。尽管对未成年人参与权的保障并不代表未成年人所希望之结果均能获得满足，但未成年人的程序参与和意见表达不但有助于决策者了解其现实处境，更是确认未成年人乃有权对与其有影响之事宜发表意见并获得重视的主体权利的必要条件。基于程序保障的基本理论，法院的裁判波及某一个人的权利义务时，该主体就有参与诉讼过程的机会并发表意见。在以未成年人为当事人的家事诉讼中，未成年人理应享有意见陈述权。在涉及未成年人抚养、探望、监护等非讼案件中，未成年人虽不是案件的对立双方，但是案件的处理与未成年人的居所、教育、生活环境等息息相关，关切未成年人的最大利益的实现，未成年人也应获得陈述意见的权利。参与权是未成年人作为程序主体享有的最基本的程序性

---

① 　程序辅助人在诉讼中具有独立的诉讼地位，其立足于未成年人的最大利益提出意见，是域外诸多国家和地区普遍设立的旨在探求未成年人真实意愿的一种制度。具体内容参见第四章。

权利。未成年人在经历了父母婚姻的破裂时已经受到了一次创伤，在有关其抚养、探望、监护等案件中，面临着居住地点的变化、教育条件的变化、生活环境的变化、与父母一方亲密关系的改变等诸多情况，未成年人应有权参与到家事诉讼中并发表自己的意愿和偏好。在一项有关未成年人参与家庭纠纷诉讼的调查中，对47名经历了家庭纠纷的未成年人进行了采访，其中25名未成年人参与了诉讼程序，"有些孩子说，如果他们知道发生了什么事，并且能够控制局面，而不是完全听任父母的行为和决定的'摆布'，他们会感觉更好"。[①] 未成年人享有参与权，发出自己的声音，在裁决时并非一定起到决定性的作用，但是未成年人在参与的过程中获得了尊重，增强了自身对裁判结果的认可，更容易接受通过裁判安排的新生活、新环境。

（三）意见受尊重权

意见受尊重权是指当事人享有的要求法院尊重其主体性地位、认真听取其就案件事实、证据及法律适用等与案件有关的主张与抗辩的权利。从法院的角度来看，则是法院对当事人的陈述、意见等负有审酌的义务。也就是说，法院在诉讼中应当对当事人发出的声音予以回应，使当事人的主张、意见得到关注和考虑，以确保当事人发挥诉讼主体的地位。在家事诉讼中，未成年人处于诉讼的弱势地位，其理解能力、语言表达能力、对情势的判断能力等都不及成年人，但是未成年人所经历的却是影响其生活、学习、健康成长的重要案件的纷争，未成年人必须享有在影响其自身利益

---

① Judy Cashmore, Children's participation in family law decision-making: Theoretical approaches to understanding children's views. Children and Youth Services Review. 2011（33），p.517.

的诉讼中发声的权利，作为成年人的法官也应对其声给予足够的倾听和关注。在未成年人与其法定代理人存在利益冲突的家事案件中，给予未成年人的意见陈述以足够的关注，是了解未成年人愿望、情感需求的必要途径。以前，未成年人被认为是文化的被动接受者，而不是文化的积极参与者。随着人们对未成年人独立性的认识，发现未成年人是善于表达和富有洞察力的"评论家"。在家事诉讼中，法官要充分认识并尊重未成年人的主体性和独立性，以准确把握未成年人的心理、愿望和想法，保障裁判有利于实现未成年人利益。

四、未成年人行使参与权的层次和阶梯理论

未成年人参与权从本质上看属于公众参与理论的范畴，研究未成年人行使参与权的层次和阶梯理论能够深入认识未成年人参与权的运行机理，保障未成年人参与权的有效行使，最大化地维护未成年人的合法权益。

（一）雪莉·阿恩斯坦的公民参与阶梯理论

在有关公众参与的理论中，时间较早并成为研究参与理论的重要基础的当属美国学者雪莉·阿恩斯坦（Sherry Arnstein）提出的"公民参与阶梯理论"。[①] 这一重大理论框建了公众参与的经典分类体系，时至今日已为世界各地研究公众参与的学者所广泛采用。阿恩斯坦按照公众享有的最终决策权的大小（即公众意见的效力）由小到大、由弱到强的顺序，把公众参与区分为"非参与""象征性参与""真正参与"，形成了八个阶梯三

---

① 该理论是美国学者雪莉·阿恩斯坦（Sherry Arnstein）于 1969 年在《公民参与的阶梯（A ladder of citizen participation）》一文中提出的。

个层次的公民参与阶梯理论①（见图1-1）。

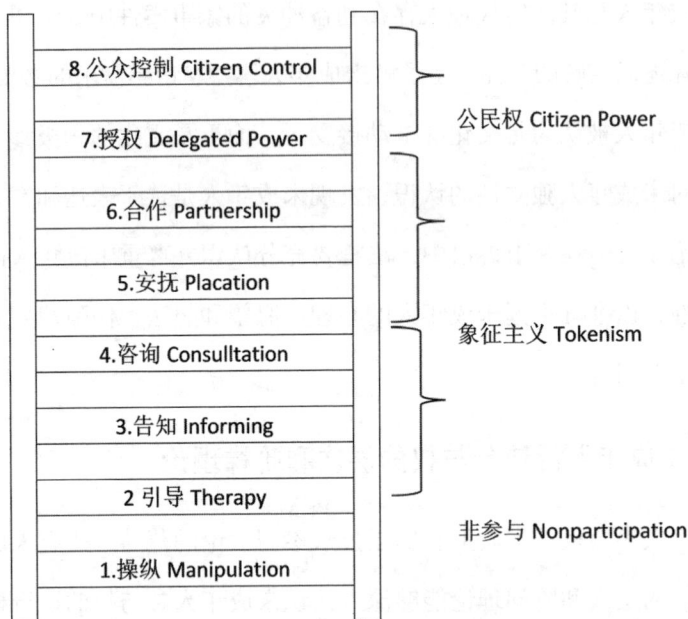

图1-1 雪莉·阿恩斯坦的公民参与阶梯理论（1969）

第一层次：非参与。在这一层次的公众参与中，组织者作为参与的发起者决定公众参与的形式，公众被置于摆设的位置，参与的目的不过是组织者让参与者接受"治愈"或"教育"。包括（1）操纵。这种类型的公众参与中，组织者并不会向公众传达、输送有用的信息，也不会与公众进行双向的交流与沟通，公众是以对决策结果无任何影响力的身份进行一种形式上的参与，组织者完全是按照自己的目的和意图组织和操控公众的意愿。（2）引导（训导）。这种参与类型中，公众将被安排参加大量相关事项，但其意见并不被组织者考虑，参与的目的只是将公众对结果的不满情绪引

_____

① 蔡定剑：《公众参与：欧洲的制度和经验》，法律出版社2009年版，第13页。

向参与者本身，使参与者认为不是决策结果存在问题而是自身对决策结果的理解存在障碍，达到使公众支持自己的目的。

第二层次：象征主义或表面层次的参与。包括（1）告知。这种类型的公众参与只停留在将信息通知给参与者，并没有为参与者提供信息反馈的渠道，参与的过程只是信息从组织者传递给参与者的单向传输，参与者没有发表意见的权利和机会。（2）咨询。这种公众参与类型中组织者向参与者提供信息，并听取参与者的意见和建议，是一种双向信息交流过程。然而在这种类型的公众参与中，并没有设计如何采纳参与者意见的程序和制度，衡量公众参与的标准仅仅是公众的数量，组织者依靠参与的庞大人数作为决策合法性的重要依据，事实上，公众的意见并未影响决策的做出。（3）安抚。在这种公众参与类型中，参与者能够发表意见、观点和感受，组织者对决策有最终的决定权，参与者的行为对决策的影响仅停留在表面。总之，在表面层次的参与中，参与者与组织者开始共同分享决策的权利，公民参与逐步组织化和制度化，也在一定程度上对决策产生影响。

第三层次：公民权利或实质性参与。包括（1）合作。在这种公众参与类型中，公众与组织者可以进行谈判协商，共享规划和决策的权利。（2）代理权利。通过公众与组织者的充分协商使得公众的意见脱颖而出占据主导地位。（3）市民控制。在这种公众参与类型中，公众直接决定与自身权益有关的计划、决定与执行工作。

（二）罗杰·哈特的儿童参与阶梯理论

随着对未成年人权利主体身份的认识，以积极肯定未成年人的价值和权利特征的未成年人发展理论开始兴起。1992年，罗杰·哈特（Roger

Hart）在《儿童参与：从象征主义到市民权利》报告中，提出了"儿童参与阶梯理论"，该理论以雪莉·阿恩斯坦的公民参与阶梯理论为基础，对研究未成年人参与权起到重要的指导作用。儿童参与阶梯理论将儿童的参与区分为两个层次即"非参与"和"实质性参与"，同时又根据儿童参与权实现的程度将儿童参与划分为八个等级[1]（见图1-2）。

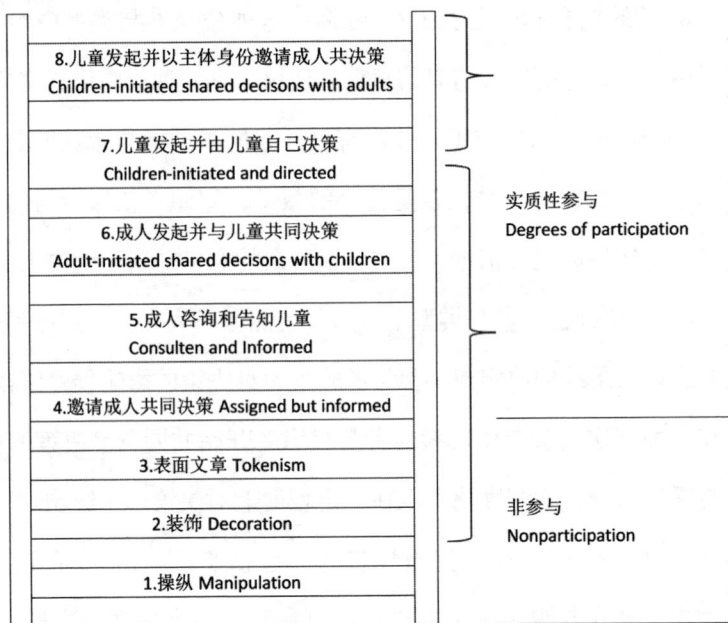

8.儿童发起并以主体身份邀请成人共决策
Children-initiated shared decisons with adults

7.儿童发起并由儿童自己决策
Children-initiated and directed

6.成人发起并与儿童共同决策
Adult-initiated shared decisons with children

5.成人咨询和告知儿童
Consulten and Informed

4.邀请成人共同决策 Assigned but informed

3.表面文章 Tokenism

2.装饰 Decoration

1.操纵 Manipulation

实质性参与
Degrees of participation

非参与
Nonparticipation

图1-2　罗杰·哈特的儿童参与阶梯理论（1992）

第一层次：非参与模式。（1）操纵。孩子们按照成年人的建议去做或者去说，但是，孩子们对问题并没有真正理解。成年人也会问及孩子们的想法并采用，但是不会告知孩子们，他们的想法对决策有什么影响。以参与为幌子进行的这种操纵绝不是把儿童引入民主政治进程的适当方式，

---

① Roger Hart，Children's Participation：From Tokenism To Citizenship.UNICEF．1992．p.8.

有时，这种行为源于成年人对孩子能力的忽视。（2）装饰。关于该等级的参与，罗杰·哈特描述了这样一个场景进行说明：孩子们参加一个活动，穿着与某个事件有关的T恤，并在活动中唱歌、跳舞，但孩子们并不知道这个活动的目的和意义，组织者让孩子们参与的目的不过是利用孩子们以一种相对间接的方式来支持他们的事业。（3）象征主义。在该参与等级中，孩子们表面上被赋予了发言权，但事实上，孩子们在沟通的主题以及沟通的方式方面根本没有选择权，也根本没有机会表达自己的观点。

第二层次：实质参与模式。（1）成年人确定任务并告知儿童。罗杰·哈特认为，真正的儿童参与有一些重要的要求，这包括：孩子们理解决策的目的；孩子们知道是谁做出了有关他们的决策以及做出的原因；孩子们在参与过程中扮演着有意义而不是装饰性的角色；孩子们清楚地了解决策项目并能够自愿参与，发表意见。（2）成年人发起计划，向儿童征求意见。儿童有时候能够在由成年人设计运作的项目里担任顾问。孩子们能够了解决策的程序，他们提出的观点也能够被认真对待。（3）成年人发起计划、与儿童共同做出决定。罗杰·哈特认为，这个等级的参与才是真正的参与。这是因为虽然要开展的项目和计划是由成年人发起，但决策是和儿童共同做出来的。儿童能够表达自己的观点和意见，并且能够获得尊重和考虑。（4）儿童发起计划，并独立做出决定。在这个过程中，成年人可以提供咨询帮助但不能主理。罗杰·哈特认为，儿童发起并独立做出决定的计划很少见，其首要原因是成年人通常不能很好地对儿童发起的计划做出回应，经常会不合时宜地扮演指挥者的角色。（5）儿童发起计划，与成年人共同做出决定。在该参与阶梯中，儿童既是计划的发起者，也是计划的决策者，成年人被邀请在决策中提出意见。罗杰·哈特认为，这个阶梯的参与形态发生得比较少，并不是因为儿童没有成为有用之人的意愿，而是因为成年人缺乏对儿童参与的兴趣。

罗杰·哈特的"儿童参与阶梯"理论按照儿童在决策中的作用或者说儿童的参与权在决策中所占的比重，对儿童的参与进行了区分，可以看出，儿童能够发出自己的声音，意见表达越充分并在决策中得到尊重，能够与成年人进行互动和交流，儿童的参与度就越高。罗杰·哈特同时提出，参与阶梯的设计有助于人们思考儿童参与的方式与效果，但它不应该被视为衡量任何方案质量的简单标准，影响儿童参与程度的因素有很多。同时，孩子也没有必要总是在尽可能高的阶梯上操作，不同的孩子在不同的时间可能更喜欢不同程度的参与，因而，重要的是方案的设计应最大限度地使任何儿童有机会选择以其能力的最高水平进行表达和决策。

第三节　家事诉讼中未成年人参与权的性质

一、未成年人参与权属于程序权

权利是法学中一个极端重要的概念，也是一个内涵复杂具有多指向的概念。"在关于权利的含义上代表性的观点有要求说、利益说、法力说、意志说等；在关于权利的存在形态上，可分为应然权利、习惯权利、法定权利、实际权利等。"[①] 权利是法律上一种有效的、正当的理由或要求，权利主体可以要求义务人做出或不做出某种行为。权利也是一种利益，是法律所保护的权利主体基于一定物质生活条件而形成的利益，没有利益的

---

① 孙笑侠：《法理学》，中国政法大学出版社 1996 年版，第 88 页。

权利是毫无意义的。每一种关于权利的学说都从一个角度阐释了权利的内涵，也都反映了权利的一个共同的属性就是正当和应得，即权利是正当的事物。当事人在诉讼中所享有的参与权是正当法律程序的应有之义，是当事人为保护自身利益免受不正当侵害而必须享有的权利，所以完全具有正当性的要求。

权利按照不同的标准可以产生不同的分类体系，其中实体权利和程序权利的划分是一种较常用的区分类别。"法律程序使当事人有机会主张他们的证据方法和法律理由，并使法官得以洞悉案情。这些步骤本身就是权利。"[①] "如果一种利益仅仅表现为实体权利的规定，而没有程序权的保障，那么，这种利益的存在必然是十分脆弱的。一旦遭受侵害，它就会成为一种不确定的存在。"[②] 当事人享有的参与权存在于诉讼程序过程中，是因当事人的各项权益有可能遭受影响而享有的知悉权、意见陈述权、意见受尊重权等一系列诉讼权利的集合。同时，当事人享有的参与权的义务主体是司法机关，参与权的实现依赖于司法机关的协助与保障，尤其在家事诉讼中，未成年人由于主体身份的特殊性，参与权的实现更需要司法机关的保障。家事诉讼中包括未成年人在内的当事人享有的参与权并不会直接赋予当事人享有实体权利，而是通过参与权的行使能够直接参加到诉讼中来，发表对己有利的意愿，从而促进当事人实现实体权利。此外，当事人享有的参与权还具有独立于实体结果的价值如尊重诉讼当事人的主体地位和人格尊严等。

---

① ［德］黑格尔：《法哲学原理》，范扬等译，商务印书馆 1961 年版，第 231 页。

② 谢佑平：《权利保障：诉讼的起源与本质》，载樊崇义主编：《诉讼法学研究》第 3 卷，中国检察出版社 2002 年版，第 22 页。

二、未成年人参与权属于程序基本权

基本权在不同的国家与地区有不同的称谓，[①] 对基本权的界定也有一定的差异，但是对基本权的理解初步达成了一定的共识，"基本权利是宪法赋予公民的最基本的、最重要的权利，表明了公民的宪法地位，反映了国家权力与公民权利之间的相互关系，构成了一个国家政治制度运行的基础"[②]。基本权利是与派生权利相对的一个概念。按照权利的内容，基本权可进一步分为实体基本权与程序基本权。实体基本权是指作为公民所享有的实体基本权利，即生命权、自由权、平等权、财产权、隐私权等重要实体权利为内容的宪法基本权利。程序基本权是指专以程序为内涵的宪法基本权利，换言之，必须是一种权利，且以程序为内容，两者缺一不可。当然，此处所谓的程序必须是正当法律程序。在包括家事诉讼在内的民事诉讼中，当事人程序基本权就是当事人通过诉讼程序权利形式予以体现的宪法基本权利。第七届国际诉讼法大会综述报告将当事人的程序基本权概括为程序通知权、法定听审权、请求有效性权利保护的权利、请求公正程序权。法定听审权又称为听审请求权，其基本要义就是赋予当事人意见表达的权利或陈述权，以确保当事人能以权利主体的身份参与到诉讼之中，而不是被摆布的对象。包括家事诉讼在内的民事诉讼作为现代社会解决纠纷的重要机制，必须在一个能够沟通对话的环境中运行，以确保当事人的程序主体地位得到尊重。在关涉个人自由、财产权、人身权的诉讼程序中，受裁判影响之当事人能够对影响裁判的重要

[①] 英美国家的一些学者称之为"宪法化权利"（constitutional right）或"宪法性公民权"（constitutional civil right），日本的一些学者称之为"基本人权"，我国学者习惯使用"基本权利"的概念。

[②] 胡锦光、韩大元：《中国宪法》，法律出版社 2004 年版，第 177 页。

事项进行充分的陈述，法院则负有审酌义务。很多国家从宪法的层面确认了当事人表达意见的权利，如《德国基本法》第 103 条第 1 款[①]、1948 年意大利《宪法》第 24 条第 2 款[②] 等。在英美法系国家，法官在进行裁判时必须遵循"自然正义"，其中的要求之一就是"当事人有权陈述和被倾听的权利"，如今该要求早已被吸收进正当法律程序的要义之中，成为英美法国家一项重要的宪法原则。

家事诉讼中未成年人参与权作为程序基本权的重要属性主要体现在以下方面：首先，参与权作为程序基本权为诉讼主体提供了在诉讼过程中有效表达意愿的机会。参与权发挥作用的空间是诉讼程序的整个过程，离开了程序，参与权则失去了存在的基本条件。参与权的享有就是要实现与当事人权益保障有关的事实、主张都能得到全面的展现，以促进程序的理性运作，保障程序以一种平等、对话、民主的方式不断推进。其次，参与权的享有体现了包括未成年人在内的当事人的主体性地位，是对人的尊严与价值的充分肯定与确证。人作为社会主体的存在，应当享有各种基本权利以实现人是目的而不是手段的终极目标。诉讼程序的运作既涉及当事人对程序本身的满意度如程序是否公开、透明，也涉及当事人对诉讼结果的接受程度。无论哪一方面的实现关键都在于当事人是否以主体的地位参加到程序之中，其意见、观点和愿望是否得到了充分的表达，而不是被排斥在程序之外，沦为诉讼的客体。即使是未成年人，心智未臻成熟，但依然具有形成观点的能力，在关涉未成年人权益的家事诉讼中，对于抚养权的确

[①] 　《德国基本法》第 103 条第 1 款规定：每个人都可以要求在法庭上进行法定听审。

[②] 　1948 年意大利《宪法》第 24 条第 2 款规定：在一切司法程序的每一阶段，任何人皆有神圣不受侵犯的辩护权。

定、监护人的变更、探望权的行使等诸多事项，未成年人应以主体的地位表达观点和偏好，通过参与权的享有实现对自我的表达、展示与发展。法律应根据未成年人的身心发展特性为其提供充分实现自我的机会与条件。最后，参与权是一种综合性权利，是诸多诉讼权利的母权利。基本权的"基本"之特性在于是人不可或缺的权利，是人所享有的一切权利中最基本和最重要的权利。在权利的大系统中基本权承载着繁衍其他权利的功能。当事人享有参与权为当事人以多种形式参与到诉讼程序中提供了依据，也由此派生出众多具体权利。依托参与权，未成年人可以享有知情权、意见陈述权和意见受尊重权，参与权蕴含的内在价值和精神是这些具体权利产生的基础和根据。未成年人可以通过具体诉讼权利的行使表达意愿、影响裁判的做出，以实现参与权作为程序基本权在确立诉讼主体地位，彰显人的尊严与价值方面的巨大作用。

第四节　家事诉讼中保障未成年人参与权的重要意义

一、保障未成年人参与权有助于未成年人对裁判结果的接受与认可

随着未成年人权利主体地位在国际社会得到普遍认可，人们也越来越认识到考虑未成年人对与其有影响的关于他们的决定的看法、意愿和偏好的重要性。未成年人被认为是自己经历的积极建设者，他们的观点和兴趣可能与他们的父母或其他成年人是不一样的。在解决与未成年子女权益有关的家事案件时就必须要考虑未成年子女的依恋倾向，倾听未成年子女对

未来希望与哪一方父母居住、生活等方面的意见、需求和偏好，而不能仅仅从父母的角度来解决问题。在与未成年人权益密切相关的家事诉讼中，未成年人享有的参与权也是正当法律程序的要求之一，未成年人通过将自己的意愿、想法和偏好通过多种方式传递给审判人员，进入到裁判的过程中并成为裁判的依据，这有助于未成年人对裁判结果的接受。

对于未成年人来说，有发言权意味着可以被成年人倾听并考虑他们的观点，同时，成年人有机会代表他们做出更好的决定。孩子们相信参与的好处将导致更好的决策，被排除在参与和决策之外使他们愤怒和怨恨。[①]孩子们希望了解家庭中正在发生的事情，并且对正在发生的事情表达自己的情感，他们认为这是他们作为人的体现。孩子们希望通过与成年人的合作获得支持进而能够表达自己的意愿，参与到有关家庭的事务中，但是很少有孩子希望自己来决定父母分离后的生活安排。[②]未成年人更关注表达意愿的过程所给予他们的承认和尊重。一项调查研究采访了8名未成年人，了解他们在父母离异后参与有关居住安排的感受。8名未成年人均表达了要求给予倾听和表达机会的意愿，以下为其中3名孩子的陈述：[③]

因为这样你就可以决定谁是你的朋友，你上什么学校，这会让你更快

---

① Judy Cashmore, Patrick Parkinson. Children's and Parents' Perceptions on Children's Participation in Decision Making After Parental Separation and Divorce. Family Court Review, Vol. 46 No. 1, January 2008. p.98.

② Judy Cashmore, Patrick Parkinson, Children's and Parents' Perceptions on Children's Participation in Decision Making After Parental Separation and Divorce. Family Court Review. Vol. 46 No. 1, January 2008. p.90.

③ Anne Graham, Robyn Margaret Fitzgerald, Taking account of the 'to and fro' of children's experiences in family law. Children Australia Vol. 31, No.2, p.37.

乐，让你的生活更轻松。

——文

我想说的是，他们必须和孩子们讨论这件事，以及诸如此类的事情，试着找出最好的，找出孩子们想要什么，或者类似的事情，问问孩子们：如果我搬走了，你会有什么感觉？

——克里斯蒂

要知道，孩子不仅仅是孩子，他们有自己的观点，他们并不愚蠢，他们知道发生了什么，他们能够识别他们想要什么，如果他们每隔两周就要和父母一方生活，他们不一定喜欢你们，他们就会有可怕的感觉并且可能会更糟糕。成年人需要意识到孩子们的声音应该被倾听。

——安娜

从以上3名未成年人的陈述可以看出，未成年人并不关注裁判的结果是否是按照他们的意愿做出的，他们更在意与他们有关的事项上他们能否发出自己的声音，并且是否得到了倾听。未成年人虽然存在生理上和心理上的不成熟，但他们依然具有形成观点的能力，也依然具有获得尊重的权利。在家事诉讼中，倾听未成年人的表达，并给予回应是对未成年人的尊重，有助于未成年人在交流的过程中认可最终的裁判结果。

二、保障未成年人参与权有助于实现未成年人的最大利益

未成年人的最大利益原则的产生、发展过程就是未成年人的权利主体地位不断得到确认和强化的过程，未成年人参与权的实现则是对未成年人独立主体地位的彰显，更是未成年人的最大利益实现的重要助推器。

家事诉讼对未成年人未来的居住、教育、生活环境、人际关系影响巨

大，法院在做出裁判时必须考虑未成年人在这些事项上的意愿和偏好，如果忽视了未成年人的声音，有可能导致未成年人的利益被严重侵害。同时，家事诉讼的功能不仅仅是解决纠纷，更重要的是承载着化解家庭成员的情感纠结，将对未成年人造成的影响降到最低程度的修复和治疗功能。"那些被卷入父母离婚纠纷的孩子被描述为'末日的孩子'，而且有许多研究表明，父母之间的激烈冲突对未成年人的心理健康构成了严重威胁；年幼的孩子表现出过度的焦虑，年长的孩子更容易在父母的纠纷中变得更具侵略性。在孩子经历了父母离婚后的 2 年的随访中发现，父母离婚对孩子一系列的负面影响更加明显。"[①]尽管未成年人的最大利益被视为是最模糊的、最难把握的原则，但是，将未成年人因父母婚姻关系的解除而受到的伤害降低到最小，保障未成年人未来的居住、教育、与父母的亲子关系等方面依然能够获得良好的持续和发展始终是未成年人的最大利益的应有之意。上述目标的实现，从未成年人的角度来看，就必须要关注未成年人的陈述与表达，使法院的裁判能够充分考虑未成年人的意愿和偏好。对此，可以通过法院的裁判进行具体说明。

案例 1-1：王某甲与蔡某甲监护权纠纷。[②]本案是一起二审案件，上诉人（一审原告）王某甲与被上诉人（一审被告）蔡某甲是夫妻关系，2011年王某甲与蔡某甲经法院判决离婚，婚生女王某乙由蔡某甲抚养，婚生子王某钦由王某甲抚养。后双方因监护权纠纷诉至法院。原审法院认为，监护权是基于父母子女关系而享有的一种身份权，监护权的行使应遵循子女

---

① Judith S. Wallerstein, The Long-Term Effects of Divorce on Children：A Review. J Am Acad Child Adolesc Psychiatry. 30：3, May 1991. p.354.

② 王某甲与蔡某甲监护权纠纷二审民事判决书，（2014）厦民终字第 2971 号。

最大利益原则的要求。从本案来看，要求父母行使监护权的方式必须能够保障王某乙的身心健康，不能对王某乙的心理产生伤害或明显违背其个人的意愿和偏好。王某乙已近 18 周岁，可以做出与他的年龄、智力发育水平相当的意思表示。庭审中王某乙明确表示，不希望王某甲知道自己的就学及居住情况，担心王某甲有影响自己学习的举动，应对王某乙的个人意愿表示尊重，因此王某甲要求蔡某甲提供王某乙目前的在校证明及居住证明没有事实和法律依据，不予支持。王某甲不服一审法院的判决提起上诉，要求撤销原判。二审法院经审理认为，监护权是监护人对于子女的人身权益、财产权益所享有的监督、保护的身份权。监护权的行使应有利于子女的身心健康，不得增加其心理负担或明显违背其个人意愿。本案中，王某乙已满 17 周岁，可做出与其年龄、智力发育相当的意思表示。王某乙已向原审法院表示，不希望王某甲知道其就学及居住情况，原审法院尊重王某乙的个人意愿，并据此驳回王某甲的诉讼请求并无不当。在这个案件中，法院在追求实现未成年人的最大利益时充分考虑了未成年人的意愿、观点和偏好，并将其作为法院裁判的依据，未成年人的参与权得到实现的同时未成年人的最大利益也获得了满足。

有研究表明，大多数婴儿在大约 6 个月到 7 个月之间，就会与父母双方形成依恋关系。在接下来的 18 个月，随着这种依恋关系的巩固，如果父母分离或依恋关系由于不频繁的接触和长时间的分离，未成年人就会处于危险之中，童年时期失去重要的依恋关系，会在年幼的未成年人中造成深刻的失落感和焦虑感，并增加日后患严重抑郁症的风险。[①]"当孩子进

[①] Joan B. Kelly, Developing Beneficial Parenting Plan Models for Children Following Separation and Divorce, Vol.19, 2005. Parenting Following Separation and Divorce, p.243.

入家事诉讼程序时，他可能经历了一直以来最能够依赖的父母或其他照顾者的虐待、忽视或遗弃，也可能经历了父母婚姻的高冲突。他远离了所有他熟悉的事物包括家人、家庭、朋友和学校，他的房间里的玩具和在学校他最喜欢的老师，几乎所有他已经习惯的东西突然被剥夺了。"[1] 家事诉讼程序的设计是为了保护孩子免受未来的损害和虐待，确保他的安全和幸福，让他与家人团聚或者为他找到另一个永久的家。然而，当涉及孩子的案件被审理时，孩子的声音经常被埋没。孩子的愿望、欲望和希望无法得到表达。他对自己生活的看法，包括他想住在哪里、他是否想见到父母或兄弟姐妹，或他应该在哪里上学可能无法得到表达或倾听，这都将导致日后孩子与父母、兄弟姐妹关系的疏远、对生活与教育环境的不适应，甚至影响未成年人良好性格的形成，和谐的亲子关系与家庭关系的建立，而这些均是未成年人的最大利益所包含的内容。对于未成年人的父母来说，孩子的参与可以帮助父母认识到他们的行为会对孩子产生什么样的后果，以及他们所设想的行为可能对孩子产生什么后果。比如，如果孩子告诉父母中的一方，更愿意和其共同生活，那么父母的这一方可能就会重新考虑孩子的抚养问题。在一项针对90名家长进行的调查中，88%的家长均支持应该给予孩子表达意愿的权利。[2] 因而，畅通未成年人表达意愿、观点和偏好的途径，倾听未成年人的声音有助于实现未成年人的最大利益。

---

① LaShanda Taylor, a Lawyer for Every Child: Client-Directed Representation in Dependency Cases. Family Court Review, Vol. 47 No.4, October 2009. p.606.

② Judy Cashmore, Patrick Parkinson, Children's and Parents' Perceptions on Children's Participation in Decision Making After Parental Separation and Divorce, Family Court Review, Vol.46 No.1, January 2008. p.96.

三、保障未成年人参与权有助于塑造未成年人合格公民的优良品格

早在古希腊城邦时代人们已经形成了对"公民"身份和角色的认识，也同时开启了对公民性品格的探索和追问，即作为一个公民到底应该具备哪些德行素养、思维方式、行为认知、价值选择和目标追求等这些内化于公民内心并能够落实于实践的本质性规定。古希腊时期，城邦承载着国家组织形式的政治意义，也是公民生活的基本场所和价值获得实现的中心领域，这决定了当时的公民性品格主要有两个方面，即归属性和参与性。前者意指公民是属于城邦的人以及城邦为公民提供生存之必需，如衣食和土地，这种归属性导致公民完全是城邦的附属物；后者意指公民享有参与城邦政治事务的权利以及对城邦财物的分享。古希腊时期，公共领域与政治生活合而为一，公民性品格完全隶属于、消融于城邦之中。公民作为一个历史范畴，随着时代的发展而不断演变。到了古罗马时代，个人与国家分立，公民性品格逐渐进入私人领域，罗马法开始发挥保护个人财产和契约关系的作用，但终因罗马皇权和教权的极端管制而日趋衰微。随着11世纪的到来，西欧兴起的城市复兴与商业革命促进了城市市民社会的兴起，市民社会从政治国家中脱颖而出，并与其并列存在形成二元社会结构，促进了人向公民的转变，催生了崇尚民主、自由、平等、尊重法律、倡导私有财产和权利等优秀品格的市民阶级的形成。但是，囿于个人主义及自由竞争导致的两极分化严重，社会秩序混乱，20世纪开始，"福利国家"上场，保障社会利益、实现社会公平成为公民性品格的主要特征。在当代，尽管受经济全球化、文化多元化等因素的冲击和挑战，出现了重塑公民性品格

的时代动力，但是公民性品格的本质并没有改变，即"自由与责任相协调、权利与义务相平衡、个人价值与社会价值相关联的自主性、参与性、责任性的公民性品格"①。"公民"不仅是现代社会生活中的一种政治和法律身份，也是一种权利资格和价值精神。②"公民共同体的公民身份首先是由积极参与公共事务来标示的，对公共事务的关注和对公共事业的投入是公民美德的关键标志。牺牲一切纯粹的个人和私人目的，持续地认同和追求共同的善，接近公民美德的核心含义。"③

　　公民参与作为一种重要的公民性品格，已成为现代民主社会的重要特征，其旨在强调公民以权利主体的身份积极介入公共领域中来，通过发表言论、主张权利实现推动决策的制定，自身利益最大化等目标的实现。在家事诉讼中，法院通过行使裁判权来定纷止争、化解矛盾，未成年人在关涉自身权益的监护、抚养、探望、收养等事项上发出自己的声音，并成为法院裁判的依据，这不仅是为争取和维护自己的最大利益，也是保障法院做出妥适裁判的内在要求。未成年人通过行使参与权，因自身的意愿得到了表达，对裁判结果也就更容易接受，使裁判获得了正当性的基础；同时，在与裁判者的互动之中，未成年人的主体性获得了尊重，个人价值也得到了满足，这也正是公民参与的内在意蕴。总之，对未成年人参与权的关怀与保障有助于培育未成年人成为合格公民的参与意识，使未成年人既拥有

---

① 马长山：《公民性塑造：中国法治进程的关键要素》，载《社会科学研究》2008 年第 1 期，第 3 页。

② 马长山、李金枝：《青少年法治教育中的公民性塑造》，载《上海师范大学学报（哲学社会科学版）》2018 年第 4 期，第 88 页。

③ ［美］罗伯特·D. 帕特南：《使民主运转起来》，王列、赖海榕译，江西人民出版社2001 年版，第 100 页。

关注私人生活领域的视角也深藏积极投身于公共政治生活的情怀。

公民参与的优秀品格孕育于漫长的公民与国家的良性互动之中，从参与意识的养成到参与能力的塑造均非一朝一夕即能形成，因此，就要重视未成年人这个阶段的参与能力的实践养成，这主要包括"民主协商能力、权利主张能力和权利维护能力"[1]。以权利主张能力为例，公民作为社会成员，身兼私人利益的维护者与公共领域的参与者的双重身份，在遇到公共利益与私人利益发生冲突、错位时，要求公民应具备借助合法途径，依托合法形式来表达权利主张的能力，这种能力是建立在对法律的信仰与尊重，对程序的认可与遵守基础之上的，未成年人处于社会化的关键时期，如能获得这方面的训练与实践，那么参与意识与参与能力必将得到增强与提升。

党的十九大报告提出"保障公民知情权、参与权、表达权、监督权"。参与权在我国是公民享有的一项重要法定权利，立法已明确了多种途径来保障公民参与权的实现。在与未成年人权益有关的公共决策领域，倾听未成年人声音，这将有助于未成年人公民性品格的塑造，以具有主体意识、权利意识、参与意识、责任意识的公民身份投身于国家与社会生活的各个领域，成为未来推动国家发展、社会进步的中流砥柱。

---

① 马长山、李金枝：《青少年法治教育中的公民性塑造》，载《上海师范大学学报（哲学社会科学版）》2018年第4期，第93—94页。

第二章　家事诉讼中未成年人
参与权的法理逻辑

家事诉讼中保障未成年人参与权对于落实未成年人权利主体地位、实现未成年人福祉具有重大意义。而具体程序与制度的设计和落实均需有坚实的理论基础作为支撑。本章将从人性尊严、正当法律程序及未成年人的最大利益原则归纳、总结家事诉讼中未成年人参与权的法理基础，从而为全书研究的立论提供坚实的理论支持。

第一节　人的尊严理论

一、人的尊严的内涵解读

对于人的尊严可以从社会学、法学、心理学、伦理学等多学科进行不同的解读。从法学维度来看，人的尊严是人的权利的价值基础或逻辑起点。人的一切权利都源于人固有的尊严和价值，"尊严"在人权谱系中处于价值主导地位。德国哲学家康德对人的尊严的阐释堪称经典。康德指出人的尊严是人性的重要组成部分，不可替代也不可剥夺。人是理性的人，理性是人的尊严的基础。因而只有这样的人，才能成为美的一个理想，正如唯有人类在其人格中，作为理智者，才能成为世间一切对象中完善性的理想一样。① 也就是说人的理性和理智成就了人的伟大与尊严。康德指出："你的行动，要把你自己人身中的人性，和其他人身中的人性，在任何时候都同样看作是目的，永远不能只看作是手段。"② 康德以人的理性为基础解读人的尊严，坚持"把人当作目的"的人性观，成为后世人权保障的重要理论基础。

1948 年《世界人权宣言》在序言中开宗明义地指出：对于人人固有尊严及其平等不移权利的承认系世界自由、正义与和平之基础。众多国家在宪法中将人的尊严作为基本原则规定下来。③ 人性尊严是每一个人绝对的、自然的、不可剥夺的，只要生而为人即拥有的一种价值地位。人的尊严并不要求人的贡献，完全来自人的内在本性，意味着每个人都能够主要凭借自己的能力获得体面的生存，在生活中能够进行充分的表达自我、展示自我及发展自我。从这个意义上说，人的尊严的核心内容就是自治与自决。

二、贯彻法的主体性是人的尊严的本质要求

人的尊严来源于人本身，只要是社会上的人均毫无例外地拥有至高无

---

① ［德］康德：《判断力批判》，邓晓芒译，人民出版社 2002 年版，第 69 页。

② ［德］康德：《道德形而上学原理》，苗力田译，上海人民出版社 2002 年版，第 47 页。

③ 据统计大约有 60 多个国家在宪法中对人格尊严做出了规定。饶志静：《宪法理论及其实践》，人民出版社 2011 年版，第 95 页。

上的内在价值与尊严，而不是作为物或客体存在。马克思关于人的主体性原理认为："人性就是为了满足某种需要而在一定的社会关系中进行自由自觉的活动。人在社会实践中能动地实现这种人性，那么，他也就由自在的人转化为自为的人，他就成了一种主体性的存在。"[①] 人的这种主体性要求在立法、司法、执法等法律实践领域中尊重人的自主与自治，保障人处于法的主体性地位。人是法的主人，法是为人存在的，人在法律允许的范围内不受他人的控制和支配，不得被法所物化或客体化。

近代以来，受启蒙思想的推动，主体性理念的精神内核在不同的领域得到充分的表达和体现。"无论是作为一种社会的规范设计、制度安排与组织设置，还是作为一种社会的观念、意识和精神状态；无论是作为历史经验的自发产物，还是作为现实需要的理性建构"，程序都应该"以个体人的人性和需求为标准和动力，以真实的具体的人的日常生活世界为诞生之地，并以现实的人的具体的生活场景为存在和发展的地域与时空维度"[②]。民事诉讼作为解决民事纠纷，维护当事人合法权益的重要制度，应以立足维护当事人的尊严，保障当事人的程序主体地位积极构建诉讼程序，以防当事人沦为民事诉讼的客体，并将此作为民事诉讼的价值取向，这就是所谓的程序主体性。"这一原则至少包含两方面的内容：第一，当事人应当获得应有的尊重。这是程序主体性原则的根基和应有之意。尊重是建立在双方主体之间的一种互动关系，在民事诉讼程序中依然表现为法院与当事人及程序关系人之间的权力（权利）界限，各方均应在各自的权力（权利）

---

① ［德］马克思、［德］恩格斯：《马克思恩格斯全集》第 1 卷，中共中央马克思恩格斯列宁斯大林著作编译局编译，人民出版社 2016 年版，第 87 页。

② 姚建宗：《法治的人文关怀》，载《华东政法学院学报》2000 年第 3 期，第 20 页。

范围内按照其意志进行活动，对对方在权限范围内的行为保持'克制'的态度（尊重）。第二，为当事人和程序关系人提供充分的权利保障。这是程序主体性原则实现的有力保障和实质内容。在民事诉讼程序中要求当事人和程序关系人的权利不应遭到审判权的侵害即通过赋予当事人及程序关系人一定的程序权利以避免法院的审判权在裁判中的恣意，要达到这一目标就要建立以人为中心的，为人服务的诉讼程序。"①

三、尊重未成年人独立主体地位是落实家事诉讼中未成年人参与权的前提

人的尊严理论以人的存在为根基，认为人的尊严是人之所以作为人而独有的特殊价值，其绝无仅有且不可替代，具有普遍性。人的尊严也不因人的个体的差异而受到限制，身份、年龄、职业、性别、地位、种族、民族等因素的差异均不影响人的尊严的享有，其具有平等性。"事实上，主体与主体之间在诸多特性中相当一部分是不平等的，或存在重大差距、差异，任何一个理性、有头脑的人也不会希望、主张或要求他们在这些方面完全平等，这里强调的平等性是在承认人的多样性与独特性以及外在客观方面不尽相同基础上的平等。"②沿着人的尊严的理论范式，未成年人本身是人，未成年人的价值就是人的价值，而不是人的附属物，因而，未成年人是值得尊重的主体。自1989年联合国大会通过了《儿童权利公约》以来，未成年人独立主体地位得到了立法的确认，深刻地影响了未成年人参与到

---

① 此处对程序主体性原则内容的理解参考了唐力教授的观点。唐力：《当事人程序主体性原则——兼论"以当事人为本"之诉讼构造法理》，载《现代法学》2003年第5期，第122-127页。

② 刘涛：《刑事诉讼主体论》，中国人民公安大学出版社2005年版，第47页。

与其有关的事项中来。

未成年人的独立主体地位彰显了未成年人的公民品格。未成年人并非父母与家庭的附庸，未成年人是成长中的人，具有独特的自然属性、社会属性和法律属性，能够通过自身的行为参与到家庭、社会等活动中，以自己的行动影响决策并获得成长。"孩子被视为离婚过程中的对象"的历史已经结束，应把孩子视为"积极的、有能力的主体，而不是父母分开事件的被动接受者"。[1] 在涉及未成年人的家事诉讼中，要真正落实未成年人参与权，使未成年人能够在影响其自身权益的事项上发表自己的意见的首要条件是尊重未成年人的独立主体地位。强调未成年人是享有权利的主体，是希望未成年人能够获得与成年人一样"独立的人格"的看待，能够尊重未成年人的感受、心理和愿望，不因未成年人的心理孱弱而忽视他们的存在和权利。1933 年，大法官 Campbell 在 Sachs V. Sachs 一案中指出，在监护案件中，子女并不是有如猪、鸡、家具的动产，子女是不能依据其财产的价值在离婚当事人之间加以分配的；子女的监护也不能被当作离婚当事人间彼此继续敌对与怨恨的工具。[2] 家事诉讼往往决定未成年人今后与父母的关系和接触、安全的生活环境，未成年人未来的成长、健康与福祉等重大利益，家事诉讼的解决必须要符合未成年人的最大利益，因而，必须要考虑未成年人的偏好，倾听未成年人的声音。

---

[1]　Smith A．B & Gollop M．（2001）．Children's perspectives on access visits．Butterworths Family Law Journal，3（10），p.260.

[2]　王洪：《离婚后监护与子女最佳利益原则——以英美法为中心》，载夏吟兰、龙翼飞、张学军主编：《婚姻法学专题研究（2007 年卷）》，中国人民公安大学出版社 2008 年版，第 146 页。

第二节　正当法律程序理论

诉讼程序之所以成为现代社会纠纷解决的重要机制，原因之一就是其具有正当性。正当法律程序（due process of law）理论起源于英、美普通法，后被大陆法系所广泛采纳，成为全世界立法、行政、司法等领域保障人权的一项重要理论依据。

一、正当法律程序理论的产生与发展

正当法律程序理论历史悠久，目前已成为世界各国普遍公认的具有普适性价值的程序理念，彰显了人权保障、程序价值的法律精神。正当法律程序理论的起源最早可以追溯到古希腊时期的自然正义观。在当时，"正义"一词最基本的含义就是秩序性，"正义"不仅指人类社会的秩序性，更是指自然界的秩序。[①] 柏拉图的《理想国》就是这一理念的诠释。柏拉图在《理想国》中将正义划分为国家的正义和个人的正义，并且认为社会和谐有序就是正义的。相比较而言，亚里士多德的正义理论更加系统和深入，并提出了自然正义的概念。在他的理论中，正义又称作公正，两者是同等程度的概念。"所有的人在说公正时都是指一种品质，这种品质使一个人倾向于做正确的事情，使他做事公正，并愿意做公正的事。"[②] 自然正义对秩序的追求成为程序正义最古老的渊源。从古罗马到中世纪

---

① 周展：《试论早期希腊正义观的变迁——从荷马到梭伦》，载杨适主编：《希腊原创智慧》，社会科学文献出版社 2005 年版，第 218 页。

② ［古希腊］亚里士多德：《尼各马可伦理学》，廖申白译注，商务印书馆 2003 年版，第 127 页。

时期，自然正义的观念不断加强，并针对司法裁判活动形成了两条最基本的原则，一直为后世所遵循，即任何人不能审理自己或与自己有利害关系的案件；任何一方的诉词都要被听取。[①] 以上两大原则被后世公认为是审判人员处理案件时应遵循的最低限度的程序公正标准，成为正当法律程序最初的思想渊源。

虽然出于刑事司法领域限制王权保障个人权利的立法目的，1215 年英国在《自由大宪章》首次做出了体现正当法律程序理念的法律规定，[②] 但所蕴含的通过规范的程序来实现对实体权利的处置这一正当程序思想始终为后世所传承，此后英国又通过了多个规范性文件对正当法律程序做出了更为全面深入的规定。[③] 对法律程序的关注和重视可以说是英国普通法最重要的特征与品格。

美国对正当法律程序理论的接受是从北美殖民地各州的宪法性文件确立开始的。在当时，尽管殖民地各州可通过立法实现对内部事务的统治，但是英国国王对北美殖民地享有主权并通过特许状[④] 将普通法的精神与理念传输到北美，正当法律程序理念也由此传入。1641 年的《马萨诸塞自由

①　[英]戴维·M. 沃克：《牛津法律大辞典》，李双元译，北京：法律出版社 2003 年版，第 628 页。

②　第 39 条规定：凡自由民，如未经其同级贵族之依法裁判，或未经国法判决，皆不得被逮捕和监禁、没收财产、剥夺法律保护权、放逐或加以任何其他损害。徐亚文：《程序正义论》，山东人民出版社 2004 年版，第 4 页。

③　主要有 1354 年《伦敦威斯敏斯特自由令》、1628 年《权利请愿书》、1640 年《人身保护法》、1641 年《大抗议书》、1679 年《人身保护法修正案》、1688 年《权利宣言》、1689 年《权利法案》等宪法性文件。

④　特许状是北美殖民地最早以成文形式出现的宪法性文件，为殖民地各项事务的治理提供最根本的、至高无上的法律。

典则》、1648 年的《马萨诸塞自由法案》、1639 年的《康涅狄格根本法》、1776 年的《弗吉尼亚宪法》等均引入了正当法律程序条款，为此后美国宪法修正案正式确立正当法律程序奠定了深厚的基础。此后，1791 年颁布的美国宪法第五修正案规定："非经正当法律程序，不得剥夺任何人的生命、自由或财产。"随着 1868 年美国宪法第十四修正案的颁行，该项规定的适用范围得到进一步扩大，正当法律程序完成了从普通法规范到宪法规范的飞跃，调整对象从程序性事项扩大到实体性事项，适用范围也从联邦政府机关扩大到美国各州，成为人权保障的一个重要基石。

正当法律程序最早是从刑事诉讼的角度进行界定的，时至今日，其早已成为构建诉讼程序的重要理论基础，只不过正当法律程序在不同的诉讼领域所蕴含的价值理念不完全相同。在刑事诉讼领域，确立正当法律程序旨在实现对追诉方权力的约束与限制，达到对被追诉方的倾向性保护；而在民事诉讼领域，诉讼的对象是平等主体之间发生的民事纠纷，受法院裁判的对象为当事人的私权利，通过正当法律程序旨在达到对当事人诉讼主体地位的尊重，构建一个公平竞争的诉讼空间，为双方当事人提供平等对抗的解纷环境。

二、正当法律程序理论的基本内容

由于各国的具体情况不同，世界各国无法在民事诉讼中确立完全一致的正当法律程序的标准和内容。但是，我们可以根据米尔恩"最低限度的道德标准"理论以及程序正义理论中的"消极性正义"理论，确定最低限度标准的正当法律程序的要求。

英国学者米尔恩的最低限度的道德标准理论主张："有某些权利，尊重它们，是普遍的最低限度的道德标准的要求。无论它采取何种特定形式，我都将认定低限标准在事实上能够适用于一切文化和文明，而不管它们之间有何种差异"，"一种能适用于一切文化和文明的最低限度道德标准并不否认每个人在很大程度上是由特定的文化和社会经历造就的。它不以所谓同质的无社会、无文化的人类为前提，相反，它以社会和文化的多样性为前提，并设立所有的社会和文化都要遵循的最低限度道德标准。这种要求为多样性的范围设立了道德限制，但绝不否认多样性的存在。最低限度道德标准的普遍适用需要它所要求予以尊重的权利获得普遍承认。用明白易懂的话来说，他们是无论何时何地都由全体人类享有的道德权利，即普遍的道德权利。"[①] 根据最低限度道德标准与最低限度公正标准确立民事诉讼正当法律程序的最低标准，可以超越各国在政治、经济、文化等方面的差异，成为宪政国家所共同适用的最低标准。"承认正当程序的最低保障，可以锁定某些程序上的公正因素，并对程序保障和个案需要之间的关系予以调和，从而有助于真正落实正当法律程序的理想。"[②] 在总结不同理论关于正当法律程序或程序正义的基本要求的基础上，本书认为正当法律程序理论至少应包括以下基本内容。

（一）法官中立

诉讼程序的基本架构是由法官和双方当事人三方组合的等腰三角形，法官在诉讼程序中要超然于双方当事人，不偏不倚地进行审理和裁判。虽然当事人能够以主体身份施加对诉讼进程的影响，发表意见，主张事实与

---

① ［英］A．J．M．米尔恩：《人的权利与人的多样性——人权哲学》，夏勇、张志铭译，中国大百科全书出版社 1995 年版，第 7 页。

② 汤维建：《美国民事司法制度与民事诉讼程序》，中国政法大学出版社 2001 年版，第 66 页。

证据，但是对纠纷进行裁判的权利却是由法官独享，因而，裁判者能够保持中立的地位直接影响着裁判的公正性。而法官作为裁判主体仍然具有个体性，有自己的思维、情感和欲望等，这就需要一种机制来克制法官的个体性，充分运用法官的理性做出公正的裁判，法官中立就是实现这一目标的重要机制。法官中立性原则包含两项基本的要求：一是客观要求即法官不能与诉讼的案件有任何关联，也就是说法官对案件不存在任何的利益关联；二是主观要求即法官不得对任何一方当事人有个人价值倾向，不得对一方偏爱或对另一方歧视。中立是裁判的生命。[①] 法官中立是正当法律程序对裁判者提出的基本要求，是对裁判者品行的考验，如果没有这个基本条件的保障，诉讼程序的正当性将无法得到当事人的认可，司法权威也将无法树立与彰显。

（二）程序参与

程序参与的基本旨意即当事人作为受裁判影响的主体理应有机会参与到诉讼程序中来，并提出对己有利的主张、事实与证据，对涉及自身利益的事项发表观点与意见，进而影响裁判结果维护合法权益，这也是自然正义的核心内容之一。时间不能倒转，诉讼中的案件事实无法自然呈现，唯有通过当事人向法院提供关涉案件事实情况的陈述与主张，审判人员才能得以查明案件事实，这是法院做出公正裁判的前提条件与保障，也体现了对当事人诉讼主体地位的尊重，对当事人人格尊严的认可。当事人在参与的过程中能够获得对正当法律程序运作的感知，有利于降低当事人对其不利裁判的不满情绪，提升对裁判的接纳与认可程度。在英美法系国家，程

---

① 张卫平：《诉讼构架与程式——民事诉讼的法理分析》，清华大学出版社 2000 年版，第 108 页。

序参与被称为"正义的首要原则""宇宙的法则"等，可见程序参与在保障当事人程序主体地位、彰显程序正义方面的卓越地位。

（三）程序效益

程序效益是指程序的成本（投入）与诉讼程序的收益（产出）的比率。衡量程序效益的高低要看经济成本和经济收益两个方面。在民事诉讼程序中，经济成本主要包括：[①]（1）人力资源，即进行诉讼活动的审判人员、诉讼参加人和其他诉讼参与人；（2）物力资源，包括两部分：一是审判机关为完成诉讼活动所必须投入的法庭设备与设施及通信交通设备，二是当事人被查封、扣押的财物等；（3）财力资源，包括支付审判人员的薪金，当事人需要交纳的案件受理费，用于勘验、鉴定、公告、翻译所发生的各项费用等，以及支付给证人、鉴定人和翻译人员的交通费、住宿费、生活费及误工补贴等，还包括保全申请费与实际支出费用以及执行费用等；（4）时间资源，时间的投入影响着效益成本，单位时间内各种资源的投入越多，则意味着效益越低。衡量程序效益的另一个因素是收益，不同的诉讼主体对收益的期待是不同的，对于法院来说，收益意味着其收取的诉讼费用的数额及在解决纠纷、维护社会秩序、树立司法权威等方面发挥的功效；对于当事人来说，则意味着通过诉讼程序解决纠纷获得的物质利益以及纠纷得以解决而获得的心灵安宁与慰藉。各国在构建民事诉讼程序时必须以程序效益作为衡量程序是否正当的一个标准，力求通过合理的经济成本产生效益的最大化，比如降低诉讼费用、简化诉讼程序、实行诉的合并、适用小额诉讼程序、推动诉讼案件的分

---

① 陈瑞华：《刑事审判原理论》，北京大学出版社 1997 年版，第 93–94 页。

流等。

（四）程序公开

程序公开指民事诉讼程序必须在当事人和社会公众看得见的情形下进行。程序公开是程序民主的必然要求和应有之义。司法权作为一种公共权力，其具体运作直接关涉社会正义和公民权益，因而，应在一种公开、透明的环境中进行，以加强对权力的监督促进程序正义的实现。通过程序公开能够为社会公众提供正确的行为导向，对合法与违法的界限有清晰的了解；同时，通过程序公开可以提高社会公众对司法审判的信任度，提高裁判结果的可接受性。程序公开主要包括：一是形式上的程序公开，包括开庭审理前要将案件的基本信息如当事人的姓名、案由、开庭时间、地点等公之于众，要及时将证据材料、审判进程等与案件审理有关的信息向当事人公开，除依法不公开审理的案件，社会公众可以旁听，媒体记者可以进行采访报道，裁判的结果也应进行公开宣告；二是实质上的程序公开，即裁判理由的公开，主要是公开法官心证的形成过程及依据。总之，程序公开是正当法律程序保持"正当性"的内在要求，也是程序公正得以实现的重要保证。

三、保障家事诉讼中未成年人参与权是正当法律程序的内在要求

关注当事人在诉讼程序中的积极参与并能够实质性地影响裁判结果始终是衡量诉讼程序是否具有正当性的重要标准。正当法律程序理论要求确保程序的交涉性、对话性，当事人和审判人员能够在裁判做出之前进行最大程度的沟通与交流，将与案件有关的事实、证据、意见、观点等进行充

分表达，降低当事人对不利裁判的不满，促进裁判的正当性是正当法律程序的核心要义。

未成年人的自我意愿和表达是其步入完全独立发展过程的重要因素，未成年人可以根据自己的观点和家庭生活经验，提供关于自身安排的重要观点，成人世界应尊重和发展未成年人的参与。1967 年美国联邦最高法院在高尔特（Gault）一案中确立了未成年人在诉讼中同样应该受到正当法律程序保障的理念，这一判决被视为未成年人权利保障的里程碑。在家事诉讼中，未成年人有时并不是案件的当事人，但是他们被牵扯到父母解除婚姻关系、监护、抚养、探望等案件中来，案件的处理结果又直接关涉未成年人将来的生活与教育安排和质量、成长环境等方方面面的事项，按照正当法律程序理论，这样的未成年人属于受裁判影响的利害关系人，有必要参加到诉讼中来表达意愿，这是正当法律程序之"正当性"的要求。"在剥夺生命、自由或财产之前，每个人都应获得正当程序的保障。为确定是否应进行程序以及在何种程度上进行程序，法院采用三因素的平衡测试即（1）通过所采用的程序将受到影响的私人利益；（2）国家利益，包括附加的或替代的程序要求将导致的财政或行政负担；（3）错误决定的风险。"[1] 在抚养、监护、探望、父母离婚等家事诉讼程序中，未成年人的安全、健康、福利、维持家庭的完整性以及维持与父母的关系、与兄弟姐妹的关系可能均会受到威胁，而这些对未成年人来说都是非常重要的，国家对此启动诉讼程序也将投入巨大的财政支持，任何对这些利益的影响都可能对未成年人造成重大的创伤。因而，根据

---

① Lashanda Taylor, A Lawyer For Every Child: Client-Directed Representation In Dependency Cases, Family Court Review, Vol.47, No.4, p.607.

以上对正当程序是否适用的衡量标准，必须在诉讼中满足未成年人的程序保障，使其能够充分参与到程序中来。

　　未成年人不应成为家事纠纷的受害者而应成为解决家事纠纷过程中的积极参与者，能够在诉讼中发出自己的声音。罗杰·哈特的未成年人参与阶梯理论根据未成年人参与权实现的程度将未成年人参与分为"非参与"与"实质性参与"两种，未成年人要突破"操纵""装饰""象征主义"的非参与阶段，必须要享有进行实质参与的机会。未成年人身心孱弱、理解与表达能力有限的特点，导致在诉讼程序中极易被忽视其程序主体地位，未成年人自主表达，实质性参与到诉讼程序中的权利也就难以保障。因而，以正当法律程序理论为基础，从根本上确立未成年人的程序主体地位，并构建完善的诉讼程序是确保未成年人参与权得以落实的关键。很多国家与地区均依据本国或地区的历史、文化、经济发展等情况制定了专门的家事诉讼法，构建了符合未成年人需求的家事诉讼程序。在德国，2009 年 9 月 1 日开始实施的《家事事件及非讼事件程序法》中，单独设置了"亲子关系事件程序""血缘关系事件程序""收养事件程序""照管事件程序"等。2011 年日本修订通过的《家事事件程序法》单独规定了"有关亲子的审判事件""有关亲权的审判事件""有关未成年监护的审判事件""有关扶养的审判事件"等涉及未成年人权益的专门程序。英国 1989 年颁布的《儿童法案》，以儿童最大利益作为最高准则与判断标准对儿童利益保护做了全面系统的规定，其中法案第二部分规定了"关于儿童在家庭诉讼中的指令"，针对家庭案件中涉及儿童的诉讼程序做出了特别的规定。与此同时，在家事诉讼程序中均以尊重未成年人的程序主体地位为出发点，建立保障未成年人能够充分参与到诉讼程序中并表达观点的完整系统，如很多国家和地区建立了家事法院（法庭）作为审理涉及未成年人案件的专门法院并配备专业的家事法官，对未成年人的心理、感情、思想等方面有较准确的把握；设立探知未成年人意愿的具体制度，了解未成年人的生活成长环境、社会关系、想法和愿望并据此向法庭提交评估报告以真实传达未成年人的意愿。

第三节　未成年人的最大利益原则

一、未成年人的最大利益原则的演进过程

未成年人的最大利益原则（the principle of the best interests of the child）的提出标志着未成年人权利保护迈进了一个新的历史阶段。该原则的产生背景同时也是未成年人权利主体地位的确认过程，目前该原则已成为处理与未成年人有关的监护、抚养、探望、父母离婚等一切事项的最高指导原则。

对未成年人权益的关注始于亲子关系领域。在亲子关系领域，未成年人最初被视为实现家族利益的工具。在罗马法上，"家父"[①]在家庭中的权力具有与政治机体中君权相同的性质。[②]家父拥有支配统治家族的权力，是对家庭财产行使权利的唯一主体，作为"家子（filii familias）"[③]的法官在家子犯错时进行惩戒，对子女的身心教育及财产监护享有不受限制的权

---

① "家父"不是亲属关系的术语，"父（pater）"同其原始的含义"主人"或"君主"有关。[意]彼得罗·彭梵得：《罗马法教科书》，黄风译，中国政法大学出版社1992年版，第116–117页。

② 冉启玉：《人文主义视阈下的离婚法律制度研究》，群众出版社2012年版，第96页。

③ "家子"不是亲属关系的术语，是指处于他人权力之下的子女，并不是家庭的真正成员。[意]彼得罗·彭梵得：《罗马法教科书》，黄风译，中国政法大学出版社1992年版，第114页。

力，形成了所谓的"父权准法律原则"①。在早期英、美普通法上，同样奉行"父权至上"。在美国建国初期，维护父亲权威的自然法占据主导地位，而且主张这种权威来自人类的生物和物理特征，特别是生身父母与子女之间存在的依赖关系。②由于已婚妇女在法律上没有财产的处分权，没有缔结契约的能力，在未经丈夫的同意下，没有让与和立遗嘱的能力，在这样的法律地位下，母亲除了受到子女的尊敬外，对于子女没有任何法律上的权利。到了19世纪，随着女性社会地位的提高、工业革命的纵深发展及各种强制入学措施的限制，未成年人的劳动力价值开始衰弱，父亲争夺子女监护权的动力也开始弱化。一些案件中"父权至上"的适用受到了未成年人利益的挑战，法官开始考虑将子女利益作为裁判的基础，幼年原则逐渐形成。

幼年原则认为只要母亲胜任，年幼的孩子应由母亲照顾，这是因为受到关爱与照顾是年幼子女的基本需求，同时母亲比父亲更能满足孩子的这些需求。在英、美普通法国家，通过一系列的判例确立了幼年原则的适用，并影响了成文法的制定。1809年，在美国北卡罗莱纳州发生的Prather V. Prather案中法院首次做出了将监护权判给母亲的裁判。③此后，美国又通

① 王洪：《论子女最佳利益原则》，载《现代法学》2003年第6期，第31页。

② Lynne Marie Kohm, Tracing the Foundations of the Best Interests of the Child Standard in American Jurisprudence, in Journal of Law and Family Studies, 2008. Vol.10, p.11.

③ 本案中，Prather是一个5岁孩子的父亲，其将妻子赶出家门，在居所与情人公开通奸，法庭感到适用"父权至上"的普通法规则不能够产生公正的裁判，于是将案件移交给了衡平法院，衡平法院认为父亲的行为不能使法庭有理由相信其有权监护子女，于是判决母亲享有子女的监护权。Prather V. Prather, 4 S. C. Eq. Desau. (4 Des.) 33 (1809). Lynne Marie Kohm, Tracing the Foundations of the Best Interests of the Child Standard in American Jurisprudence, in Journal of Law and Family Studies, 2008. Vol.10, p.20.

过多个判例展示了对"父权至上"的强烈抨击。[①]1839 年英国颁布了《幼儿监护修正法》，将幼年原则纳入普通法传统，规定母亲享有 7 岁以下子女的监护权，对 7 岁以上的子女享有探视权。该法在 1886 年修订时进一步规定，母亲可享有未满 16 岁子女的监护权。不过该原则也因为种种局限性在 20 世纪 70 年代开始遭遇批评与挑战。该原则并不是根据监护人的综合能力和条件来决定子女的抚养，而仅仅是假定母亲抚养子女有利于子女的成长，年幼的子女更需要母亲的照料。对此女性主义者反对该原则对于"照顾孩子是女性天职"所隐含的刻板印象与性别歧视。另外，该原则以女性的性别作为取得监护权的重要依据，违反了美国宪法及很多州宪法中有关平等保护的条款。被剥夺监护权的离婚父亲们组织成立游说团体起来反对。

自 18 世纪"发现"了未成年人权利，未成年人独立的权利主体地位开始受到关注和重视。在有关监护、抚养、探望等家事案件中，未成年人的利益逐渐成为法官裁判的重要依据，父母的权利位居子女利益之后。1840 年，在纽约郡的 Mercein v. Barry 案中，判决首次确认了未成年人是与父母平等的权利主体，而不是由父母来决定其利益的被动客体。该案标志着未成年人的独立主体地位获得了尊重，进一步推动了法院以子女最大利

---

① 　如1824年美国罗得岛州发生的 United States v. Greenan，父亲根据父权主张孩子的监护权。但法官主张，父母对孩子予以保护的权利是不可剥夺的，但当环境出现危险并危及孩子时，父母的权利并非不能剥夺和受到限制，父母的权利是因孩子的利益而存在的，当孩子的利益遭到侵害时，父母的权利需要受到限制并从属于孩子的福利。Lynne Marie Kohm, Tracing the Foundations of the Best Interests of the Child Standard in American Jurisprudence, in Journal of Law and Family Studies, 2008. Vol.10, pp.23-24.

益作为考量的重要依据的进步做法。[①] 到了 20 世纪，子女已成为亲子关系的核心，未成年人的独立主体地位得到立法的确认，父母责任逐渐取代父母权利，未成年人的最大利益在立法中得到巩固。《法国民法典》于 1972 年修改时，规定"父母双方在婚姻期间，共同行使亲权"（第 372 条）[②]，父母离婚后亲权由父母中的哪一方行使，由法官根据子女的利益确定（第 287 条）[③]。1973 年美国《统一结婚离婚法》明确了法院在处理离婚监护权分配时审酌子女最大利益的各项因素。1973 年英国《未成年人监护法》和 1989 年《儿童法》都将未成年人的最大利益原则作为未成年人监护案件中应当首要考量的因素。澳大利亚《家庭法》《法国民法典》、加拿大《离婚法》、美国《收养和家庭保障条例》《德国民法典》等也都纷纷确立了"未成年人的最大利益原则"。

在国际范围内，首次确认未成年人独立主体地位，并将未成年人的最大利益作为一项处理未成年人事务的基本原则确认下来的是 1989 年的联合国《儿童权利公约》。[④]2013 年儿童权利委员会第六十二届会议（2013 年 1 月 14 日至 2 月 1 日）上通过的《第 14 号一般性意见：儿童将他或她的最大利益列为一种首要考虑的权利》（简称 CRC/C/GC/14）对未成年人最大利益进行了详细的解读，为各国进一步采用该原则解决涉及未成年人事务提供了更具操作性的指导。未成年人最大利益原则的确立为实现未成

---

① Lynne Marie Kohm, Tracing the Foundations of the Best Interests of the Child Standard in American Jurisprudence, in Journal of Law and Family Studies, 2008. Vol.10, p.25.

② 《法国民法典》，罗结珍译，中国法制出版社 1999 年版，第 126 页。

③ 《法国民法典》，罗结珍译，中国法制出版社 1999 年版，第 92 页。

④ 公约第 3 条第 1 款规定：关于儿童的一切行动，不论是公私社会福利机构、法院、行政当局或立法机构执行，均应以儿童的最大利益为一种首要考虑。

年人福祉提供了重要保障。

二、未成年人的最大利益原则的理论解读

时至今日，未成年人的独立主体地位与价值已得到普遍承认，参与活动的领域与范围也越来越广泛。因此，准确把握未成年人最大利益原则对维护未成年人权益至关重要，尤其是在涉及未成年人权益的家事诉讼中，能够促进法院掌握更为客观实在的事实与情况，做出实现未成年人福祉的裁判。

（一）未成年人最大利益原则的内涵解析

"未成年人最大利益"到底是什么？这是准确适用未成年人最大利益原则的先决问题。无论是《儿童权利公约》还是各国国内法均没有对"未成年人最大利益"做出周全的解释。《儿童权利公约》在8种情况下提到了儿童最大利益的认定，如根据第9条第1款的规定，在由于父母的虐待或忽视、或父母分居而必须确定儿童居住地点的特殊情况下，在不违背儿童父母的意愿使儿童与父母分离是儿童最大利益。根据第18条第1款的规定，父母双方对儿童的养育和发展是儿童的最大利益。根据第37条的规定，被剥夺自由的儿童应受到人道待遇，人格固有尊严应受到尊重是其最大利益，因此被剥夺自由的儿童应同成人隔开是符合儿童最大利益的做法。由此可见，在不同的情境下，儿童最大利益的内容是不一样的，"毫不夸张地说，它是最模糊和很难理解的法律概念之一，与权利义务的具体规定相比较是没有明确内容的开放性的概念"[①]。

---

① Ciara Smyth, The Best Interests of the Child in the Expulsion and First-entry Jurisprudence of the European Court of Human Rights: How Principled is the Court's Use of the Principle?European Journal of Migration and Law 17（2015）, pp.71-72.

不同的历史时期、不同的文化与传统等都是确定未成年人最大利益的影响因素，也正是由于未成年人最大利益的抽象性、开放性与包容性使得它能够成为处理与未成年人权益有关的一切事务的首要考虑。基于此，CRC/C/GC/14 对未成年人的最大利益做出了一般性的解释，即"儿童最大利益是复杂的概念，而其内容须逐案确定，参照《儿童权利公约》的其他各项条款，解释和执行第 3 条第 1 款，立法者、司法、行政、社会或教育主管机构要能够澄清此概念并诉诸具体的运用。因此，儿童的最大利益是灵活且可调整适用的概念"。综合《儿童权利公约》和 CRC/C/GC/14 的上述规定可以看出，首先，未成年人最大利益原则适用的主体是所有未成年人，既包括未成年人个人也包括未成年人群体。其次，未成年人最大利益是"一个首要考虑（a primary consideration）"。"首要考虑"的表述意味着，未成年人的最大利益与所有其他利益如监护人、亲权人的利益不能处于同等的分量等级。未成年人因身心的特殊性，权益容易遭到侵害或忽略，将未成年人最大利益置于"首要考虑"意在赋予未成年人利益优先地位，能够使未成年人获得与成年人同样受到尊重的待遇。最后，未成年人最大利益适用的范围是关于未成年人的一切行动。"'一切行动'力求保证所有涉及儿童的决定和行动均可确保此项权利。这就意味着，每一项涉及一位或诸位儿童的行动都必须把儿童的最大利益列为首要考虑。"[1] 这保障了未成年人在所有涉及自身利益的事项上都能够以权利主体的身份获得尊重与对待。

---

① CRC/C/GC/14. Para17.

（二）未成年人最大利益原则的性质定位

尽管未成年人最大利益在诸多方面存在着不同的见解与争议，但是在当今社会，未成年人最大利益原则作为保护未成年人权益的基本理念发挥着无可替代的作用，这也决定了未成年人最大利益原则在处理与未成年人权益有关的一切事项上的多角色、全方位的基础地位。对此 CRC/C/GC/14 在第 1 条开宗明义地将未成年人最大利益的性质确定为三位一体的集合即"一项权利、一项原则和一项行事规则"。

首先，"未成年人最大利益是一项实质性权利"。[①] "当审视各不同层面的利益时，儿童有权将他的最大利益列为一种首要的评判和考虑，且每当涉及某一儿童、一组明确或不明确指定的儿童，或一般儿童的决定时，都得保障这项权利。"[②] 按照《儿童权利公约》的规定，未成年人利益大致可分为基本利益、发展利益及自主决定利益。基本利益是指接受来自亲权人在能力范围内，对于未成年子女之身体上、心理上、智能上之照护。这是未成年人生存与成长的最基本的保障。发展利益是指未成年人将来成长进入社会后，能拥有与大多数人相同之谋生机会的利益。这是未成年人通过父母的照管、国家与社会的教育获得的将来能够在社会上立足的能力。这不仅是未成年人对于亲权人的权利，也是对国家和社会的权利。因而，对于未成年人，亲权人要承担抚养、教育的义务；国家与社会要为未成年人创造良好的学习与成长环境等，以有助于未成年人获得未来独立生存发展的能力。自主决定利益是指保障未成年人不受来自亲权人或社会的控制，

---

① 　CRC/C/GC/14. Para6.

② 　CRC/C/GC/14. Para6.

而按照自己之判断选择生活样态，以自我方式经营社会生活之利益。这种利益来自对未成年人独立主体地位的尊重和认可，也是避免未成年人沦为权利客体的一种保障。未成年人最大利益的基本旨意就是要关注和保障未成年人的生存、发展和自决，尤其当裁判者就一项涉及不同主体利益的事项做出裁断时，要优先考虑未成年人的权益，并且在多数情况下可以被解释为超越其他因素的考虑。

其次，"未成年人最大利益是一项基本的解释性法律原则"。① "若一项法律条款可做出一种以上的解释，则应选择可最有效实现儿童最大利益的解释。"② 抽象性和概括性是法律规范的基本特征，其无法预先对一切行为做出完美的、详尽无遗的规定，要将一般性的法律规范适用于千差万别的具体情况，对各种具体的行为、事件和社会关系做出处理，就有必要对法律规范加以解释，将抽象的法律规范转化为对具体行为的指导。此外，法律规范所使用的语言本身也具有"开放性"和"模糊性"，在不同情境下可能会产生不同的含义和理解。因而，必须通过解释使法律规范的内涵、适用条件等得到准确的诠释，保障立法目的的实现。可以说，法律解释是法律实施的前提，是使法律规范达到明确、丰富的一种创造性活动。正是由于"未成年人最大利益"的抽象性、开放性特征使得该原则在未成年人权益保护方面发挥着基础性、纲领性和协调性的作用。当有关未成年人权益保护的法律规范规定的不清晰、不完善时或法院在审理有关未成年人权益的案件遇有法律规范出现漏洞时，应当以未成年人最大利益为指导对法律规范做出符合未成年人身心发展需求的、能够满足未成年人利益最

---

① CRC/C/GC/14. Para6.

② CRC/C/GC/14. Para6.

大化的解释。

最后，"未成年人最大利益是一项行事规则"。[①]"每当要做出一项将会影响到某一具体儿童、一组明确和不明确指定的儿童或一般儿童的决定时，该决定进程就必须包括对此决定所涉儿童或诸位儿童所带来（正面或负面）影响的评价。对儿童最大利益的评判和确定必须具备程序性的保障。"[②]在这里强调的是对未成年人权益的保障必须遵循一定的程序要求，通过设置严密、规范的程序机制给予权益受影响的各方尤其是未成年人充分的程序保障，落实未成年人的最大利益。未成年人最大利益理念起源于亲子关系领域有关未成年人的监护、抚养、探望等家事案件，其作为法官进行裁判时考量的一个主要因素。时至今日，该原则的适用范围已经突破作为实体权利义务裁判标准的界限，成为构建满足未成年人主体要求的一项程序机制，通过当事人的程序参与，为法官行使自由裁量权提供全面的依据，避免未成年人最大利益徒然成为法官或当事人达到主观价值与意志的说辞，进而架空其保障未成年人权益的本质而徒有其名。目前，很多国家与地区在涉未成年人家事诉讼中，以未成年人最大利益为指导构建了不同于普通民事诉讼程序的家事诉讼程序并适用特殊的程序法理。立足未成年人身心特点，家事诉讼构建了未成年人有效参与的特殊程序，真正满足未成年人参与诉讼的需要，助力未成年人福祉。未成年人最大利益应同时支配实质性结果和未成年人如何参与诉讼程序。[③]

---

① CRC/C/GC/14. Para6.

② CRC/C/GC/14. Para6.

③ Nicholas Bala, Victoria Talwar& Joanna Harris, The Voice of Children in Canadian Family Law Cases, Canadian Family Law Quarterly 2005, 24, p.224.

三、落实家事诉讼中未成年人参与权是实现未成年人的最大利益的重要保障

家庭是社会中自然的和基本的组成单位，家庭的和谐与稳定关系着子女健全人格的培养与持续发展的利益。历史上，亲子关系从忽视未成年子女利益到以未成年子女利益为中心的转移，未成年人逐渐走入家庭与亲子关系的核心地带。父母与未成年子女之间的亲子关系有别于一般的财产法律关系，财产法律关系具有利益性、选择性的特征，而亲子关系具有必然的、自然的、决定的本质。亲子关系以"爱""血缘"等自然因素作为形成的基础，对未成年人健全成长具有重大意义。心理学及社会学研究表明：对于未成年子女若长期生活在缺乏安全感的环境之中，情绪容易受到压抑或行为容易倾向退缩而产生自卑感；成长后因缺乏自信心而不善与人沟通协调，容易发展成反社会性或攻击性的具有敌意的心理"状态"。未成年人存在身心未臻成熟之状况，但这一特性并不否定其具有独立人格和权利主体地位，相反更应当获得来自父母的照护与教育，保障未成年人身心、道德和精神的健全发展，实现未成年人福祉，这是未成年人最大利益原则的应有之义。

儿童社会学研究表明："以前很少有人在儿童期与他们进行交谈，因此，无法及时地捕捉到他们的经验。然而，现在，人们认识到儿童的应对能力以及他们与自己的未来有关的能力不能简单地从成人世界的角度'向后阅读'，无论是儿童自己还是研究人员的角度。没有人能确定地对儿童生活中面临的挑战或转变做出预测。"[①] 儿童是儿童问题的专家，在涉及

[①] Flowerdew J. and Neale B. ，Trying to Stay Apace Children with Multiple Challenges in their Post-Divorce Family Lives，Childhood 2003（10（2）），p.148.

与儿童有关的事项上，必须关注儿童的想法，通过与儿童的交流沟通捕获有价值的信息，进而达成合理的决策，降低家庭关系的变动带来的各种负面影响。在家庭关系的变革中，未成年人面临着"多重转变（multiple transitions），如父母之间的高冲突、父母的分离与再婚、学校的更换、经济条件的改变、居住环境的变化等等。这些转变又可能会导致未成年人遭遇一系列的风险，如较低的自尊、不快乐、较差的教育成绩以及行为和心理健康问题等"。[1] 未成年人所处的是一个非常敏感的时期，是一个人步入成熟的重要发展阶段，以未成年人最大利益作为处理未成年人事务的首要考虑也是出于对未成年人这样的身心发展特点的考虑。要实现未成年人最大利益必须要重视未成年人的感受、观点和想法。在有关未成年人的家事诉讼如离婚诉讼、探望权诉讼、监护权等诉讼中，确定谁为抚养权人、谁为监护人、探望权如何行使等事项都对未成年人的安全、未来的成长、健康等福祉密切相关，未成年人以权利主体的地位对涉及自身利益的事项行使参与权，表达观点进而影响裁判的结果实际上就是在积极争取与维护自己的权益。孩子经历了父母婚姻的破裂可以说已经遭受了一次家庭关系的创伤，在家事诉讼中如果孩子们仅仅是作为婚姻的受害者出现，那么这种创伤将会更大。有研究表明："孩子们希望对所发生的事情有一定的发言权，最常见的原因是他们需要被承认和承认'他们的生活'受到有关他们的决定的影响。如果他们知道发生了什么，并且能够影响局面，而不是完全听任父母的'摆布'，他们会感觉更好。如果他们的观点能够有助于

---

① Flowerdew J. and Neale B. , Trying to Stay Apace Children with Multiple Challenges in their Post-Divorce Family Lives, Childhood 2003（10（2）），pp.148-150.

做出更好的决定和更可行的安排，他们能够感到幸福。"[1] 可见，未成年人能够在参与的过程中感受到重视进而提升幸福感，同时，通过未成年人的积极参与也能让法院掌握涉及未成年人利益的真实情况，并据此做出符合未成年人最大利益原则的裁判。

---

[1] Judy Cashmore Patrick Parkinson, Children's and Parents Perception on Children's Participation in Decision Making After Parental Separation and Divorce, Family Court Review, 2008, No.1, p.95.

第三章　我国家事诉讼中
未成年人参与权保障现状

第一节　我国家事诉讼中未成年人参与权保障之立法

一、未成年人家事诉讼的发展

1991 年 8 月，独立建制的少年案件审判庭在江苏省常州市天宁区人民法院成立，涉及未成年人权益的民事纠纷、刑事案件和行政案件统一由其审理，开启了我国未成年人民事诉讼改革的历史。在总结天宁区人民法院实践经验的基础上，为更好地实现未成年人民事诉讼的专业化审判，2006 年 8 月，在最高人民法院的推动下，多地法院开始推进此项改革，[①] 未成年人民事诉讼迈上了专业化的方向。在未成年人民事诉讼的受案范围上，

---

① 2006 年 8 月，最高人民法院下发了《关于在部分中级人民法院开展设立独立建制的未成年人案件综合审判庭试点工作的通知》，在全国选择了 15 个省、自治区、直辖市未成年人审判工作基础好，且具有一定代表性的 17 个中级人民法院开展试点。

经两次调整，排除了未成年人做当事人的普通财产权纠纷，扩大了与未成年人权益保障有关的家事案件的范围，着力保护家事案件中未成年人权益的理念不断显现。[①]2013年，未成年人综合案件审判庭试点扩大至49个中级人民法院，更多的法院加入未成年人民事诉讼的改革中来，为未成年人家事诉讼的发展提供更多的实践经验。

时至今日，我国未成年人家事诉讼的发展已近30个年头，在未成年人审判的诉讼理念、机构建制、程序设置等方面均积累了一定的经验。近几年来，我国离婚案件数量大量增加，2018年，全国法院判决、调解离婚64.9万对，民政部门登记离婚381.2万对，涉及近446.1万个家庭，约389.2万当事人。[②]离婚案件往往会涉及未成年子女抚养问题，即使在离婚时解决了抚养问题，之后也可能还会出现涉及未成年子女的抚养费案件、变更抚养关系案件、探望权案件、确定或变更监护人案件、撤销监护人资

---

① 2006年12月15日，最高人民法院发布了《关于批准未成年人案件综合审判庭试点工作方案中有关事项的批复》（以下简称《批复》），明确了未成年人案件综合审判庭受理的案件范围，其中未成年人案件综合审判庭应当受理的民事案件的范围是：（1）当事人一方或双方为未成年人的民事案件；（2）婚姻家庭纠纷案件中涉及未成年人权益的案件，一般包括抚养关系纠纷、抚育费纠纷、监护权纠纷、探视子女权纠纷、生身父母确认纠纷、确认收养关系纠纷、解除收养关系纠纷、继父母子女关系纠纷；（3）继承纠纷案件中涉及未成年人权益的案件；（4）申请指定监护人案件、申请撤销监护人资格案件。根据该《批复》，涉及未成年人权益的婚姻家庭纠纷、继承纠纷都由未成年人案件综合审判庭审理。2009年1月7日，最高人民法院下发了《关于进一步规范试点未成年人案件综合审判庭受理民事案件范围的通知》，将未成年人案件综合审判庭受理的案件范围做了调整，变化之一是将《批复》中"婚姻家庭纠纷案件中涉及未成年人权益的案件"扩大为"婚姻案件、继承纠纷案件"，也就是说将部分涉及成年子女的抚养、监护关系纠纷案件也纳入未成年人民事案件的范围；变化之二是将关于申请"指定监护人"或"撤销监护人资格"的案件明确进行了限定，仅指"未成年人的监护人"范围之内。

② 2018年民政事业发展统计公报，载民政部网站，http://www.mca.gov.cn/article//sj/. 访问时间：2019年8月28日。

格等家事案件。如何妥适解决涉及未成年人的家事案件，实现未成年人最大利益成为当前家事诉讼改革面临的一个重大问题。

在全球家事司法改革的推动下，进入 21 世纪，我国逐步开展了家事司法改革，这一改革首先从家事审判方式和工作机制开始，并从局部推向全国。2016 年 6 月 1 日起，最高人民法院在全国部分法院开展家事审判方式和工作机制改革试点工作，旨在着力变革家事审判理念，建构专门的家事诉讼程序，维护未成年人等弱势群体的合法权益，促进家庭关系和谐稳定，促进社会和谐健康发展。2018 年，在各地法院已开展的实践探索的基础上，最高人民法院出台了《最高人民法院关于进一步深化家事审判方式和工作机制改革的意见（试行）》（以下简称《家事审判意见（试行）》），总结了一系列好的做法，以推动家事诉讼改革在全国向纵深发展。未成年人家事诉讼的特殊性在改革过程中得到进一步彰显，保护未成年人权益的观念不断增强。2021 年 1 月 20 日最高人民法院发布《最高人民法院关于加强新时代未成年人审判工作的意见》，重新界定了少年法庭的受案范围、提出探索加强未成年人审判机构新路径、在少年法庭配备专门员额法官的新要求、建立新的未成年人审判工作考核机制，在未成年人的成长环境发生巨大变化的新时代，该意见的颁布对进一步推动涉未成年人家事诉讼意义重大。

二、我国家事诉讼中未成年人参与权立法概况

（一）未成年人参与权的原则性规定

1992 年 4 月 1 日联合国《儿童权利公约》正式对中国生效后，我国积极履行条约义务，在促进和保护未成年人权利方面取得了巨大的成就。在

未成年人参与权的落实方面，《未成年人保护法》第 3 条[①]首次将"参与权"与"生存权、发展权、受保护权、受教育权"共同列为未成年人的法定权利，并通过第 19 条[②]对未成年人在家庭中享有的参与权做出了进一步的确认。《中国儿童发展纲要（2011-2020 年）》指出："鼓励并支持儿童参与家庭、文化和社会生活，创造有利于儿童参与的社会环境，畅通儿童意见表达渠道，重视、吸收儿童意见。"《中国儿童发展纲要（2021-2030 年）》指出"坚持鼓励儿童参与。尊重儿童主体地位，鼓励和支持儿童参与家庭、社会和文化生活，创造有利于儿童参与的社会环境。"综上，未成年人作为独立权利主体的法律地位已得到我国法律的承认和尊重，在参与权方面，国家已将其作为未成年人的一项法定权利予以确认，并努力畅通未成年人行使参与权的渠道，增加行使参与权的机会。

（二）家事诉讼中未成年人参与权的规定

1. 申请确定监护人诉讼

作为被监护人的未成年人，虽然心智尚未成熟，但是，对于自己更依恋于谁，更愿意与谁在一起生活，还是能够形成自己的认知并进行表达的。监护人的确定，对未成年人的身心健康、未来生活的安排、教育等方面影响巨大，所以必须要倾听未成年人的想法、需求和偏好。《民法典》在第 31 条[③]规定了"监护人的指定"，要求法院为未成年人指定监护人时，应当尊重未成年人的真实意愿，这一规定体现了对未成年人身心发展规律的

---

① 参见附录［1］。

② 参见附录［2］。

③ 参见附录［3］。

尊重以及未成年人参与权的认可。

2. 抚养关系诉讼

早在 1989 年最高人民法院印发了《关于人民法院审理未办结婚登记而以夫妻名义同居生活案件的若干意见》（以下简称《同居生活案件意见》），其中在第 9 条①就解除非法同居关系时，非婚生子女的抚养问题上规定应征求子女本人的意见。这一规定确定了未成年子女在法院解除非法同居关系时子女抚养问题上享有发表意愿的权利。离婚案件作为一种常见的家事案件，也往往涉及未成年人的抚养问题，需要一并解决。对此，《最高人民法院关于人民法院审理离婚案件处理子女抚养问题的若干具体意见》（以下简称《处理子女抚养问题意见》）在第 5 条②和第 16 条③规定了在确定未成年子女的抚养事项上应听取和考虑 10 周岁以上未成年子女的意见，为未成年人在家事诉讼中行使参与权提供了法律依据。

在总结各试点法院家事审判改革的成功经验的基础上，2018 年 7 月《最高人民法院关于进一步深化家事审判方式和工作机制改革的意见（试行）》（以下简称《家事审判意见》试行）中肯定了前期家事审判改革的成功经验并将一些值得推广的做法固定化，为进一步促进家事审判改革在全国范围内的全面铺开指明了前进的方向和规范要求。在涉及未成年人权益保障方面，专门规定了未成年人的参与权，主要体现在第 22 条④和第 38 条⑤的

---

①　参见附录［4］。

②　参见附录［5］。

③　参见附录［6］。

④　参见附录［7］。

⑤　参见附录［8］。

内容之中。与已有的相关规定比较可以发现，该意见对未成年人参与权的适用范围有所扩大，规定了探望权案件中未成年人可以发表意愿；降低了听取未成年人意愿的主体年龄，凡是达到 8 周岁的未成年人均可以表达自己的意见和愿望，法院应当听取其意见和愿望；根据未成年人的身心特点，对听取未成年子女意见的场所和方式提出了要求，即人民法院可以根据未成年人的身心特点设置适当的询问环境对其进行单独询问。《民法典》也确认了在抚养事项上 8 周岁以上的未成年人能够表达意愿和观点的参与权。①2021 年修订的《未成年人保护法》，充分考虑到了未成年人的独立主体地位，在第 24 条第 1 款②赋予了未成年人在涉及自身利益的抚养、教育、探望、财产等事项上表达意见的权利。

三、我国家事诉讼中落实未成年人参与权之障碍

（一）离婚后亲子关系的确定仍偏重父母本位，制约了未成年人参与权的行使

离婚后亲子关系是离婚的法律效力之一，子女在离婚后亲子关系中处于什么样的法律地位，直接影响着子女在亲子关系中权利的享有。对离婚后亲子关系立法体例的安排即应将其纳入离婚法的调整范围还是纳入亲子法的调整范畴，折射出不同的亲子关系立法理念与指导思想的区别。我国《婚姻法》将离婚后亲子关系作为离婚的效力之一规定在"离婚"一章之中，从这一立法体例出发可以看出，立法是将父母作为离婚后亲子关系的主体，从父母的主体地位来解决何方担任直接抚养方，何方作为间接抚养方，行

---

① 参见附录〔9〕。

② 参见附录〔10〕。

使探望权的共同监护问题。事实上，离婚亲子关系应本着子女最大利益原则解决子女的归属问题，对谁与子女共同生活最有利于子女，谁担任子女的直接抚养人最有利于子女的问题做出回答，它并非离婚问题，而是离婚后亲子关系的重新调整而已，未成年人应是离婚后亲子关系的主体。《民法典》仍沿用了《婚姻法》对此问题的立法体例的安排，体现的是典型的父母本位，离婚后亲子关系的确定置未成年人于权利客体地位，导致未成年人的权益极易受到父母权利的侵害和吞噬，甚至以牺牲未成年子女的权益来换取自身权益的保全。

虽然，未成年人身心未臻成熟，对父母、其他监护人等有深切的依赖，但未成年人的未成熟状态具有向上生长的力量，其所内含的依赖性和可塑性具有积极的、建构的方面。[①] 对这种主体利益的尊重与承认就是对未成年人独立主体地位的尊重与认可。在域外亲子关系立法中，均确认了未成年子女的独立性，突出子女本位。1989 年修订的《英国儿童法》最关键性、实质性的变革就是确立"家长责任"的理念以取代"家长权利与义务"，强调父母的身份是责任而非权利，这些责任是父母不能推卸而且必须履行的；废除了"照顾与控制""监护""探视"等概念，启用"居住"和"交往"等用语。早在 1980 年，《德国民法典》亲属编第五节以"父母照顾"取代了"亲权"。父母照顾强调的是父母的责任，其次才是父母的权利，而亲权强调的是"亲"（父母亲）对子女的一种权力。《俄罗斯联邦家庭法典》将"未成年子女的权利"单独成章，确立了未成年子女在法律上的权利主体地位，并专门做出明确的保障性规定。[②] 总之，父母对未成年子

---

① 杜威：《民主主义与教育》，北京：人民教育出版社 1993 年版，第 50 页。

② 1995 年《俄罗斯联邦家庭法典》第 11 章。

女承担的是一种责任、一种职责。家事诉讼中涉及子女的照顾、监护、抚养、探望等事项，强调父母责任的持续性，赋予子女参与权，使其能够表达其意见和愿望，并对未成年子女的意见和愿望给予尊重。为促进建立良好的亲子关系，在德国，受家事诉讼程序影响的人被称为"关系人"，① 未成年子女在关涉自身权益的家事诉讼中，可以以关系人的身份参与到诉讼中来，并且德国法还对未成年人行使参与权规定了一系列制度予以保障落实。

目前，我国法律仅将未成年人作为离婚后亲子关系的客体，而忽视了其权利保障，导致在家事诉讼中未成年人对涉及自身权益的事项发表的意愿和偏好没有得到应有的重视，参与权难以获得实现。

（二）未成年人最大利益原则的缺位，导致落实未成年人参与权的制度明显缺失

未成年人最大利益原则是解决未成年人在离婚、监护、探视、收养、虐待和忽视等诉讼以及所有未成年人保护服务中适用的根本原则；是法官在任何时候、任何特定情况下，决定什么是对孩子最好的最高指导原则。根据《儿童权利公约》和《第14号一般性意见》的规定，儿童最大利益是一个"首要考虑（a primary consideration）"。"'首要考虑'的表述意味着，儿童的最大利益与所有其他考虑并非处于同等的分量等级。儿童的具体境况：依赖性、成熟程度以及往往无发言权的状况，系成为处于此强有力地位的理由。儿童比成年人更不可能有力维护自身的权益。倘若不突出儿童的利益，那么，儿童的利益就会遭到忽视。"② 儿童因身心的特殊性，

---

① 参见附录［11］。

② CRC/C/GC/14. Para37.

权益容易遭到侵害或忽略，将儿童最大利益置于"首要考虑"意在赋予儿童利益优先地位，能够使儿童获得与成年人权益同等尊重的待遇。

《中国儿童发展纲要（2001—2010年）》把坚持儿童优先原则写进了我国儿童发展的总目标。《未成年人保护法》进一步确认了对未成年人适用特殊保护和优先保护的原则。未成年人优先保护原则与未成年人最大利益原则都不同程度地体现了未成年人本位的权利理念，尊重未成年人的独立主体地位，但是，两者并不能等同。未成年人优先保护原则是在父母权利的框架下要求将未成年人权利排在优先考虑的位次；未成年人最大利益原则不仅强调在处理涉及未成年人权益的事项时保证未成年人利益的优先考虑，而且要做到未成年人利益最大化的实现和保护，不仅仅是从权利保护的位阶或顺序上对未成年人的权益要进行重视，更关注从未成年人本身的特性角度做出最有利于未成年人身心健康发展的决策。其次，如前所述，按照《第14号一般性意见》的规定，未成年人最大利益原则是"一项权利、一项原则和一项行事规则"。也就是说，未成年人最大利益原则不仅仅是从实体权利的角度来确保未成年人的利益得到最大化的实现，而且其还是一项行事规则，要为未成年人最大利益的实现提供程序保障机制。在家事诉讼中要设置实现未成年人最大利益的各种制度，并通过具体程序予以落实，而这一性质是未成年人优先保护原则所不具备的。总之，未成年人最大利益原则以其包容性和广泛性在处理一切有关未成年人事务方面发挥着基础的和根本的指导准则的作用。

在家事诉讼领域，涉及未成年人权益的婚姻关系案件、抚养权案件、监护权案件、探望权等家事案件，均与未成年人权益关系巨大，这些案件的解决均需遵循未成年人最大利益原则，而且在判断何种安排最符合未成年人最大利益时，往往都要听取未成年人的陈述，这样就需要赋予未成年人参与权，以使其能够表达自己的意见和愿望。在我国，无论是在实体法领域还是在家事诉讼法领域，因为未成年人最大利益原则的缺失，导致既缺乏对未成年人权益的应有重视，又缺乏保障未成年人权益得以落实的程序与制度设计。对于未成年人参与权的保障，如前所述，即使在《同居生活案件意见》《处理子女抚养问题意见》《家事审判意见（试行）》以及《民法典》、《未成年人保护法》中规定了要听取未成年人的意见，但缺乏听取未成年人意见的相关制度设计和程序安排，导致未成年人不能顺畅地发表意见、进行陈述，未成年人行使参与权的效果大打折扣。

（三）对未成年人主体地位认知不充分，未成年人参与权行使不彻底

未成年人的独立主体地位是未成年人作为公民所必须具备的品格。未成年人不是父母与家庭的附庸，未成年人是成长中的人，具有独特的自然属性、社会属性和法律属性，能够通过自身的行为参与家庭、社会等活动，以自己的行动影响决策并获得成长，这是对未成年人主体性的充分尊重与认可。在我国，长期以来，未成年人被视为社会问题或关注对象，而不是社会生活的参与者或自身世界的构建者，即使在已经意识到未成年人享有权利的情况下，仍然是把未成年人作为保护的受益者，这种对未成年人主体地位认知的不充分、不彻底，导致了对未成年人权益保障的不周全，反映在家事诉讼领域，主要是未成年人参与权的落实不全面。

如前所述，在我国，家事诉讼中未成年人享有参与权的主要依据是《未成年人保护法》《民法典》《同居生活案件意见》《处理子女抚养问题意见》和《家事审判意见（试行）》。但是由于对未成年人主体性的认知不充分，有关未成年人参与权的规定存在诸多问题。

第一，未成年人参与权适用的家事案件范围有限。根据《民法典》《同居生活案件意见》和《处理子女抚养问题意见》的规定，未成年人仅能在确定监护人案件、抚养权案件中享有参与权，严重限制了未成年人行使参与权的家事案件范围。《家事审判意见（试行）》对以上的家事案件范围有所突破，规定家事调查员在就家事案件的事实进行调查时，可以征询未成年子女对抚养事项及探望事项的意愿和态度，把未成年子女表达意愿的家事案件范围扩大到了探望权案件。但是，在家事诉讼中，涉及未成年人权益的家事案件不仅仅有监护权案件、抚养权案件、探望权案件，还有收养关系案件、继承案件等，这些案件均对未成年人的权益有重要的影响，均应听取未成年人的想法和意愿。

第二，未成年人参与权的享有主体有限。按照《处理子女抚养问题意见》的规定，能够在抚养权诉讼中行使参与权的未成年人的年龄需要在 10 周岁以上，年龄低于此限的无发表意见的权利。《家事审判意见（试行）》对享有参与权的未成年人的年龄做了调整，规定应充分听取 8 周岁以上子女的意见，《民法典》也做了这样的规定，这在一定程度上扩大了享有参与权的未成年人的范围。根据《儿童权利公约》的规定，并不主张对享有参与权的未成年人的年龄进行限制。有研究表明，"一些 5 岁的孩子就能像其他 10 岁或 10 岁以上的孩子一样熟练掌握语言。有些人在情感上很有弹性，而另一些人则非常脆弱。一些人外向自信，另一些人则内向。一些儿童有学习困难，不能阅读，另一些则口齿伶俐"。[①] 总体来看，随着年龄的增长，未成年人的社交能力、认知能力、表达能力等都在不断发展，

---

① Nigel Lowe，Children's participation in the family justice system-translating principles into practice，Child and Family Law Quarterly，Vol.13，No 2，2001，p.147.

但个体之间的差异是比较大的。如果仅从年龄上对享有参与权的未成年人进行限制，将把许多已经能够形成自己的认知并能进行表达的未成年人排除在享有参与权的主体之外。在新修订的《未成年人保护法》中，对享有参与权的未成年人没有做出明确的年龄限制，只要未成年人具有表达意愿能力，就享有参与权，这与《儿童权利公约》的规定是相吻合的，对于保障未成年人参与权的行使起到了重要的保障作用。

第三，未成年人参与权的行使效果仅停留在"非实质性"参与层面。如前所述，根据罗杰·哈特的儿童参与阶梯理论，儿童的参与可以分为两个层次即"非参与"和"实质性参与"。如果在决策过程中儿童处于"操纵""装饰"或处于"象征主义"的境遇，那么儿童并没有以独立权利主体的身份发挥作用，仅仅被作为决策过程的客体，即使表面上被赋予发表意见的机会，但也许根本没有被告知决策的主题，其想法也不会对决策的结果有任何影响，因而，这样的参与属于"非参与"层次；在"实质性参与"模式中，成年人将提前告知儿童决策的目的、程序等相关信息，甚至为儿童提供咨询帮助，以使儿童能够表达自己的观点和意见，并且能够获得尊重和考虑。由此可见，要保障未成年人参与权的行使对决策有影响，不仅需要做到畅通未成年人的表达途径，还需要决策者能够对其意见和愿望进行考量，并作为决策的基础和参考。

在我国家事诉讼中，立法对未成年人行使参与权的程序保障很不周全，未成年人通过什么样的程序行使陈述权，法官对未成年人的陈述是否应予审酌考虑，未成年人的参与权受到侵害是否享有救济的权利等在我国立法中均没有明确的规定，导致未成年人的参与权仅是一种形式上的享有，并不能够对家事诉讼的裁判有所影响。未成年人作为独立的权利主体，不能仅仅被视为家庭破裂的被动受害者，实际上应成为家庭正义进程的参与者和行动者。因此，在家事诉讼中，法院有责任查明并适当考虑未成年人的意愿和意见。如果法院在家事诉讼中对未成年人的声音置之不理，那么法院做出的裁判也一定有违未成年人的最大利益。同时，在我国，成年人往往以自己的视角来决定什么对未成年子女是最好的，在离婚案件中，他们试图保护孩子免受一系列感知到的伤害风险，认为未成年子女是离婚的脆弱受害者，其目前的幸福和未来的稳定被认为取决于和谐家庭的教育，只有在父母做出决定和控制的鼓励下才能消除这种风险，这是一种典型的家长式的作风。这种做法的一个不幸后果就是大多数离异父母的子女对所涉及的程序了解不足，感到被排斥在司法系统之外，对司法系统做出的裁判显示出抵触或拒绝，由于他们的声音很难发出，即使能够陈述自己的意见和愿望，也不会对最终的裁判产生影响。

《儿童权利公约》的重大意义就是强调儿童具有逐渐获得自主权的能力，以及受到与其能力相符的对待的权利。儿童参与权的享有不能仅停留在儿童参与并表达意见的层面上，还要求决策者必须考虑如何看待儿童，如何正确理解他们的意见。可以说，真正意义上的儿童参与权应该是儿童的经历、意图和他表达的意思能够得到恰当的对待，儿童的参与也必须带来改变。《儿童权利公约》中所规定的儿童参与权是对儿童的一种赋权，参与权的行使能够使得儿童的声音在有关儿童事务中获得尊重。《第12号一般性意见》规定了看待儿童意见的信息反馈：儿童有权要求对其意见予以适当看待，决策者必须告诉儿童该进程的结果，并说明对其意见是如何考虑的。[1] 当儿童发表意见的权利以及要求对其意见予以适当看待的权

---

① 　CRC/C/GC/12, para. 45.

利被忽视和受到侵犯时，法律应当为儿童提供申诉程序和补救。[①]综观我国家事诉讼中对未成年人参与权的规定，无论是从未成年人行使参与权的具体程序设置上，还是为保障参与权而要求法院承担的审酌义务上，立法的内容都非常模糊，甚至缺位，导致未成年人参与权的行使只能停留在"非实质性参与"的层面。

第二节　家事诉讼中未成年人参与权实证统计分析

上一节从法律规范文本的角度对家事诉讼中未成年人参与权的行使与保障的情况进行了具体的剖析。从研究路径的角度来说，为全面了解一个制度、一个程序、一个权利还有必要从实证研究层面对事物做一个全方位的解读。本节将采用文献分析和案例分析的实证研究方法对家事诉讼中未成年人参与权的落实进行考察，以期了解司法实践中该权利保障的具体运行情况，为接下来探讨该权利的实现提供更加全面的依据。

一、研究样本

文献分析方法主要是通过搜集、整理、分析和研究各种含有研究对象大量信息的文字材料，形成对研究对象的基本看法或基本观点的研究方法。根据研究需要，本部分主要通过分析涉及未成年人家事诉讼的案例形成对未成年人参与权的直观认识，数据来源选定为中国裁判文书网、"北大法宝"司法案例数据库、无讼案例资源。这3个数据库的司法案例数量多、数据信息准确，能够为本书开展相关研究提供可靠的实证基础。检索的样本时

---

① CRC/C/GC/12, para. 46.

间是从 2010 年至今，总计 200 个。检索的条件首先是根据可能涉及未成年人权益的家事案件的类型进行设定，分别以离婚、监护、抚养、探望为标题进行检索；其次，对检索到的样本进行二次筛选。在离婚案件中，有的并不涉及未成年人或者涉及未成年人但法院因未成年人没有达到法律规定的年龄而未向其征求相关意见和看法，这样的案例予以排除；还有的案例中涉及未成年人，虽然其年龄不符合法律的要求，但是法院依然征求了其看法和意见，未成年人的参与权获得了一定程度的实现，这样的案例具有一定的代表性被选入研究样本之中。对于监护、抚养和探望等司法案例，也基本按照这样的原则进行筛选。

文献分析和案例分析的实证研究方法因其研究范式和研究方法的特殊性，不可避免地会导致一定的局限性。在数据方面，主要是样本量较小。本书选择了 200 个相关案例，这个数量与每年法院受理的涉及未成年人的家事案件的数量相比是非常小的。其次，在 200 个样本中，一审案件有 177 个，二审案件有 21 个，再审案件有 2 个，二审案件和再审案件的数量相对较少，在一定程度上影响了实证分析的效度和信度；最后，部分案例的裁判文书对是否采纳未成年人的意见以及采纳未成年人意见的依据和理由没有进行详细的阐述，这均不利于开展本书的相关研究。

二、家事诉讼中未成年人参与权保障之实证分析

（一）涉及未成年人参与权之家事案件类型

对 200 个样本进行分析可以发现，涉及未成年人行使参与权的家事案件类型主要有离婚案件、抚养关系案件、确定监护人案件（包括申请确定监护人、申请变更监护人、申请撤销监护人资格）、探望权案件。这些家

事案件均有一个共同的特点就是直接或间接地涉及未成年人权益保护。以离婚案件为例，涉及未成年人的离婚案件往往伴随着未成年人的抚养以及未来不直接抚养未成年人一方的探视问题。在这些家事诉讼中，未成年人虽不是当事人，但家事案件的有效解决影响着未成年人的身心健康及未来生活的安排，所以，保障未成年人的参与权在以上类型的家事诉讼中具有重要的意义。在200个样本中，包括4件离婚案件，37件探望权案件，107件抚养关系案件，52件确定监护人案件（见图3-1）。

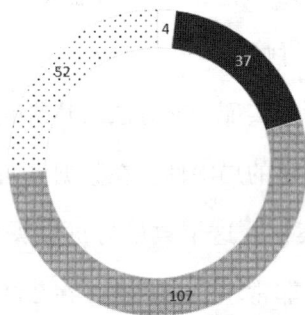

离婚案件数量 ■ 探望权案件数量 ▨ 抚养关系案件数量 ∴ 确定监护人案件数量

图3-1 涉及未成年人参与权之家事案件类型统计

在200个样本中，有128件家事诉讼中的未成年人的参与权得以实现，占样本总数的64%。这128件家事诉讼中，有78件抚养关系案件，占抚养关系案件总数的72.9%；有4件离婚案件，占离婚案件总数的100%；有15件探望权案件，占探望权案件总数的40.5%；有31件确定监护人案件，占监护权案件总数的59.6%（见图3-2）。可以看出，在离婚案件中，若涉及未成年人的抚养问题，未成年人参与权获得实现的比例高；其次是抚养关系案件，未成年人参与权获得实现的比例占到所有抚养关系案件的7成以上；在确定监护人案件和探望权案件中，未成年人参与权的实现程度还有待提高，其中探望权案件中未成年人的参与权受重视程度最低。

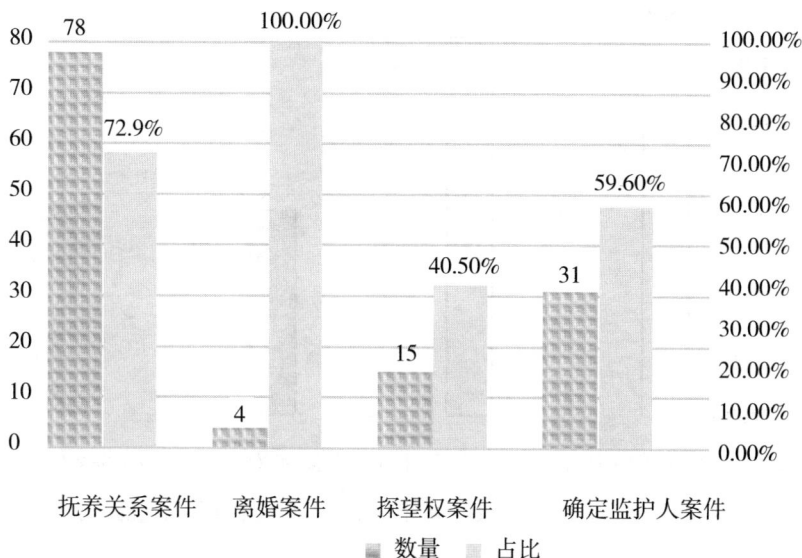

图 3-2　未成年人参与权获得实现之各类家事案件占比统计

（二）行使参与权的未成年人之数量与年龄

在 200 个样本中，因个别诉讼涉及 2 个或 3 个未成年人，因此总共涉及 206 个未成年人。128 件样本中的 135 个未成年人在离婚诉讼、抚养关系诉讼、确定监护人诉讼和探望权诉讼中行使了参与权，未成年人行使参与权的家事案件占样本总数的 64%，占涉及的未成年人总数的 65.5%（见图 3-3）；其中年龄在 10 周岁以上的未成年人有 114 个，占涉及的未成年人总数的 55.3%，占行使参与权的未成年人总数的 84.4%；年龄在 10 周岁以下的未成年人有 21 个，占涉及的未成年人总数的 10.1%，占行使参与权的未成年人总数的 15.6%；最大未成年人的年龄为 17 周岁，最小未成年人的年龄未满 7 周岁。其余的 71 个未成年人在家事诉讼中没有能够获得发表意见、看法的机会，占涉及的未成年人总数的 34.5%，其中最大未成年人的年龄为 17 周岁，最小未成年人的年龄为 8 周岁（见图 3-4）。

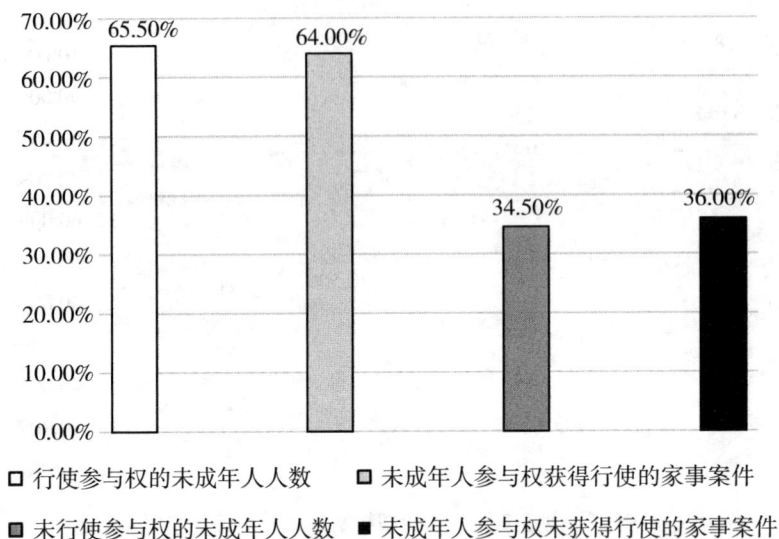

□ 行使参与权的未成年人人数　■ 未成年人参与权获得行使的家事案件

■ 未行使参与权的未成年人人数　■ 未成年人参与权未获得行使的家事案件

图 3-3　参与权获得实现之未成年人人数与家事案件占比统计

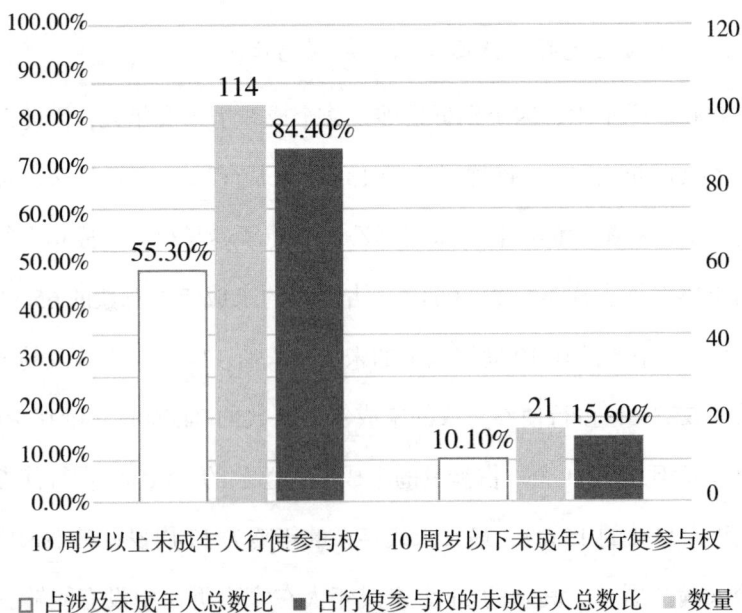

10 周岁以上未成年人行使参与权　　10 周岁以下未成年人行使参与权

□ 占涉及未成年人总数比　■ 占行使参与权的未成年人总数比　▦ 数量

图 3-4　参与权获得实现之未成年人年龄分布统计

（三）未成年人行使参与权之程序

在 200 件样本中，对未成年人在家事诉讼中行使参与权的程序进行具体说明的裁判非常少，仅有 55 个判决书对未成年人行使参与权的时间、方式有阐述，占未成年人行使参与权家事诉讼总数的 43%，占全部家事诉讼的 27.5%。虽然有的裁判对未成年人行使参与权的程序进行了说明，但是阐述得比较简单，并且可以发现未成年人行使参与权的具体程序并不统一。在有的家事诉讼中，未成年人通过提交书面材料和亲自到庭陈述其意愿，如在"申请人高某某与被申请人邵某申请确定监护人"一案中，未成年人向法庭提交了书面意见并亲自到庭陈述意愿；[1] 在"耿某、韩某变更抚养关系纠纷二审案"中，未成年人在二审中出具了"我的意愿"书面材料并到庭陈述意愿；[2] 有的家事诉讼中，未成年人仅通过向法院提交书面材料的方式陈述其意愿；[3] 有的家事诉讼中，未成年人亲自到庭，法庭当庭征求其意愿；[4] 有的法院在庭前征询未成年人意愿；[5] 有的则在庭审后征询未成年人意愿；[6] 有的家事诉讼中，法院通过电话征询未成年人意见；[7] 还有很多判决书并没有说明法院征询未成年人意愿的时间和方式，如在"徐

---

[1] 如申请人高某某与被申请人邵某申请确定监护人一案民事判决书，（2018）辽 0115 民特 5 号。

[2] 如耿某、韩某变更抚养关系纠纷二审民事判决书，（2017）黔 03 民终 987 号。

[3] 如谢某与李某变更抚养关系纠纷一审民事判决书，（2015）深福法民一初字第 806 号。

[4] 如张某与田某变更抚养关系纠纷一审民事判决书，（2019）冀 0111 民初 551 号；原告何某某诉被告申某某变更抚养关系纠纷一审民事判决书，（2015）汉台民初字第 01703 号。

[5] 如周某生、张某华申请确定监护人民事判决书，（2017）鲁 1102 民特 6 号。

[6] 如原告赵某与被告李某变更抚养关系纠纷一审民事判决书，（2019）苏 0106 民初 1579 号；赵某某、胥某某请撤销田某某监护人资格一案一审民事判决书，（2015）顺庆民特字第 15 号。

[7] 如田某某与王某某变更抚养权纠纷民事判决书，（2018）黑 2723 民初 257 号。

某军申请确定监护人"案中，对未成年人表明意愿的事实仅表述为"被监护人本人表示愿意由申请人徐某军担任监护人"；[①]在"陈某甲与陈某乙变更抚养关系纠纷"案中，对未成年人表明意愿的事实也仅表述为"陈某丁表示愿意与陈某乙共同生活"；[②]对于未成年人表达意愿的方式、时间等均未予以明确。所有的判决书均未说明法院征询未成年人意愿的在场人。事实上，未成年人表达意愿的时间、场所、在场人等因素对未成年人意愿的真实性有着较大的影响，如果这些程序性要求被忽视，未成年人意愿的真实性是很难保障的。对55个阐明了未成年人行使参与权的时间、方式的判决书进行统计，具体情况见表3-1所示。

表3-1　未成年人行使参与权之程序情况

行使参与权时间	占比情况	行使参与权方式	占比情况
庭审前	20%	书面方式	36.2%
庭审中	50.9%	口头方式	60%
庭审后	4%	其他方式（如电话）	4%
时间不明	25.4%		

（四）未成年人行使参与权之效果

未成年人参与权作为一种重要的程序性权利，主要在于保障当事人能够在诉讼中有效发表自身的意见、看法和偏好，为法院裁判提供充分的依据。从法院的角度来说，对未成年人就案件事实、证据与法律适用等与案件有关的陈述、意见等负有审酌的义务，也就是说，法院要在诉讼中对未成年人的陈述、意愿给予回应，要在裁判理由中对是否采纳未成年人的陈述进行说明。通过对200个样本进行分析，128件家事诉讼中的未成年人

---

① 徐某军申请确定监护人民事判决书，（2019）鄂1223民特4号。

② 陈某甲与陈某乙变更抚养关系纠纷一审民事判决书，（2016）黑0108民初309号。

在诉讼中通过各种方式发表了自己的意愿，占样本总数的64%。在这128件家事诉讼中，有124件家事诉讼中的未成年人发表的意见和意愿得到了法院的采纳，占比为96.9%。但是，绝大多数裁判对未成年人表达意愿仅表述为"某某表示愿意随某某生活""某某表示不愿意与某某共同生活""某某表示愿意由某某担任监护人""同意由某某担任监护人""某某表示不愿意某某探望"等，① 对于法院采纳或不采纳未成年人意愿进行的说明非常简单和不全面，并没有进行充分的论证。在128件未成年人表达了意愿的家事诉讼中，有41个裁判文书采信了未成年人的意愿并就法院采信未成年人意见做出了说明；有83个裁判文书仅采纳了未成年人的意愿并没有就采纳的理由进行论证；有3个裁判文书未采纳未成年人的意愿并对此做出了说明；有1个裁判文书未采纳未成年人的意愿也未做出未采信的说明。在41个采信未成年人意愿的裁判文书中，大多数是从未成年人的年龄达到了10周岁这个原因进行论证，以说明其意思表示真实法院予以采信，如"本案中，婚生女田某某已年满10周岁，庭审中，田某某表示愿意随郭某生活，田某某要求随郭某生活是其真实意思表示，本院予以支持"②；"原、被告之女唐某某现已年满10周岁，在庭审中表示其愿跟随原告唐某一起生活，其上述表示，是其真实意见表示且不违背法律法规的规定，对此，本院予以采信"③。83个采纳了未成年人的意愿但没有就采纳的理由进行论证的裁判文书，其表述更为简单，例如，"本院在审理过程中对

---

① 如申请人廖某英申请变更监护人一审民事判决书，（2017）湘1202民特10号；陶某甲与乐某变更抚养关系纠纷一审民事判决书，（2016）沪0112民初8124号。

② 郭某与田某某变更抚养关系纠纷一审民事判决书，（2017）皖0621民初1489号。

③ 唐某诉李某某变更抚养关系纠纷一审民事判决书，（2014）华蓥民初字第248号。

刘某某进行了询问,孩子表示愿意随母亲生活。故本院认定刘某某愿意随母亲生活是其真实性意思表示"①;"经本院询问,庞某某明确表示愿意随母亲赵某某共同生活,故原告赵某某要求变更抚养权的诉讼请求有事实和法律依据,本院予以支持"②。在72件没有征询未成年人意愿的裁判文书中均没有对法院未征询未成年人意愿的理由进行说明,如"本院认为,原、被告作为吴某婷的父母,对其均有抚养义务。现被告已再婚,又生育一男孩,故婚生女孩吴某婷跟随原告生活,对其成长有利。故原告要求变更抚养关系的诉讼请求,本院予以支持"③。

三、家事诉讼中未成年人参与权保障在实践中存在的问题

从法律规范层面考察来看,尽管我国相关法律对家事诉讼中未成年人参与权的规定还存在很多问题,但是,基本确立了未成年人行使参与权的法律依据,为未成年人表达意愿提供了前提条件。通过以上对未成年人行使参与权的实证分析,可以发现,未成年人参与权的实现与保障情况在司法实践中是不容乐观的。

(一)家事诉讼中未成年人参与权的实现比例偏低

参与权作为当事人在诉讼中的一项重要的程序性权利。对于当事人来说,他们的权益与裁判结果有着密切的关系,会因裁判而增加或减损,因而,当事人通过行使参与权表达自己的主张和意愿具有天然的正当性;对于法院来说,倾听和掌握当事人的意愿是其全面了解案情的重要途径,也是依

---

① 杨某与刘某某变更抚养关系纠纷一审民事判决书,(2018)皖0803民初1618号。

② 赵某某与庞某某抚养纠纷案民事判决书,(2017)宁0202民初3168号。

③ 刘某某与吴某变更抚养关系纠纷一审民事判决书,(2015)宾民初字第02153号。

法做出裁判的重要环节。自联合国《儿童权利公约》通过以来，全世界都在改变着对未成年人的认识，未成年人原来作为"小大人"的形象和地位被颠覆，取而代之的是作为独立的权利主体在成年人世界中争取自己的一席之地。在与未成年人权益息息相关的家事诉讼中，未成年人往往并非案件的对立双方，但家事案件的处理结果对其与父母的亲子关系、未来生活的安排等重大事项均有显著的影响，未成年人虽在语言表达、成熟程度等自身条件方面有一定的局限性，但是，这不能成为排斥未成年人表达自身意愿的理由。未成年人的独立主体地位以及在家事诉讼中通过行使参与权表达自身意愿的权利不能被剥夺，应获得应有的重视和保障。

通过对以上 200 个家事诉讼裁判文书的分析，发现在 200 个样本中，未成年人行使参与权的家事案件为 128 件，占家事案件总数的 64%，参与权获得行使的未成年人人数占全部家事诉讼涉及的未成年人总数的 59.8%，这样的比例总体来说是偏低的，有近 4 成的家事诉讼没有征询未成年人的意愿，有多于 4 成的未成年人没能在家事诉讼中表达意愿。未成年人参与权获得实现的一审家事诉讼为 118 件，占全部一审家事诉讼的 66.7%；未成年人参与权获得实现的二审家事诉讼为 9 件，占全部二审家事诉讼的 42.9%；在样本中，有 2 件再审家事案件，其中 1 件听取了未成年人的意愿，占比为 50%，总体来看，一审程序、二审程序和再审程序中未成年人行使参与权的比例均不理想，二审程序和再审程序中未成年人参与权获得实现的比例更低，都没有超过 50%。

在 200 个样本中，总共涉及 206 个未成年人，10 周岁以上的未成年人为 179 个，参与权获得行使的有 114 个，占 10 周岁以上未成年人总数的 63.7%，也就是说还有近 4 成的 10 周岁以上的未成年人在家事诉讼中没有获得表达意愿的机会，在这部分未成年人中，年龄最大的是 17 周岁。在样本中有 3 件家事诉讼，未成年人的年龄均为 17 周岁而法院并未听取其意愿。17 周岁的未成年人其心智发展已经比较成熟，完全有能力在监护、抚养、探望等案件中表达自己更倾向于与哪一方父母生活，更愿意接受什么探望方式等，然而其意愿并没能传递给法院，这对于未成年人来说是对其权利主体地位的漠视，对通过家事诉讼所安排的未来的生活可能也会存在抵触心理，这均与家事诉讼所要实现的首要目标即未成年人的最大利益相悖。另外，2018 年 7 月最高人民法院颁布的《家事审判意见（试行）》，将抚养权诉讼中享有参与权的未成年人的年龄降低到 8 周岁，但是这一规定在司法实务中的执行情况并不理想，在 200 件裁判文书样本中，没有发现援引该规范性文件作为裁判依据的案例；同时，在 200 件裁判文书样本中，有 55 件是在《家事审判意见（试行）》颁布后立案的，涉及的年满 8 周岁的未成年人有 57 个，参与权获得实现的有 32 个，其中年龄在 8 到 9 周岁之间的有 6 个，其余的 26 个未成年人的年龄均在 10 周岁以上，8 周岁以上的未成年人参与权获得实现的比例是 56%，这个比例还是偏低的，多于 4 成的年龄已满 8 周岁的未成年人没有在家事诉讼中表达自身的意愿。

（二）未成年人陈述意见的程序适用不规范

家事诉讼中，关于未成年子女抚养、探望及监护人的确定等事项与未成年子女权益关系重大，未成年子女的意见对于抚养权由哪一方行使，探望权的行使方式以及监护人的确定都至关重要，其不仅是未成年人参与诉讼的重要方式，也是未成年人表达意愿治疗心理创伤的一种手段。从抽取的 200 个家事诉讼裁判文书样本来看，在我国，由法院听取未成年人意见是未成年人行使参与权的主要方式，也是法院获取未成年人意愿的主要做法，但是这种制度在司法实践中的适用是比较混乱的。

从 200 个样本来看，未成年人在家事诉讼中对相关事项陈述的意见多数是由法院进行征询的，但是，裁判文书中基本上没有对未成年人表达意愿的方式、时间、地点、询问人、在场人等信息进行阐述，裁判文书中仅载明未成年人表达的具体意愿，即"法庭征求吕某本人意见，其表示愿意与两名申请人共同生活"，[1] "陈某丁表示愿意与陈某乙共同生活"，[2] "经征求蒋某 2 意见，其愿意随其母亲原告张某生活"，[3] "本院另询问了石某辉本人的意见，其表示愿意由申请人石某海担任监护人"[4]。实际上，法院征询未成年人意愿是由哪些人具体进行的，是在什么场所进行的，未成年人在陈述意见时是否享有申请回避的权利，是否有其他在场人见证并协助未成年人发表意见，这些程序性要求都直接影响着未成年人陈述的真实性与完整性，而这些程序性要求的落实从 200 个样本中无法寻找到全面的答案。

有的家事诉讼，法院直接在庭审中征询未成年人意愿，如"原告冯某某诉被告车某某变更抚养关系纠纷"一案，"庭审期间，经征求车某宁意见，其表示愿意随原告共同生活"；[5] "唐某诉李某某变更抚养关系纠纷"案中，"原、被告之女当庭表示愿跟随原告唐某一起生活"[6]。通过对 55 个阐明

---

① 施某、唐某等监护权纠纷、申请撤销监护人资格民事判决书，（2015）大民特字第00007号。

② 陈某甲与陈某乙变更抚养关系纠纷一审民事判决书，（2016）黑 0108 民初 309 号。

③ 张某与蒋某 1 变更抚养关系纠纷一审民事判决书，（2018）黑 0125 民初 3390 号。

④ 石某海、龚某琴申请确定监护人民事判决书，（2017）浙 0604 民特 33 号。

⑤ 原告冯某某诉被告车某某变更抚养关系纠纷一案，（2016）吉 0781 民初 862 号。

⑥ 唐某诉李某某变更抚养关系纠纷一审民事判决书，（2014）华銮民初字第 248 号。

未成年人行使参与权的时间、方式的裁判文书进行统计，在庭审中直接征询未成年人意见的诉讼有 28 件，占比为 50.9%。庭审中，在未成年人的父母或其他监护权人在场的情况下，由审判人员直接征询未成年人的意愿可能会给未成年人带来不利的影响，如因未成年人对法庭的陌生而产生的恐惧、对审判人员的抵触而产生的不配合，对父母的内疚情绪等。在美国，审判人员对未成年人的听询是不能在法庭上进行的，而是在法院的议事室进行；在澳大利亚，法院设有专门的儿童咨询室，咨询室在装修上凸显温馨，配有不同的游戏物品或器具，相关人员可以在咨询室倾听未成年子女的意见。未成年人表达意愿的场所、在场人的设置要根据未成年人的身心特点来进行，力图将诉讼给未成年人带来的二次伤害降到最低。

由于法律规范层面对未成年人行使参与权的程序规定过于粗糙，导致司法实践中，具体落实该权利的程序适用非常混乱，既不利于法院掌握未成年人的想法和意愿，也容易导致未成年人遭受诉讼的二次伤害。

（三）法院对未成年人意愿真实性的探求不足

因家事诉讼的解决对未成年人权益的影响巨大，所以，探求未成年人在有关其权益事项上的真实意愿对于实现未成年人最大利益至关重要。

在家事案件中，未成年人的父母往往在监护、抚养、探望等事项上存在较大的争议，也可能因为婚姻关系的破裂而导致情绪上的激烈对峙，这样的情况有时会影响到父母与未成年子女的交流，父母中的一方往往向未成年子女灌输关于对方的种种负面言论，导致未成年子女在心理上产生对另一方的疏远、反感和厌恶，拒绝与另一方共同生活或排斥另一方的探望等，这种现象被称为"单亲疏远症候群（PAS 理论）"，是由美国哥伦比亚大学教授 Richard A. Gardner 最早提出。[①] 家事诉讼中，法院在认定未成年人意愿的真实性上，要特别注意未成年人的意愿是否受到父母一方的影响并出现"单亲疏远症候群症状"，应结合子女的年龄、发育程度及其他的情况综合判断。在"原告何某锋与被告刘某变更抚养关系纠纷"案中，[②]原告提出如果法院就随父随母生活这个问题征询未成年子女意见时，未成年子女不会愿意随其共同生活，因为未成年子女已与被告共同生活两年，而且被告向其灌输了一些不利于原告的言论。对此，法院没有征询未成年人的意愿，以被告不存在明显不利于未成年子女身心健康的情形，驳回了原告要求变更抚养关系的诉讼请求。在本案当中，原告已明确表示被告向未成年子女灌输对其不利的言论，而导致未成年子女拒绝与其共同生活的担忧，在这种情况下，法院更应该通过征询未成年子女意愿、进行必要的职权调查来探求未成年人的真实想法，相反，法院放弃了对未成年人意愿的听取。本案中未成年子女已 12 周岁，对自己更愿意跟随哪一方生活已能够做出明确的意思表示，法院的做法是对未成年人参与权的漠视和侵害。在法国，如果案件情况复杂，法院可以委托专业人士对父母、子女的精神、心理等状况进行鉴定，也可以委托有关调查人员进行调查（主要是委托社会调查师），以走访家庭与父母面谈，与子女单独交流等方式了解子女的真实想法和心理状况。[③]在德国，很多法院并不是一次听询未成年子女意见，

---

① 陶建国：《家事诉讼比较研究：以子女利益保护为主要视角》，法律出版社 2017 年版，第 100 页。

② 原告何某锋与被告刘某变更抚养关系纠纷一案的民事判决书，（2019）苏 0106 民初 3926 号。

③ 陶建国：《家事诉讼比较研究：以子女利益保护为主要视角》，法律出版社 2017 年版，第 175 页。

往往是间隔一段时间多次听询，综合未成年子女的年龄、发育程度、是否理解所陈述内容的意义以及有无受到父母一方的不当影响而综合考虑，探求未成年子女在抚养人的确定、探望事项上的真实意愿。在"杨某与刘某1变更抚养关系纠纷"案中，① 原告（未成年子女的母亲）向法庭提交了未成年子女刘某2书写的信件证明刘某2愿意随其共同生活，被告（未成年子女的父亲）向法庭提交了其和刘某2的电话录音证明孩子不确定和谁生活，孩子对现在和父亲生活是满意的。对此，法院征求了刘某2本人的意见，刘某2表示愿意跟随母亲共同生活。本案中，未成年子女刘某2为9周岁，已具有表达自己意愿的能力，但是父母双方向法院提交的其表达意愿的内容并不一致，也反映出未成年子女心智不够成熟，在选择与谁共同生活的事项上其认知不确定的问题。那么作为法院有必要进行职权调查，而且为了探求未成年子女的真实意愿可以进行多次调查，或借助家事调查员进行家事调查。但是，在判决书中对此并没有体现。未成年人通过行使参与权向法院表达意愿，尽管不能成为法院做出裁判的唯一依据但应该是法院做出裁判的重要参考，所以，获取未成年人的真实意愿对法院来说是一种义务，是其依职权进行调查的重要事实，也是实现未成年人最大利益的重要保证。

第三节 我国家事诉讼中未成年人参与权保障问题之原因解读

家事诉讼与传统的民事诉讼的不同之处主要在于其不仅要解决当事人

---

① 杨某与刘某1变更抚养关系纠纷一审民事判决书，（2018）皖0803民初1618号。

之间的纠纷，更要通过解决纠纷化解家庭成员之间的心结，维护当事人的身份利益、财产利益、人格利益、安全利益和情感利益。在涉及未成年人权益的家事诉讼中，实现未成年人最大利益是家事司法的首要目标。从一定意义上来讲，未成年人参与权的实现是否充分、完整直接影响未成年人权益的保护。目前，我国家事诉讼立法与司法实践已经认可未成年人享有参与权，但该权利的运行状态仍然欠佳。导致出现这一局面的原因是多方面的，既有立法技术、制度环境等外部原因，也有法律文化、社会理念等深层次原因，正是这些因素的共同作用，使得家事诉讼中未成年人参与权的落实出现了诸多问题。下面就引发这些问题的主要原因进行具体的分析。

一、家族本位的深层影响

作为个体的人与作为人类群体之间的关系如何定位，即群己关系问题是人类社会发展中最基本的问题。当人的个体需要和人类群体的利益发生冲突或抵触时，对何者居于优先地位的处理不同就会形成个体本位和群体本位两种截然不同的价值取向。家族是以血缘关系为基础而形成的人类群体，是中国社会最基本的家族群体。以家族群体为核心，旨在突出和优先维护家族利益的观念就是家族本位。家族本位要求所有成员的一切行为以维护家族利益、保持家族和谐为目的，家族中的每一个成员必须服从于家族的安排。对内而言，家族是个体的人生存与发展的根基；对外，家族乃社会存在和发展之根本。

（一）家族本位的基本特征

家族是家庭的扩大，国家是家族的延伸。在古代中国社会，一向以家族为本位。儒家倡导的"齐家—治国—平天下"的政治理想就是以"家"

为出发点，从小家到国家形成了"家国同构"的组织结构。家被视为国的原型和缩影，国则是家的充实与扩大。在家族内有父子，在国家内有君父、臣子、子民，家与国一体同构既是中华民族走向文明社会的特殊范式，也是中国传统社会特殊的社会结构、文化心理和价值传统。古代有"求忠臣必于孝子之门"，表达的意思就是在家族内孝顺父母、敬爱兄长之人，延伸到国家就是行孝于天下，爱天下之人。

家族本位的社会结构使得人们很难辨识出像西方法文化中原子式的个人独特价值以及利益概念，缺乏独立的个人权利观念。在我国传统法律文化中，组成社会的最基本的单位不是"个人"，而是"个人的集合"，主要表现为氏族、部族、家族、宗族等各种团体形式的集体组织。在个人与家族之间的利益与关系方面，占据主导地位的始终是家族而非个人。古代社会，农业是典型的生存方式，在这样的生产方式下，家族的个体被牢牢地束缚在土地之上，无法也不可能脱离家族的协同劳动而独立生存，让渡自身的独立人格以换取生存的可能成为必须。在传统的中国，简直可以说，除了家族外，就没有社会生活。①

（二）家族本位对家事诉讼中未成年人参与权的影响——缺乏对未成年人权益的关注

在中国古代，家族由"家长"掌控，"家长权"深刻体现着宗法、家族伦理的特性，家长掌握着家族的一切权力，家属及家庭财产均处于家长权的支配之下，家长是家族的最高统治者。家长行使家长权的最高目标就是维护家的利益。无论是"家庭"这个小家还是"国家"这个大家，保障

---

① 梁漱溟：《中国文化要义》，中华书局 1983 年版，第 56 页。

其统治秩序的平稳运行是宗法与伦理的根本宗旨。家族成员的权益因缺乏经济基础而在家族利益中隐而不彰。没有彻底破坏氏族血缘关系的情况下由野蛮直接进入文明、建立国家这样特殊的发展历程导致了对家族本位的社会结构的遗存。由家族本位引发的势必是整体主义，也意味着对家庭成员及平民大众的主体性权利的否定。即使这种传统的家族本位观念在现代社会已经弱化，但是家庭成员的利益仍然没有得到应有的重视，往往要让步于家族利益。这种传统的社会结构无情地束缚着未成年人，压抑着未成年人的发展。未成年人在这样的社会结构、传统文化之中根本无法以个体的身份存在，而只能处于社会与家庭的边缘。在我国目前关于离婚后亲子关系的立法中，仍残存着"家族本位"的思想，比如在直接抚养方的确定问题上，对已做绝育手术或因其他原因丧失生育能力的或无其他子女，而另一方有其他子女的情况下可予优先考虑。[①] 这一规定显然只考虑了父方或母方的利益，没有考虑未成年子女跟随这一方生活是否有利于其身心发展的需求。"谁有权利优先成为未成年子女的直接抚养人"而非"谁担任直接抚养人对未成年子女最有利"的理念导致未成年人权益在家事诉讼中的旁落。我国立法对探望权的规定也从一个侧面反映了对未成年子女权益的忽视。根据《民法典》的规定，不直接抚养子女的父或母，有探望子女的权利。[②] 从父母的角度来看，父母对未成年子女的照管、教育、保护是父母应尽的义务，该义务不因婚姻关系的解除而消失；从子女的角度来看，子女的健康成长需要获得来自父母双方的关爱，基于未成年人最大利益原则，探望应是父母保障子女健康成长而承担的一种义务，未成年子女应是

---

① 参见附录［12］。

② 参见附录［13］。

探望权的主体，能够决定探望的方式、时间、地点等事项。但是，在我国立法中，将其规定为父母的权利，未成年子女被作为探望权的客体对待，这仍然是一种家族本位思想的体现。在有关探望权诉讼中，因未成年人并不是权利的主体，只能被动地接受探望事项的安排，其情感需求被排斥在法院裁判的考虑依据之外。未成年人需要来自家庭的关爱、照顾与教育，这是保障其健康成长的内在需要。为满足这一需要，未成年人有选择或不选择、采取或不采取何种相应行为的自由，在这一过程中，未成年人是自主的。反之，如果缺乏对未成年人权益的肯定与关照，那么作为未成年人对与己权益有关的事项发表意愿的参与权也必将失去存在的根基。

二、中国传统儿童观的影响

（一）中国传统儿童观概述

儿童随着人类的诞生而出现，随着人类的发展而变化。儿童观是研究儿童问题的起点和基础。所谓儿童观就是成人世界关于儿童的系统的认识和看法的凝练，是成人对儿童自然与社会本质属性的认知和在此基础上形成的相关理念。[①] 对儿童认识的不同观念可以体现在儿童的意义与价值、儿童的权利与义务、儿童的生存状态等诸多方面。从古至今，中国就是一个成年人主导的社会，在成年人的观念里，始终将儿童视为无能、无识、幼稚、懦弱的一个群体。在我国古代社会，儿童的概念是不存在的，儿童与成年人的区别并未被发现。出于人类的朴素情感以及儒家文化的"以德治国""矜老恤幼""济贫救弱"的观念影响，"恤幼"的思想始终指导

---

① 陆克俭：《发现与解放——中国近代进步儿童观研究》，华中科技大学出版社 2015 年版，第 14 页。

着与儿童有关的事务的处理。但是，由于同时受到"君君臣臣父父子子"①这种三纲五常的封建伦理思想的禁锢，儿童的价值根本无法获得充分的认识，儿童始终被看作是依附于父母、依附于家庭的个体，其主体性被淹没在伦理纲常的窠臼里。中国传统社会里个体的独立性很低，儿童阶段只是作为步入成年人社会的准备阶段而存在，儿童的价值仅仅是承载着成年人、家庭和社会的期望。因而，在成年人看来，儿童只能依附于成年人，需要被塑造，儿童的自主意识和独立人格完全被忽视，儿童的自我价值和社会价值无法获得体现。受封建思想、传统文化的影响，儿童往往被视为"养儿防老""传宗接代"的工具，成为家庭和家族的附属，正是在这种长者至尊、成人至上的专制社会与家庭里，泯灭了儿童作为独立人应有的地位和尊严，本应赋予儿童的权利受到了蔑视和剥夺。

随着社会经济、政治、文化等方面的发展，中国近代社会出现了以"民主""科学"思想为旗帜的反帝、反封建的新文化运动，成年人世界对儿童的认识也在慢慢发生改变，"儿童"这一概念与观念在这一时期出现。20世纪初正式产生了中国近代的"儿童本位观"，这是中国迈入世界近代社会文明，社会踏入近代化进程的一个重要标志。儿童本位观主张应把"儿童看作儿童"。尽管儿童在心理和生理方面均未臻成熟，但是儿童也是人，是人发展的必经阶段，与成年人一样具有自己的地位、权利和尊严。然而，中国几千年的封建思想和传统文化下的儿童观对成年人看待儿童的观点影响巨大，即使在当今社会，儿童作为独立的权利主体的地位也未获得充分

---

① 《论语·颜渊》所谓"子子"，即儿女要有儿女的样子，子女在父亲面前没有自身的权利，父亲掌握着对于子女的生死予夺的大权。转引自郑晓江主编：《中国生育文化大观》，南昌：百花洲文艺出版社1999年版，第145–146页。

的认知和实现。

（二）中国传统儿童观对家事诉讼中未成年人参与权的影响——缺乏对未成年人主体性的尊重与认可

在家事诉讼中，承认、尊重当事人在诉讼程序中的主体性的要求之一就是要落实与保障当事人发表意愿与观点的参与权。未成年人的生存、发展等权益受到离婚、监护、抚养、探望等家事诉讼的影响极大，理应在家事诉讼程序中获得与成年当事人平等的待遇。但是，在中国传统社会，受封建专制、传统道德伦理的长期影响和束缚，未成年人被淹没在成年人的世界里，未成年人的生理发展与特征、自然天性与能力没有得到认知和重视，人们无法认识到"儿童的诞生"，未成年人只能作为家族的附属而存在，必须无条件地服从于家族的利益，在家族、社会中很少考虑到未成年人的特殊性，根本没有平等协商交流的可能性。受此种中国传统儿童观的影响，未成年人在家事诉讼中的境遇很难达到理想的状态。

时至今日，虽然我们已经认识到未成年人的特殊性，但是，当今的社会仍然是以成年人意志为主导，无论在家庭、学校还是其他场域均是以成年人的视角来看待未成年人，解决未成年人问题，未成年人的权益常常受到成年人意志的左右、侵蚀甚至剥夺。未成年人并未获得应有的地位、权利和自由。如前所述，我国的相关立法已经确认未成年人在家事案件的处理过程中享有参与权，但是静态意义上的立法受到传统儿童观的影响很难在家事诉讼中得到全面的落实。无论是作为裁判者的法官还是作为父母的监护人均是由成年人担任，观念上很难摆脱未成年人是成年人的附属，其权益可由成年人代理的陈旧思想。综观我国家事诉讼中有关未成年人参与权的相关规定，在未成年人参与权适用的家事案件的范围方面主要有抚养权案件、监护权案件，其他涉及未成年人权益的家事案件基本不适用；在未成年人行使参与权的方式方面，仅规定由法院听取其意见，至于具体的实施程序与保障机制立法均未做出明确规范，这就导致在司法实践中未成年人参与权的落实并不理想，这与中国几千年来对未成年人的看法不无关系。此外，在我国，现代未成年人权利的概念是基于域外文化的影响而产生并发展起来的，我国传统社会所尊崇的伦理纲常、等级有序的观念并不能孕育出未成年人权利的观念。对未成年人主体性的尊重就是要赋予未成年人应有的权利，使其能够摆脱成年人意识的束缚，尊重未成年人作为人的基本权利。

三、重视家事纷争的化解，忽视程序保障

（一）程序保障对落实未成年人参与权的重要性

人的主体性要求诉讼程序的设置要以人的需求为出发点并以满足人的需求为目标。人与动物的区别之一就是理性，理性的人要求解决纠纷的程序应当是建立在沟通对话基础之上的。纷争中的当事人为了获得对己有利的裁判需要将自己对事实、证据、法律等方面的观点予以陈述和表达，程序的构建则应当有利于当事人进行表达，促进信息的互通。这从一个侧面反映出裁判者要做出令人信服的裁判需要阻断自己的主观臆断，而吸收当事人的观点、主张和陈述，这正体现了程序发挥保障主体间交涉、对话平台的价值与作用。

在家事诉讼中，尽管未成年人的理解、表达方面的能力不及心智成熟的成年人，但是未成年人仍然具有形成意思的能力。程序参与是满足未成

年人发表意愿的最低限度的程序要求，要通过正义的程序实现家事纷争的妥适解决，就必须保障未成年人的参与权，这也是对未成年人人格尊严的充分尊重和其作为人的价值的积极肯定。家事诉讼中，未成年人的权益有时会与其监护人或亲权人的权益相冲突，即使在不存在冲突的情况下，让未成年人亲自表达对监护安排、抚养、探望等事项的意愿也有助于未成年人对裁判结果的接受，有助于未成年人对未来的生活、居住、教育安排等新环境的适应。在家事诉讼中落实未成年人的参与权需要发挥程序的支持与保障作用，为未成年人提供行使参与权的程序、制度与配套机制。如前所述，"未成年人在不同发展阶段能做什么和不能做什么的严格假设现在被认为是不合适的，因为这与其说是取决于他们的年龄，不如说是取决于他们参与的活动和社会环境。社会文化主义者已经证明，更多有技能的成年人通过与未成年人建立相互支持的伙伴关系，逐步提供支援，可以大大提高他们的能力。因此，由父母和家庭法院专业人员搭建的'脚手架'可以增强未成年人在家庭和法律决策过程中的有意义的参与。成年人现在有责任理解、支持、有积极的期望，并在适当时指导和协助未成年人，而在过去，被视为决定其能力的是未成年人的认知能力和发展水平"。[1]落实到家事诉讼之中，也就是说决定未成年人行使和实现参与权的因素并不是未成年人的认知能力和发展水平，而是成年人世界能否为其提供一系列的程序与制度作为保障，如果缺乏与未成年人身心发展相适应的支撑系统，那么未成年人的声音将无法有效传递出来甚至被成年人的意思所淹没或覆盖。因而，尊重未成年人的程序主体地位，重视对参与权的程序保障才能

----

① Nicola Taylor, Pauline Tapp, Mark Henaghan, Respecting Children's Participation in Family Law Proceedings, International Journal of Children's Rights 2007. No.15, p.68.

够真正将权利落到实处。

（二）缺乏程序保障导致未成年人沦为诉讼的客体

在我国长期的诉讼实践中，程序历来不受重视，仅被视为解决纠纷的手段而已，当事人的诉讼主体地位得不到应有的尊重。在与未成年人权益有关的家事诉讼中，未成年人的意愿是做出裁判的重要依据，如果没有为此设置相应的程序，那么未成年人的声音将被排除在程序之外，未成年人的程序主体地位也将失去存在。综观我国相关立法，未成年人在有关监护权案件、抚养权案件、探望权案件等诉讼程序中居于何种诉讼地位并不明确，导致未成年人很难参与到诉讼程序之中。有关司法性文件仅规定法院应当在抚养权诉讼、监护权诉讼中听取未成年人的意愿，但是，并未明确听取未成年人意愿的具体程序与保障机制。同时，还存在如果法院没有依法听取未成年人的意愿，未成年人有什么救济途径；法院对未成年人的陈述是否应予审酌考虑等问题。这些程序与制度的缺位导致未成年人的参与权仅是一种形式上的享有，并不能够对家事诉讼的裁判有所影响。

在域外家事诉讼中，存在多元的落实未成年人参与权的制度，比如程序辅助人制度、家事调查员制度、法院听取未成年人意见制度等，不同的制度之间共同协作为未成年人表达意愿搭建支撑平台，使未成年人真正参与到程序中来，为维护自身的利益发出自己的声音。而这些制度与程序有的在我国部分法院刚刚开始实践，有的虽已存在多年但因粗糙的设置导致作用发挥不足，未成年人的声音被淹没在成年人的世界之中。"我们认为，目前的程序在保障儿童福利方面并没有发挥作用，主要的缺点是未成年人在法庭和法官面前很少能得到单独的代表，法官从来没有收到独立人士关于他们的福利报告，除非该报告是由父母中的一方获得的。其结果是未成年人的福利服从于父母的利益。"[①] 这一论断虽是针对域外诉讼中未成年人缺乏协助其表达意愿的代表而言的，但是也同样适合描述我国目前的情况，未成年人缺乏有效的表达意愿的程序与制度保障，那么未成年人最大利益的实现必将面临困境。

附录

[1] 第3条

国家保障未成年人的生存权、发展权、受保护权、参与权等权利。

未成年人依法平等地享有各项权利，不因本人及其父母或者其他监护人的民族、种族、性别、户籍、职业、宗教信仰、教育程度、家庭状况、身心健康状况等受到歧视。

[2] 第19条

未成年人的父母或者其他监护人应当根据未成年人的年龄和智力发展状况，在作出与未成年人权益有关的决定前，听取未成年人的意见，充分考虑其真实意愿。

[3] 第31条

对监护人的确定有争议的，由被监护人住所地的居民委员会、村民委员会或者民政部门指定监护人，有关当事人对指定不服的，可以向人民法院申请指定监护人；有关当事人也可以直接向人民法院申请指定监护人。

---

①   Denning A（1946），Committee on procedure in Matrimonial Causes. p.17.

居民委员会、村民委员会、民政部门或者人民法院应当尊重被监护人的真实意愿，按照最有利于被监护人的原则在依法具有监护资格的人中指定监护人。依照本条第一款规定指定监护人前，被监护人的人身权利、财产权利以及其他合法权益处于无人保护状态的，由被监护人住所地的居民委员会、村民委员会、法律规定的有关组织或者民政部门担任临时监护人。

监护人被指定后，不得擅自变更；擅自变更的，不免除被指定的监护人的责任。

[4]第9条

解除非法同居关系时，双方所生的非婚生子女，由哪一方抚养，双方协商，协商不成时，应根据子女的利益和双方的具体情况判决，哺乳期内的子女，原则上应由母方抚养，如父方条件好，母方同意，也可以由父方抚养，子女为限制民事行为能力人的，应征求子女本人的意见，一方将未成年的子女送他人收养，须征得另一方的同意。

[5]第5条

父母双方对十周岁以上的未成年子女随父或随母生活发生争执的，应考虑该子女的意见。

[6]第16条

一方要求变更子女抚养关系有下列情形之一的，应予支持。

（1）与子女共同生活的一方因患严重疾病或因伤残无力继续抚养子女的；

（2）与子女共同生活的一方不尽抚养义务或有虐待子女行为，或其与子女共同生活对子女身心健康确有不利影响的；

（3）十周岁以上未成年子女，愿随另一方生活，该方又有抚养能力的；

（4）有其他正当理由需要变更的。

[7] 第 22 条

家事调查员可以采取下列方式进行调查：

（1）与当事人本人及其父母、子女或其他有关人员面谈交流，观察当事人与其子女、父母或其他有关人员之间的关系；

（2）征询八周岁以上的子女对抚养事项及探望事项的意愿和态度；

（3）走访当事人居住的社区、所在单位、子女的学校等；

（4）其他调查方式。

[8] 第 38 条

人民法院审理家事案件，涉及确定子女抚养权的，应当充分听取八周岁以上子女的意见。必要时，人民法院可以单独询问未成年子女的意见，并提供符合未成年人心理特点的询问环境。

[9] 第 1084 条

父母与子女间的关系，不因父母离婚而消除。离婚后，子女无论由父或者母直接抚养，仍是父母双方的子女。

离婚后，父母对于子女仍有抚养、教育、保护的权利和义务。

离婚后，不满两周岁的子女，以由母亲直接抚养为原则。已满两周岁的子女，父母双方对抚养问题协议不成的，由人民法院根据双方的具体情况，按照最有利于未成年子女的原则判决。子女已满八周岁的，应当尊重其真实意愿。

［10］第 24 条

　　未成年人的父母离婚时，应当妥善处理未成年子女的抚养、教育、探望、财产等事宜，听取有表达意愿能力未成年人的意见。不得以抢夺、藏匿未成年子女等方式争夺抚养权。

［11］第 7 条关系人

　　（一）在依申请而启动的程序中，申请人为关系人。

　　（二）其他的关系人包括：

1. 其权利直接受该程序影响的人；

2. 依照本法或其他法律的规定，依职权或申请而参加程序的人。

　　（三）根据本法或其他法律的规定，法院可以依职权或申请追加其他人为关系人。

　　（四）程序启动时，法院应通知依申请参加程序的关系人和被追加的关系人。法院应告知关系人的申请权利。

　　（五）参与申请不符合本条第 2 款和第 3 款规定的，法院通过裁定驳回。关系人对该裁定可以提出即时抗告，准用《民事诉讼法》第 567 条至第 572 条的规定。

　　（六）不符合本条第 2 款和第 3 款规定之条件者，即使接受听审或提供信息，也不因此成为关系人。王葆时、张桃荣、王婉婷译注：德国《家事事件和非讼事件程序法》，武汉大学出版社 2017 年版，第 7 页。

［12］《处理子女抚养问题意见》第 3 条

　　对两周岁以上未成年的子女，父方和母方均要求随其生活，一方有下列情形之一的，可予优先考虑：

（1）已做绝育手术或因其他原因丧失生育能力的；

（2）子女随其生活时间较长，改变生活环境对子女健康成长明显不利的；

（3）无其他子女，而另一方有其他子女的；

（4）子女随其生活，对子女成长有利，而另一方患有久治不愈的传染性疾病或其他严重疾病，或者有其他不利于子女身心健康的情形，不宜与子女共同生活的。

［13］第 1086 条

离婚后，不直接抚养子女的父或母，有探望子女的权利，另一方有协助的义务。

行使探望权利的方式、时间由当事人协议；协议不成的，由人民法院判决。

父或母探望子女，不利于子女身心健康的，由人民法院依法中止探望；中止的事由消失后，应当恢复探望。

第四章　域外家事诉讼中未成年人参与权立法及其借鉴

第一节　德国家事诉讼中未成年人参与权之立法

一、德国家事诉讼概况

德国早期并没有对家事诉讼程序进行单独立法,而是规定在 1877 年《民事诉讼法》第六编"婚姻事件与禁治产事件"中,后关于家事诉讼程序的立法内容多次修订,调整的案件范围不断扩大,将第六编修订为"家庭事件程序",内容共分为七章:婚姻事件程序的一般规定、其他家庭事件程序的一般规定、离婚事件与离婚后事件和程序、撤销婚姻与确认婚姻存在与否的程序、亲子事件程序、抚养的程序、同居关系案件程序。[①]

1898 年 5 月 17 日德国公布了《非讼事件程序法》(简称 FGG),该

---

① 谢怀栻:《德意志联邦共和国民事诉讼法》,中国法制出版社 2001 年版,第 151–152 页。

法于 1900 年 1 月 1 日正式施行，这是大陆法系第一部单独的非讼事件程序法典。自此在德国对家事事件程序的规定基本上由《德国民法典》《民事诉讼法》和《非讼事件程序法》共同进行。有关家事的婚姻事件、亲子关系事件以及抚养事件被规定在《德国民法典》；除此之外的家事事件部分规定在《民事诉讼法》之中，部分规定在《非讼事件程序法》中。① "民法典中规定的家事事件多数准用 FGG 的规定，由此家事程序就成了民法典和非讼事件法的混合体，很难从整体上把握。法典的分离体现在具体机构设置上，造成之后适用的困难。"②

1964 年德国联邦司法大臣建立了 FGG 修订委员会，于 1977 年公布了改革草案，但是由于对诸多问题存在较大争议，导致该草案没有得到通过，修订工作无果而终。2002 年德国司法部再次启动了对 FGG 的修改，希望能解决家事事件规定过于分散，法律适用混乱等诸多问题。2008 年 12 月 17 日《关于改革家庭事件和非讼事件的程序的法律》获得通过，该法的核心部分就是《家事事件和非讼事件程序法》（简称 FamFG）。所有的家事事件③均被纳入非讼事件程序的调整范围，法典的名称也相应地调整为《家事事件和非讼事件程序法》，至此德国完成了对家事事件全面非讼化的改革。家事事件具有显著的公益性，适用非讼程序进行审理，更有助于实现实体法的目的性，也与非讼程序的内在性质相吻合。

---

① 郝振江、赵秀举译：《德日家事事件与非讼事件程序法典》，法律出版社 2017 年版，第 6 页。
② 郝振江、赵秀举译：《德日家事事件与非讼事件程序法典》，法律出版社 2017 年版，第 9 页。
③ 这里的家事事件指原规定于德国《民事诉讼法》第六编的所有家事事件。

二、德国家事诉讼中未成年人参与权保障之立法

德国在 1992 年批准了联合国《儿童权利公约》，但对一些条款持保留态度，在 18 年后即 2010 年 7 月 15 日完全批准了该公约。《儿童权利公约》完全符合德国《宪法》第 103 条第 1 款的规定，即"每个人都有权依法在法庭上获得表达的机会"。1977 年德国《离婚法》修订时对未成年人代表权做出了规定，同时该法引入了婚姻破裂原则，这意味着夫妻双方都不必证明有过错，导致离婚案件增多，被涉及的未成年人的数量也随之增加。"未成年人最大利益"原则在家事案件的解决过程中受到了新的重视。为了确定"未成年人最大利益"，未成年人的倾向、依恋和愿望就必然要求得到重视，并成为处理与未成年人权益有关的家事案件中需要裁判衡量的重要因素。如何保障未成年人能够充分参与到家事诉讼中来，表达自己的倾向、依恋和愿望成为德国家事诉讼立法的重要任务。

为了确保"将未成年子女的独立利益纳入程序，使未成年人不只是程序的对象"[①]，FamFG 特别关注未成年子女在家事诉讼程序中的主体地位的落实，通过强化未成年人的参与权，使未成年人能够通过多种途径表达愿望和观点，保障与未成年人权益密切相关的离婚、监护、抚养、探望等案件的解决符合未成年人最大利益。根据 FamFG 的规定，保障未成年人在家事诉讼中行使参与权的制度主要有法院直接听审未成年人制度和程序辅助人（Verfahrensbeistand）制度[②]。

[①] 转引自 Manuela Stötzel And Jörg M. Fegert：the Representation Of The Legal Interests Of Children And Adolescents In Germany：a Study Of The Children's Guardian From A Child's Perspective，International Journal Of Law，Policy And The Family 20，（2006），P.202.

[②] 有学者将其译为"程序辅佐人"制度，参见郝振江、赵秀举译：《德日家事事件与非讼事件程序法典》，法律出版社 2017 年版。

（一）对未成年子女本人的听审

未成年人在人格、意愿、观念等方面和父母可能会存在一定的分歧，也正是这些分歧使未成年人逐步走向成人世界，未成年人的自我意愿和观念是其迈向完全独立发展过程中的重要因素。FamFG 在第 9 条明确规定了年满 14 周岁的未成年人具有程序能力，具有参与程序的资格。[①] 这一规定使得大量已满 14 周岁未满 18 周岁的未成年人参与到诉讼中来。同时，根据 FamFG 第 159 条 [②] 的规定，当未成年子女达到 14 周岁时，法院就必须要直接听审未成年子女本人，直接听取未成年人对居住、探视、监护等事项的意见，通过听取未成年人的声音以获取未成年人对以上这些问题的倾向、联系与愿望。对未成年人的听审只限于与未成年人身份关系相关的家事事件，如果程序只与财产有关，则法院一般可以不对未成年人进行听审。对于 14 周岁以下的未成年人，如果他们的倾向、关系和愿望对法院做出判决是重要的，那么法院也要对子女本人进行听审。另外，FamFG 还对"在涉及子女居所、探望权和交还子女的亲子关系事件" [③] "血缘关系事件的程序" [④] "收养事件的程序" [⑤] 中要求对未成年子女本人进行听审做出了具体的规定。

修正的《德国民法典》亲属编第五节以"父母照顾"取代了"亲权"，

---

① 参见附录［1］。

② 参见附录［2］。

③ 参见附录［3］。

④ 参见附录［4］。

⑤ 参见附录［5］。

并在第 1626 条[①]进行了确认。在德国，父母照顾首先是父母的责任与义务，其次才是父母的权利。而"亲权"强调的是"亲"（父母亲）对子女的一种权力。父母照顾取代亲权的表达体现的是父母子女法律地位平等，子女独立法律地位得到认可，子女的最大利益得到尊重的立法理念，这也进一步巩固了在家事诉讼中未成年人为维护自身权益而有效参与诉讼，表达意愿的实体法依据。

法院直接听审未成年子女以确定未成年子女的意愿和偏好，这对家事案件的裁判以及实现子女最大利益具有重要意义，但是，在离婚、探望、监护等高冲突的家事案件中，未成年子女已经经历了父母婚姻冲突可能带来的内疚、压力、报复等负面情绪的伤害，在与法院进行直接会面时，还可能因对法庭的陌生、对法官的恐惧而产生焦虑、恐慌，已经经历家庭破裂创伤的未成年子女不应再次受到法庭审理的伤害，这需要通过立法设置一系列相应的程序与制度来保障未成年人行使参与权，把可能受到的伤害降到最低，遗憾的是，FamFG 对法院直接听审未成年子女本人的具体程序没有明确细化，有待未来进一步完善。

（二）程序辅助人制度（Verfahrensbeistand）

1. 程序辅助人制度的立法沿革

程序辅助人制度是德国家事诉讼法中为保障未成年人能够有效参与到诉讼中来，实现未成年人最大利益的一项重要制度。德国最早在 FGG 中规定了程序保护人制度（Verfahrenspfieger）[②]，在 FGG 颁布不久，针对程序

---

① 参见附录［6］。

② 参见附录［7］。

保护人的代表权的性质就开始了争论，因为法律并没有详细说明程序保护人是应该关注未成年人的意愿还是应该关注未成年人的福利，只是规定程序保护人应代表未成年人的利益，这也直接影响了程序保护人的职务与权限的确定不明确。除此之外，程序保护人制度还存在诸多问题：首先，程序保护人的任命由法院根据案件具体情况进行自由裁量，没有一个明确的统一标准来判断法院的裁量是否正确；其次，FGG 并未规定程序保护人的资格，导致法律和心理、社会专业人士甚至是门外汉通常也能被任命为程序保护人，很难保证程序保护人具有良好的法律素养和专业知识，难以实现立法目的。程序保护人无论是要代表未成年人的意愿还是未成年人的福利均需要对未成年人的身心发展特点、语言表达等方面有准确的把握，常常需要具备法律、心理学、社会学、医学等专业知识。再次，FGG 没有明确规定程序保护人的法律地位。在实务中出现程序保护人与法定代理人的意思不一致时，很难区别两者的关系。

1998 年《儿童法改革法》（Kindschaftsrechtsreform 也称为 Children's Law Reform Act）将程序辅助人的角色引入了德国的家事诉讼之中，作为家庭和监护程序中未成年人利益的独立代表，立法概述了应指定程序辅助人的情况，并指出程序辅助人应代表孩子的利益，但没有详细说明程序辅助人应采取什么形式，也没有明确程序辅助人有权查阅法院和其他官方档案或进入诉讼程序的权利以及程序辅助人应接受的考试、资格和培训。1998 年，德国以美国和英国为参照起草了程序辅助人国家标准，同时编制了培训和资格认证课程。2000 年 2 月，全国少年儿童程序辅助人协会（National Association of Guardians Ad Litem for Children and Young People）成立，2001 年 2 月，协会接受并公布了国家标准。根据该标准，法院可在下列情况下任命程序辅助人：（1）只要符合未成年人的利益，法院可在适当的程序中任命未成年人的监护人。（2）当出现下列情况时，法院应为未成年人任命程序辅助人：（a）当未成年人的利益与他的法定代理人的利益发生冲突时；（b）由于需要将未成年人与其家庭分离或免除负有照料者的责任可能会对未成年人福利造成危险的情况；（c）程序的对象涉及将未成年人从他的监护人或配偶或有接触权的人的身边移走时。[①]

FamFG 立足 FGG 规定的程序保护人制度功能的基础上，进一步完善了制度存在的不足，构建了程序辅助人制度，下面依据 FamFG 的规定对该制度的具体情况进行详细介绍。

2. 程序辅助人的适用范围与选任条件

FamFG 通过第 158 条[②]、第 174 条[③]和第 191 条[④]明确了程序辅助人的适用范围，在关涉未成年子女人身的亲子关系事件、血缘关系事件、收养关系事件中，为保护子女利益而由法院指定程序辅助人。可以看出，为未成年子女选任程序辅助人只限于身份关系事件，不包括财产关系事件；而且该法特别强调在血缘关系事件、收养事件中如果面临子女和其法定代理人存在明显的利益对立的情况，法院是必须要为未成年子女指定程序辅助人的，这样的规定也正体现了设置程序辅助人制度的目的。

FamFG 对程序辅助人的资格没有做出明确的规定，依然没有解决 FGG

---

① Andy Bilson, Sue White, Representing Children's Views and Best Interests in Court: An International Comparison, Child Abuse Review, Vol.14, 2005, p.227.

②　参见附录［8］。

③　参见附录［9］。

④　参见附录［10］。

遗留下的问题，如前所述，法院指定的程序辅助人的范围是非常宽泛的，既可以是法律专业人士，懂得心理学、社会学、医学的专业人士，也可以是门外汉。程序辅助人为探知未成年人的真实意愿而发挥作用，以维护未成年人之权益而为程序行为，具有公益性和专业性，因而具有适当的专业知识较为合适，这样宽松的条件难以保障程序辅助人真正发挥作用。"在德国，很多社会团体承担招募、培养程序辅助人的任务，这些社会组织有的是全国性的，也有地域性的，其中比较知名的有程序保护联邦研究会（BAG Verfahrenspegshaft）、子女保护人联盟（VAK）（Verein Anwalt des Kindes-Muenchen e.V.）等。各程序辅助人社团通过招聘方式从社会上聘请具有法学、心理学、社会学、教育学背景的专业人员，这些人员中有些是专职从事程序辅助人职责的，但大多数则为兼职，多数来自律师、教师、医生、心理师等领域。"[①] 此外，德国主要从事儿童与青少年利益的联邦作业部会（Bundesarbeitsgemeinschaft Verfahrensbeistandschaft/Interessenvertretung für Kinder und Jugendliche e.V.）经常与社会福利机构合作对程序辅助人开展培训，以增加程序辅助人专业知识及沟通交流之技能；同时，也由其他由家事法官、家事法专门律师、社会工作师及教育学者所组成之程序辅助人培训所（Weiterbildungsinstitut Verfahrensbeistandschaft）协助希望成为程序辅助人之法律学者、教育学者及心理学者，并于学习结束后交付修毕证书，使其得以从事程序辅助人之工作。

根据 FamFG 的规定，程序辅助人的指定时间应当尽早，这样的要求主要是为了未成年人在诉讼中的参与权能够得到最大化的保障，如果法院

---

① 陶建国：《家事诉讼比较研究——以子女利益保护为主要视角》，法律出版社 2017 年版，第 30-31 页。

没能及时指定程序辅助人，那么在已经进行的程序中未成年人可能无法有效表达自己的意愿，导致对未成年人程序保障的纰漏。如果在家事诉讼程序进行时未成年人已有律师或其他适格程序代理人代表其主张权益的，而后发现该律师或程序代理人并不能维护未成年人利益的，那么应立即为未成年人指定程序辅助人。法院需要选择程序辅助人时往往要求一些社会团体协助，由其向法院提供合适的程序辅助人，比如根据案件的性质，社会团体来判断是否需要程序辅助人具有相应的专业知识，是否需要有足够的时间，是否更善于与未成年人交流等。在收到社会团体提供的程序辅助人人选后，法院将向其发出任命通知，程序辅助人在收到通知后要尽快与法院联络以确定与法院沟通案件有关信息的时间等事项。程序辅助人通过与法院沟通主要确定以下事项即程序辅助人将与哪些人会面交流、会面的顺序是什么，需要收集哪些书面资料等。接下来程序辅助人将与未成年人的父母、监护人或探望权人接触，以确定他们同意其与未成年人会谈，并取得以上人员的免除保密义务书。如果在无正当理由的情况下，以上人员拒绝同意程序辅助人与未成年人会面，或不同意免除保密义务的，法院可以直接做出代替同意的裁定。

3. 程序辅助人的诉讼地位与权限

根据 FamFG 的规定，程序辅助人在家事诉讼中处于关系人的诉讼地位，具有独立性，不受被代表的未成年人及其父母、监护人、探望权人和法院的意思的限制。在家事诉讼中，程序辅助人的主要功能就是要确认未成年子女的意愿并向法院主张。根据 FamFG 的规定，如果法院已经为子女指定了程序辅助人，那么应当在程序辅助人在场的情况下听审子女本人。此外，听审应当按照法院认为合适的形式进行。为此，程序辅助人首先要选择适当的场所进行单独的会谈，可以是未成年人自己的房间、法院的场地、社会团体的办公室，也可以是公园等。程序辅助人要向未成年人说明程序标的、程序进程以及可能的结果等信息，为保障未成年人能够理解以上信息，程序辅助人往往使用游戏教学法、绘画等辅助手段。[①] 此外，程序辅助人还会根据家事案件的需要走访有关人员，以及接受有关社会团体为其提供的培训，以提高与未成年人交流会谈的技能。根据 FamFG 的规定，程序辅助人可以独立地为未成年子女利益而提出抗告。诉讼中，程序辅助人还有权阅览诉讼记录、申请鉴定、搜集与案件有关的有利于维护子女利益的信息。[②]

4. 程序辅助人的报酬

根据 FamFG 的规定，程序辅助人的报酬和基于程序辅助工作发生的费用和增值税均由国库支付，并不增加程序辅助人的任何费用负担。由国库承担程序辅助人的各项开支对程序辅助人开展工作是非常有保障的，程序辅助人能够没有任何负担地为家事诉讼中的未成年人提供服务，在一定程度上保障了程序辅助人工作的质量。但是，在对程序辅助人进行的一项调查表明，在50名表示自己愿意做未成年人的程序辅助人这项工作的人中，有32人对他们的薪酬提出了批评，并指出，目前的条件使合格的人几乎不可能代表未成年人，这不仅导致了承担这项工作的人员的不满，也降低了程序辅助人在这一领域开展工作的热情和意愿。因此，被调查的程序辅助人表示有关部门必须要采取行动，以便能够继续吸引到合格的有献身精

---

① 陶建国:《家事诉讼比较研究——以子女利益保护为主要视角》，法律出版社 2017 年版，第 31 页。

② 陶建国:《家事诉讼比较研究——以子女利益保护为主要视角》，法律出版社 2017 年版，第 30 页。

神的人士来代表未成年人的利益。①

第二节　日本家事诉讼中未成年人参与权之立法

一、日本家事诉讼概况

日本于明治 23 年（1890 年）4 月 21 日颁布的第一部近代《民事诉讼法》对家事诉讼没有做出任何规定，对于婚姻、家事、亲子、抚养、禁治产事件等内容单独以《关于婚姻事件、收养事件及禁治产事件的诉讼规则》的形式进行了规定。在参考借鉴德国 1877 年《民事诉讼法》第 6 编 "婚姻案件及禁治产案件" 内容的基础上，日本于 1898 年颁布了《人事诉讼程序法》，2003 年对该法进行了修订，制定了《人事诉讼法》。

为规范非讼事件的审理，1898 年日本在借鉴德国 FGG 草案的基础上制定了《非讼事件程序法》，并于 1898 年 7 月 16 日正式施行。该法主要调整包括部分家事事件在内的民事非讼事件和商事非讼事件。这样就产生了关于家事事件的规定，一部分由《人事诉讼法》规范，另一部分适用《非讼事件程序法》的局面，造成法律适用的复杂。随着家事事件的数量逐渐增多，原有的这种立法模式已经无法适应社会的发展。为进一步规范家事非讼事件的审理，日本于 1946 年 12 月制定了《家事审判法》并于 1947 年 1 月 1 日起开始施行。该法统合了《人事诉讼法》的部分和《非讼事件

---

① Manuela Stötzel* And Jörg M. Fegert，The Representation Of The Legal Interests Of Children And Adolescents In Germany: a Study Of The Children's Guardian From A Child's Perspective，International Journal Of Law，Policy And The Family 20，（2006），Pp.221-222.

程序法》的全部家事事件，规定了家事审判和家事调停两个程序。2011年，《非讼事件程序法》和《家事审判法》同时迎来了一次重大修订，《家事审判法》得到进一步完善被修订为《家事事件程序法》，《非讼事件程序法》与《家事事件程序法》不再是上位法和下位法的关系，而形成了同位阶关系，前者适用于由地方法院处理的一般非讼事件，后者适用于由家事法院处理的家事非讼事件。[①]2013年1月1日起，《非讼事件法》与《家事事件程序法》开始生效。

二、日本家事诉讼中未成年人参与权保障之立法

1994年，日本批准了《儿童权利公约》，未成年人的独立权利主体地位得到进一步确认，这也为未成年人能够有效参与到家事诉讼中来提供了保障。在日本，《人事诉讼法》与《家事事件程序法》是规范家事诉讼的两部重要法律。对于未成年人在家事诉讼中参与权的实现，两部法律通过规定赋予未成年人程序行为能力、直接听取未成年人陈述制度、设置程序代理人制度以及家事调查官制度来确保该权利的实现。

（一）赋予未成年人程序行为能力

在日本，所谓诉讼能力指的是作为当事人或辅助参加人应具有的能够单独进行诉讼的必要的能力，即诉讼中能够自行或者通过选任的代理人为有效的诉讼行为，或者裁判所或相对方可对其为有效的诉讼行为应具备的能力。[②]诉讼能力是当事人以自己的行为做出诉讼行为的前提条件。在民

---

① 郝振江、赵秀举译：《德日家事事件与非讼事件程序法典》，法律出版社2017年版，第177页。

② 曹云吉译：《日本民事诉讼法典》，厦门大学出版社2017年版，第17页。

事诉讼中的诉讼能力于家事事件程序法中被称为程序行为能力。[①]

根据日本《民事诉讼法》第 31 条[②]的规定，在通常的民事诉讼中，未成年人没有诉讼能力，不能自行做出诉讼行为。但是在家事诉讼中，鉴于家事事件均以人身关系为基础，很多家事事件与未成年人权益有关，影响未成年人的居住、教育、未来生活的安排、身心健康发展等，只要未成年人对关涉自身权益的事项有意思能力，就应当尊重未成年人自身的意愿，承认其具有诉讼能力，尽可能地尊重未成年人本人的意思和愿望。对此，日本《民法》第 738 条、[③]第 764 条、[④]第 799 条、[⑤]第 812 条、[⑥]第 780 条、[⑦]第 962 条、[⑧]第 963 条[⑨]进行了明确。按照以上规定，原则上行为能力受到限制的未成年人只要具有意思能力，在涉及监护事件、未成年人婚姻、收养事件、遗嘱事件中具有独立做出法律行为的程序行为能力，有权参与到诉讼中维护自己的权益。《人事诉讼法》第 13 条[⑩]对此也进一步做出了规定，即未成年人在家事诉讼中只要能够自行表达意愿即具有行为能力，无须法定代理人代为完成程序行为，如陈述意见、愿望等。

[①]　曹云吉译：《日本民事诉讼法典》，厦门大学出版社 2017 年版，第 134 页。

[②]　参见附录［11］。

[③]　参见附录［12］。

[④]　参见附录［13］。

[⑤]　参见附录［14］。

[⑥]　参见附录［15］。

[⑦]　参见附录［16］。

[⑧]　参见附录［17］。

[⑨]　参见附录［18］。

[⑩]　参见附录［19］。

（二）直接听取未成年人陈述制度

由审判人员直接听取未成年人的陈述是日本家事诉讼法中规定的一种非常重要的制度。《人事诉讼法》第 32 条[①]"关于附带处分的裁判等"要求裁判所于指定子女监护人处分或其他与子女监护相关的处分的裁判或指定亲权人的裁判时，若子女为 15 岁以上时，则应听取其意见。《家事事件程序法》的第 65 条[②]对直接听取未成年人的陈述做出了明确的规定。据此，只要家事审判的结果可能会对未成年人产生影响，法院就应该听取未成年人的陈述，无论其年龄如何，以充分把握未成年人的真实意思。在《家事事件程序法》第二编"家事审判程序"的第 2 章"家事审判案件"中，对各种涉及未成年人权益的家事事件的审判程序中，需要听取未成年人陈述的情形又单独做出了规定。在"关于婚姻等的审判案件"中，规定"家庭裁判所做出关于子女监护的处分的裁判（关于子女监护所需费用的分担的处分的裁判除外）时，除依第 68 条规定听取当事人陈述外，还应听取子女（限于 15 岁以上）的陈述"。[③]在"许可成立收养关系的审判案件"中，规定了"应听取应成为养子女的人（限于15 岁以上）的陈述"。[④]在"成立特别收养关系的审判案件"中，规定应听取"成立特别收养关系的裁判无须告知应成为养子女的人"。[⑤]在"解除特别收养关系的审判案件"中，规定"家庭裁判所于做出解除特别收

---

① 参见附录［20］。

② 参见附录［21］。

③ 参见附录［22］。

④ 参见附录［23］。

⑤ 参见附录［24］。

养关系的裁判时，应听取养子女（限于 15 岁以上）的陈述"。① 在"关于亲权的审判案件"中，规定在做出亲权丧失、亲权停止或管理权丧失的裁判时，应听取 15 岁以上子女的陈述。② 在"关于未成年监护的审判案件"中，规定在做出选任未成年监护人或未成年监护监督人的裁判时，应听取 15 岁以上未成年被监护人的陈述。③ 由此可见，《家事事件程序法》不仅对听取未成年人陈述做出了原则性的规定，还对那些涉及未成年人权益的具体家事事件中应听取未成年人陈述分别做出了具体规定。总之，对于涉及未成年人权益的家事事件，如子女已满 15 岁则法院应当听取其意见，不满 15 岁的未成年人只要家事事件的解决与其权益有关，法院也应当听取其意见，子女的意见对法院没有绝对的约束力，法院是否采纳依据子女的年龄、心智成熟情况、环境影响等因素综合确定。

（三）程序代理人制度

程序代理人制度是《家事事件程序法》中确立的一项旨在实现未成年人最大利益的新制度。在有关未成年人的家事事件中，未成年人利益的保护需要从未成年人的角度出发，充分把握他们的心理状态、对父母持有的情感、对未来生活的希望等方面，而不能完全依靠父母、亲权人、监护人的传递。在父母对立非常激烈的案件中，子女有时很难表明或者适当表明自己的意见，有必要为纠纷所涉未成年子女配置程序上的代理人，以使其真实的个人意见能够进入诉讼程序。④

---

① 参见附录［25］。

② 参见附录［26］。

③ 参见附录［27］。

④ 陶建国：《家事诉讼比较研究：以子女利益保护为主要视角》，法律出版社 2017 年版，第 36 页。

1. 程序代理人的选任资格与适用范围

日本对家事诉讼程序中程序代理人的选任资格做出了比较严格的限制，根据《家事事件程序法》第22条[1]的规定，原则上只能由律师担任程序代理人，这样的选任条件考虑到了设置程序代理人制度的功能，即程序代理人需要以其专业性以及稳定性来发挥维护未成年人权益的作用。但是，这样的规定又难免会出现可选人员范围过窄的问题，因而，第22条对此又做出了例外规定，非律师如能获得家庭裁判所的许可也可在家事诉讼程序中作为程序代理人。另外，《家事事件程序法》第23条[2]还就"裁判长选任程序代理人等"即程序代理人产生的程序问题做出了明确，根据第23条的规定可知，限制行为能力人可向裁判长提出选任程序代理人的申请，裁判长也可依据职权为其选任程序代理人。对于由未成年人自行选任程序代理人可能会出现因未成年人缺乏相关知识和经验而无法选任到合适的程序代理人的问题，有建议建立代理人选任支援制度，保障选择的程序代理人都能够真正发挥维护未成年人利益的作用。[3]

对于应选任程序代理人的家事事件范围，根据《家事事件程序法》第23条以及第252条的规定可知，以下家事事件可以为未成年子女选任程序代理人制度：子女监护权处分的调解事件、解除收养关系后应成为亲权人的调解事件、指定或变更亲权人的调解事件、子女监护权处分事件、未成年人监护事件、收养关系成立后的亲权者资格事件等。

---

[1] 参见附录［28］。

[2] 参见附录［29］。

[3] 陶建国：《家事诉讼比较研究：以子女利益保护为主要视角》，法律出版社2017年版，第38页。

2. 程序代理人的权限

未成年人在家事诉讼中不能因其诉讼行为能力的有限性而作为诉讼客体来对待，未成年人的生活、教育安排、亲子关系的维系、心理健康等方面都与家事事件的解决密切相关，所以，在家事诉讼中应构建相应的程序与制度使其能够有效参与到诉讼中来，表达观点、感受、愿望，使审判人员能够准确把握其意愿以做出妥适的裁判。程序代理人制度就是以此为立足点而设置的，程序代理人并不是未成年人的诉讼代理人，其权限不受未成年人的制约或授权，程序代理人以保护未成年人的利益为核心要义，既包括未成年人的实体利益也包括未成年人的程序利益，其权限可以说是非常广泛的。

在日本，虽然《人事诉讼法》和《家事事件程序法》均立足未成年人独立主体地位在家事诉讼程序中进行了多项制度安排，以保障其能够有效行使参与权，维护其利益，但是，每种制度安排都存在一定的侧重或问题，程序代理人制度正是基于已有制度存在的问题而面向全面保护未成年人利益，保障其能够充分行使参与权，表达意愿而设置的。《家事事件程序法》在第 24 条[①]对程序代理人的权限做出了明确的规定，其权限不仅贯穿于诉讼与非讼程序，还包括审判程序、调解程序与执行程序。在家事事件解决的全部过程中，程序代理人以独立的诉讼主体身份，为维护未成年人的利益，将积极与未成年人沟通接触，努力探明未成年人的意愿、想法和偏好等，并将其传递给法院，积极促成家事事件的妥适解决。

---

① 　参见附录［30］。

3. 程序代理人的报酬

根据《家事事件程序法》第 23 条的规定，未成年人要承担程序代理人的费用，无论该程序代理人是由未成年人申请选任还是由裁判长依职权选任，即使选任的律师是公共律师（国选律师），原则上也要由选任者自行负担费用。这样的规定可能会导致出现一些问题影响为未成年人选任程序代理人，比如未成年人没有经济基础很难承担支付费用的要求，即使要求由未成年人的亲权人或监护人承担程序代理人的费用，可能会出现其亲权人或监护人拒绝支付的问题。

根据日本的法律援助制度，在未成年人面临为程序代理人支付费用有困难时，可以申请法律援助。由于日本法律援助制度实行的是"偿还制"，未成年人需要承担偿还义务，但是这样的协议在日本属于附义务协议，未成年人的亲权人或监护人有撤销的权利，如果亲权人或监护人行使了撤销权，那么未成年人就无法获得程序代理人的协助。对此，日本律师协会提出，应当修改现行的法律援助法，为未成年人自己选任程序代理人而申请法律援助专门建立"给付制"，以便能够有正当理由实现国家负担。对于由法院依职权选任的公共律师做未成年人的程序代理人建议作为法律援助机构的当然业务。日本山口县律师协会为了应对可能出现的律师无法获得报酬的问题，专门建立了子女程序代理人援助基金，当律师无法从被代理人的未成年子女或其父母处获得报酬时，可以通过基金解决问题。[1]

（四）家事调查官制度

家事调查官制度最早起源于日本的少年调查官制度，是二战后的日本

---

[1]　陶建国：《家事诉讼比较研究：以子女利益保护为主要视角》，法律出版社 2017 年版，第 37 页。

为保护少年犯罪中未成年人的权益，旨在掌握未成年人犯罪案件中的事实而创设的，后逐渐为家事诉讼所适用，形成了家事调查官制度。家事调查官是法官解决家事案件的重要的科学辅助人员。引入家事调查官制度就是要协助法官去发现事实，去发现事实背后的家庭成员的诉求，尤其是未成年人这样的弱势群体的声音。家事案件妥适解决的关键就是看未成年人是否发出了自己的声音，是否有效参与到了家事诉讼中来，未成年人的利益是否实现了最大化。未成年人的声音与利益在家事诉讼中往往被忽视或淹没，成为家庭成员纷争的牺牲品，当然法律要追求对所有相关利益者的救济尤其是未成年人这样的弱势群体。家事调查官就是利用自身的专业优势实现与未成年人的充分交流与沟通，让未成年人说出自己的看法、意见，促进未成年人最大利益的实现。

1. 家事调查官制度适用的家事案件范围及调查内容

根据《家事事件程序法》第65条^①的规定，在有关亲子、亲权或者未成年人监护的家事审判或者其他未成年的子女（包括未成年被监护人）会因其结果受影响的家事审判程序中，家事调查官应努力把握未成年子女的意思。根据《家事事件法》《民法》的规定，这里的"亲子事件"包括子女姓氏变更的许可、收养关系成立的许可、死后解除收养关系的许可、特别收养关系的许可、特别收养关系的解除；"亲权事件"主要包括丧失亲权、停止亲权、丧失管理权、许可辞去、恢复亲权、恢复管理权等；"未成年人监护事件"包括收养关系解除后应成为未成年监护人的指定、未成年人

---

① 参见附录［31］。

监护人的选任等。① 在这些家事案件中，家事调查官以其多元的知识背景协助法官发现事实，包括"法律事实——生活事实""客观事实——心理事实"，希望能够更加清晰全面地还原案件本身的真实情况。② 家事案件以身份关系为基础，法律事实背后的生活事实和心理事实的查明对案件的解决更为关键，所以，家事调查官需要对生活事实和心理事实进行更多更深入的关注，因此，在家事诉讼中需要家事调查官调查的与未成年人有关的事项主要有：未成年人的性格与经历、心理健康状态、生活情况、家庭环境等，其中要重点把握未成年人对监护安排、亲权人的确定、收养人的确定、抚养人的确定等事项的意愿和偏好。

2. 家事调查官的设置与选任

在日本，家事调查官是根据《法院法》第 61 条的规定设置的，他们是事实层面上的法官的辅助人员。为保障家事调查的质量，日本对家事调查官设置了较高的选拔条件，选拔对象为具备社会学、心理学或教育学的大学毕业生，并且需要通过最高法院设置的考试。为提高家事调查官的执业能力，最高法院设立了"研究训练所"实现对家事调查官的专门训练。

在涉及未成年人的家事案件中，可以由家事调查官听取未成年人的意见和想法，调查官与案件所涉子女会面，通过交流了解子女的意思。由于家事调查官具有临床心理学、社会福祉学、心理学等教育背景，所以具有运用专业知识的优势探寻子女意思表示的能力。家事调查官一般不使用直

---

① 郝振江、赵秀举译：《德日家事事件与非讼事件程序法典》，法律出版社 2017 年版，别表一。

② ［日］小岛武司：《自律型社会与正义的综合体系——小岛武司先生七十华诞纪念文集》，陈刚等译，中国法制出版社 2006 年版，第 232 页。

接询问方式与未成年人进行交流，例如，不直接询问子女想和父母哪一方生活。必要时，家事调查官可以利用漫画、游戏等方式了解子女对父母的情感，其有权请求对子女进行心理测试，但一般要征得父母的同意。在家事案件审理的期日，如家庭裁判所认为有必要还可要求家事调查官出庭陈述意见，以将未成年人的意见全面完整地呈现于法庭。[①]

第三节　美国家事诉讼中未成年人参与权之立法

一、美国未成年人家事诉讼发展历程

19 世纪以前，欧美法律传统将家庭视为社会的基本单位。因此，法律把未成年人视为家庭的动产，更普遍地说是父亲的动产，而不是他们本身的人。事实上，没有任何正式的法律体系保护 19 世纪前的未成年人免受虐待或忽视。19 世纪美国工业化和城市化的发展促进了未成年人法的变化。社会改革家认为需要把未成年人从工业革命的影响中拯救出来，这促成了童工法的通过。国家和私人团体的"拯救儿童"运动促进了对犯罪未成年人的康复，而不是惩罚。虽然这改善了 19 世纪以前对未成年人更严厉的待遇，但这些改革并不是建立在承认未成年人权利或限制父母控制的基础上，而是建立在未成年人法的"国家亲权（parens patriae）"概念的发展上。"国家亲权"的字面意思指的是国家作为法律意义上的残疾人士如精神失常的成年人、未成年人的监护人的角色。虽然这一概念承认国家对未成年人的责任，但是其强调的是国家准父母的权力，而不考虑未成年人可能拥

---

①　参见附录［32］。

有的任何固有权利。1874年，玛丽·艾伦·威尔逊（Mary Ellen Wilson）案是第一个有记录的未成年人保护案例。[①]虽然到19世纪末世界各地已有许多致力于保护未成年人免受伤害的私人机构，但未成年人仍然没有得到这种保护的既定法律权利。

随着法律对未成年人人格的承认，以及"国家亲权"理念的推动，处于危机家庭的未成年人受到国家的关照。1899年伊利诺伊州议会通过了《无人照管、疏于管教以及罪错少年处境和监管法令》和《伊利诺伊州少年法院法》，允许各县设立一所以上的专门法院处理16周岁以下问题少年案件，并在库克郡建立了少年法院（juvenile court），[②]至此世界上第一个少年法院诞生，立足于未成年人福利，职能广泛的少年司法制度逐渐在美国发展起来。随着少年案件的增多以及少年法院的发展，人们逐渐发现少年案件背后的主要原因是家庭关系的破裂，其中父母婚姻关系的解除给未成年子女带来的影响较大，处理好父母离婚后未成年子女的抚养、探望等问题将有助于未成年人的成长。基于此，旨在处理与未成年人有关的一切少年案件及家事案件，消除家庭问题可能给未成年人带来的诸多影响的家庭法院诞生了。1914年，美国第一个家庭关系法院（Court of Domestic Relations）在俄亥俄州辛西那提市诞生，其受案范围包括所有少年案件及家庭案件（包

---

①　1874年，8岁的玛丽·艾伦和养父母住在纽约市。尽管玛丽·艾伦的养母把她关在一个房间里，不给她衣服，经常打她，但执法人员拒绝干预。最终，一名社会工作者联系了虐待动物保护协会的创始人亨利·伯格（HenryBergh），在他的律师埃尔布里奇·T. 格里的帮助下，伯格成功地向法院请愿，要求将玛丽·艾伦从虐待她的人身边带走。此后，伯格先生和格里先生成立了防止虐待儿童协会。Marvin R. Ventrell, Rights & Duties: An Overview of the Attorney – Child Client Relationship. Loyola University Chicago Law Journal（1995），p.263.

②　[美]玛格丽特·K. 罗森海姆、富兰克林·E. 齐母林、戴维·S. 坦嫩豪斯、伯纳德·多恩编：《少年司法的一个世纪》，高维俭译，商务印书馆2008年版，第30-50页。

括离婚、赡养费），收养案件及与子女无关之抚养懈怠案件除外。此后"美国几乎每个州都采取了某个版本的儿童中心主义的少年或家庭法院"，①在 1967 年 In re Gault 案② 的推动下，最高法院宣布："无论是第十四修正案还是《权利法案》都不只是针对成年人。……正当法律程序是个人自由的首要和不可或缺的基础。"③ 宪法最终承认未成年人是人，对未成年人司法的现代发展产生了重大影响。首先，被控违法的未成年人基本上享有与成年刑事被告相同的权利。因此，未成年人作为人具有某些基本的宪法权利；其次，法律制度将保护未成年人确立为一个适当的目标，未成年人是独立的人，不是家庭的财产，这种承认在家庭对未成年人的权利施加了实质性的限制，为未成年人积极争取自身的权利以及在与自身有关的事务中积极发出自己的声音提供了有力的支撑。

　　1970 年由美国全国统一州法委员会通过，并于 1971 年经该机构修订，1974 年美国律师公会代表会赞同的《统一结婚离婚法》分别在第二篇、第三篇与第四篇对婚姻、离婚和监护的程序做出了明确规定。各州均根

---

　　①　［美］玛格丽特·K. 罗森海姆、富兰克林·E. 齐母林、戴维·S. 坦嫩豪斯、伯纳德·多恩编：《少年司法的一个世纪》，高维俭译，商务印书馆 2008 年版，第 4 页。

　　②　亚利桑那州少年法庭将 15 岁的罪犯杰拉尔德·高尔特送进了州立工业学校。法院进行了一个典型的非正式的、但友好的少年程序。法庭没有给高尔特指控通知、提供律师、保护自己免于自证其罪的机会以及与原告对质和盘问的机会。少年法庭的理由是缺乏程序保护并不剥夺儿童的任何权利，因为儿童没有任何权利。高尔特的父母主张允许这一结果的亚利桑那州少年法违反了美国宪法第十四修正案。最高法院支持了这一主张。最高法院认为这导致了一种特殊的少年制度，并认为正当法律程序是首要的和个人自由不可或缺的基础，对未成年人违法行为的审理必须符合宪法第十四修正案和公平待遇的要求。Marvin R. Ventrell, Rights & Duties: An Overview of the Attorney – Child Client Relationship. Loyola University Chicago Law Journal（1995），pp.265–266.

　　③　Marvin R. Ventrell, Rights & Duties: An Overview of the Attorney – Child Client Relationship. Loyola University Chicago Law Journal（1995），p.265.

据本州的具体情况以不同的形式对家事诉讼程序做了特别规定。①

二、美国家事诉讼中未成年人参与权保障之立法

20世纪60年代之后，离婚案件的数量大幅度增加，1979年，美国人口普查局的一份报告估计，大约40%的婚姻将以离婚告终，近50%的这10年出生的孩子将在他们的头18年的一部分时间在单亲家庭中度过。②1992年，美国人口普查局的报告显示，几乎一半的婚姻以离婚告终，每年有100万未成年人在家庭生活中经历这种破裂。③严峻的现实要求理论界与实务界均要积极关注破裂家庭中未成年人利益的保护。1967年美国联邦最高法院在Gault一案判决中表示，在刑事诉讼中被指控犯罪的未成年人必须享有获得律师的权利，未成年人不是被保护的客体，而是权利主体，同成年人一样享有宪法上正当程序之权利保障。被指控犯罪的未成年人应享有下列宪法权利：获得受刑事指控通知的权利、获得律师的权利、免于自证其罪的权利以及对质和质证证人的权利。④在Gault案之前，普遍认为少年法庭诉讼应是非正式的，更多地基于社会工作模式而不是法律模

---

① 如《伊利诺伊州维恩郡巡回法院办事规程》《加利福尼亚州亲属法》《芝加哥库克郡巡回法院办事规程》、马里兰州的《家事法》与《遗产与信托法》《得克萨斯州家事法典》中都有家事诉讼程序的规定。张晓茹：《家事裁判制度研究》，中国法制出版社2011年版，第37页。《俄亥俄州未成年人程序规则》《纽约州家事法院法》也均有家事诉讼程序的规定。张鸿巍、闫晓玥、江勇等译：《美国未成年人法译评》，中国民主法制出版社2018年版，第113–191页。

② Carol R. Lowery, Child Custody Decisions in Divorce Proceedings: A Survey of Judges, Professional Psychology Vol. 12, No.4 August 1981, p.492.

③ Sara R. Wallace, Susan Silverberg Koerner, Influence of Child and Family Factors on Judicial Decisions in Contested Custody Cases, Family Relations, 2003, 52, p.180.

④ In re Gault, 387 U.S.1（1967）.

式，Gault 案的判决标志着一种新的思考未成年人法律代表方式的开始，并延伸到未成年人正当程序的保护。根据 Gault 案的裁决，每个司法管辖区都有为被指控犯罪的少年提供法律顾问的义务，至少在审判时。虽然最高法院尚未赋予抚养制度中的未成年人享有同样的法律顾问的权利，但 Gault 案的基本原理不限于犯罪案件。此外由于法院在犯罪案件和抚养案件中的职能和作用相似，这一理论同样适用于抚养以及其他涉及未成年人的家事诉讼程序。

《统一结婚离婚法》强调家事诉讼中关注未成年子女最大利益的实现，第 402 条[①]对家事诉讼中未成年子女参与权做出了明确的规定，将未成年人在家事诉讼中对相关事项的意愿表达作为对案件进行裁决的重要依据。1995 年美国婚姻律师学会（American Academy of Matrimonial Attorneys，简称 AAML）通过了《律师和诉讼监护人在监护和探视程序中的标准》（Standards for Attorneys and Guardians Ad litem in Custody or Visitation Proceedings，简称 AAML 监护标准），这个标准是 2003 年以前在监护案件中为代表未成年人的律师提供指导的唯一得到认可的国家标准。这个标准确认了 3 种未成年人代表的类型，分别是为有能力指导律师作用的未成年人设置的律师、为缺乏指导律师作用能力的未成年人提供的律师以及诉讼监护人，诉讼监护人可以是律师也可以不是律师。[②] 这一标准规定 12 岁是假定的能力年龄，低于这一年龄的未成年人被假定不能确定代表和直接咨

---

① 参见附录［33］。

② Debra H. Lehrmann. J. D. Advancing Children's Rights to be Heard and Protected： The Model Representation of Children in Abuse，Neglect，and Custody Proceedings Act. Behavioral Sciences and the Law，2010（28）： pp.467–468.

询的目标，但是这一规定也要根据个案中每个未成年人的能力做出判断。在美国，每年大约有 30 万未成年人成为虐待、忽视的受害者而进入诉讼程序。[①] 大量的未成年人要通过诉讼为自己找到一个安全可靠的家，一个不受伤害的未来，保障未成年人的参与权，让孩子自己表达声音就至关重要。目前，在未成年人监护权诉讼、虐待和忽视诉讼、收养诉讼、民事安置、获得堕胎司法同意的程序以及青少年犯罪案件中广泛存在着未成年人代表。[②] 下面就对美国家事诉讼中未成年人参与权保障的具体情况进行详细介绍。

（一）听询制度（interview）

在美国，法官一致承认孩子有"被倾听的权利"，但在如何让孩子说出他们的观点以及他们对这些观点的重视程度方面，法官的意见存在很大的分歧。法院保护未成年人的责任应当成为法院选择方法的重要目标。对未成年人心理、情感和认知发展的理解有助于法院促进未成年人表达愿望和对未成年人观点的评估。对于未成年人来说，即使年龄很小的未成年人也能够交流有关信息，而且从交流的过程中获得情感上的益处。当允许未成年人表达意愿时即使是通过代表发言，未成年人对程序的满意程度也会提高。

在美国，法官听取未成年子女意见制度被称为"听询制度"，规定在《统

---

① Lashanda Taylor, A Lawyer For Every Child: Client-Directed Representation In Dependency Cases, Family Court Review, Vol.47, No.4, p.606.

② Barbara Ann Atwood: Representing Children: The Ongoing Search for Clear and Workable Standards, Journal of the American Academy of Matrimonial Lawyers Representing Children, Vol.19, 2005, p.186.

一结婚离婚法》第 404 条 [①] 之中。该制度的立法初衷旨在促进审判人员了解未成年子女的意见、观点和偏好，考虑到未成年人的身心特点不宜在法庭上接受询问，所以允许法官在法庭议事室与未成年子女进行交流，而且主要是在法官需要了解未成年子女关于监护和探望方面的意愿时才可以对未成年子女进行听询，并允许律师在场。

不同司法辖区的法官对听询制度的态度是不一致的，一些法官认为，司法机关完全有能力听取不同年龄的未成年人的意见，而另一些司法辖区的法官并不这样认为。在美国，虽然各州关于适用听询的具体规定不同，但基本达成共识：在某些情况下，出于诉讼程序的阶段、事项的紧迫性或父母的有限方式和特定司法管辖区的资源不允许律师或未成年人的法定监护人或评估人员参与对未成年人的面谈，在这种情况下，听询可能是法官了解孩子的看法、感受和观点的方法，或者是唯一的方法。[②]

美国一些州通过立法也确认了法官有权听询未成年人，如俄亥俄州对此做了最详细和最直接的规定，俄亥俄州法典（修订）（Ohio Revised Code）第 3109.04 条规定：（B）（1）……确定孩子的最大利益的目的是使其分配父母的权利和责任……法院可酌情决定，并应任何一方的请求，在法庭议事室内就任何或所有有关未成年人的意愿和对分配的关切与他们面谈。（2）如果法官与孩子会谈……。（C）面谈应在法庭议事室进行，除未成年人、未成年人的律师、法官、任何必要的法庭人员外，任何人不

---

① 参见附录［34］。

② Nicholas Bala, Rachel Birnbaum, Francine Cyr, Denise Mccolley: Children's Voices in Family Court: Guidelines for Judges Meeting Children, Family Law Quarterly, Vol.47, No.3（Fall 2013），p.383.

得在面谈时在场，法官可酌情决定是否允许父母的律师在场。^①俄亥俄州的法律还规定，法官不得考虑与这些事项有关的以书面的记录或宣誓书的形式记载的孩子的愿望和关切；在父母要求下若不进行面谈可能是撤销裁判和下令举行一个新的听证的依据。当然，即使没有任何一方要求司法听询，法官也可以行使自由裁量权决定是否听询任何或所有有关的未成年人。即使父母要求听询，如果法官认为听询会损害未成年人的利益，法官也可能拒绝对未成年人进行听询。根据俄亥俄州的判例，孩子的年龄是决定是否与孩子面谈的一个考虑因素，而且与其他的州相比，俄亥俄州的法官似乎更愿意采访和考虑年龄更小的孩子的偏好。另外，还会考虑是否有监护权评估报告，如果法官认为监护权评估报告已经提供了全面的情况，法官可不再对孩子进行听询。总之，俄亥俄州的法律赋予法官听询未成年人的自由裁量权，尽管父母要求法官听询未成年人但法官仍可拒绝此要求。俄亥俄州的相关判例并没有反映法律对父母正当程序的关注或法官缺乏采访孩子的资格，更多关注的是法官如何听询孩子而不是是否应该听询孩子。

密歇根州的情况与此不同。密歇根州法院在 1996 年成立了家庭法庭。监护权诉讼中，法官在确定未成年人的偏好这一问题上感觉很是困难，主要是面临保护父母的正当程序与未成年人的福利之间的选择。在 Flaherty v. Smith 案中，一名 7 岁孩子的继父的律师要求法官就孩子的监护权偏好会见孩子，初审法官拒绝了这一要求，法官的理由是，一个 7 岁的孩子不能

---

① Nicholas Bala, Rachel Birnbaum, Francine Cyr, Denise Mccolley: Children's Voices in Family Court: Guidelines for Judges Meeting Children, Family Law Quarterly, Vol.47, No.3（Fall 2013），P.384.

就应该和谁生活在一起发表意见，他生活的时间不够长，经历不够丰富。[①]在密歇根州上诉法院看来，初审法院没有听询未成年人虽然是错误的，但是这一错误不必予以纠正，因为由于其他最佳利益的影响，未成年人的偏好不会改变初审法院的裁决。

总的来看，在美国将未成年人的意愿作为判断未成年人最大利益的一个因素在很多州都得到了认可，但是，在很多州并没有对此作出明确的规定，是否考虑未成年人的意愿对法官来说是他们的自由裁量权。然而，普遍接受的是，处理监护权和探视权争端的法官享有在父母不在的情况下听询未成年人的固有司法权力。在 Lincoln v Lincoln 一案中，纽约上诉法院强调："法院首先关心的是，而且必须是未成年人的福利和利益……他们的利益至上。在发生冲突时，他们父母的权利必须屈从于这种优先的要求。……一个已经遭受破碎家庭创伤的孩子，不应该被置于这样一种境地：不得不公开地说出自己的不幸，从而进一步损害孩子与父母中的任何一方的关系。然而，法庭如果想去了解父母对孩子的不同影响以及孩子的真实的愿望和需求，在很多情况下是需要对孩子进行听询的。毫无疑问，在法庭议事室与未成年人会见将减少未成年人的心理危险，而且也将比采用对抗制的程序在传统上要求未成年人陈述获得更多更有价值的资料。"[②]

[①] Jacqueline Clarke，Do I Have a Voice? An Empirical Analysis of Children's Voices in Michigan Custody Litigation. Family Law Quarterly，Volume 47，Number 3，Fall 2013. p.461.

[②] Nicholas Bala，Rachel Birnbaum，Francine Cyr，Denise Mccolley：children's Voices In Family Court：guidelines For Judges Meeting Children，Family Law Quarterly，Vol.47，No.3（Fall 2013），P.388.

（二）未成年人的代理人制度（representation of child）

考虑到未成年人理解、表达能力较差的身心特点，以及在一些家事案件中子女的利益和离婚时父母的利益可能不同，为加强未成年人参与家事诉讼的能力，《统一结婚离婚法》在第 310 条[①]确立了"未成年人的代理人（representation of child）"制度。"虽然根据联邦法律，在少年犯罪和未成年人保护诉讼中，为未成年人设置代理人是强制性的，而在离婚诉讼中不存在这种强制性，但是未成年人独立律师在监护协商的谈判中以及在有争议案件的诉讼等方面仍发挥着重要的作用。通常，在离婚诉讼过程中，当法官认识到监护权争端的激烈程度，建议未成年人需要有独立代理人时，未成年人的独立代理人才会出现。他们认为，孩子需要自己的意愿得到倾听，而孩子自己的律师可以提供这种声音。"[②]根据正当法律程序的要求，1972 年的《儿童权利法案》明确提出：在亲权诉讼中，未成年子女享有参与权，能够对有关自身权益的事项发表意见。1983 年由美国律师协会（American Bar Association，简称 ABA）制定的并于 2003 年修订的《律师职业行为示范规则》第 1.14 条为限制行为能力人的客户提供了保护和指导，具体规定如下："（a）当客户的行为能力受到限制，无法周全地思考需要被代理的问题，律师应当在一切合理和可能的情况下，维系正常的委托人——律师服务关系，无论客户的行为能力受限的原因是未成年、精神损伤还是其他。（b）当律师有理由相信客户是一名限制行为能力的人，而客户又不具备足够的行为能力来保护自身利益，且除非采取相应保护措

---

① 参见附录〔35〕。

② Sanford N. Katz, Family Law in America, New York, OUP Oxford, 2003, pp.108–109.

施，在身体、财产或其他方面持续存在受到损害的可能，那么代理律师可以采取合理的保护性措施，包括同有能力保护的个人或机构协商以及在一些案件中为委托人寻求诉讼监护人、保护人和监护人的帮助。"①1997年，美国国会通过的《收养和家庭安全法案》也规定未成年人在福利保护案件中可有自己的律师。2003年美国律师协会批准了《监护权案件中代理子女的律师行为标准》（American Bar Association Standards of Practice for Lawyers who Represent Children in Custody Cases，简称ABA监护案件），在该示范性文件中，将代理人分为两类：一类是未成年人的律师（child's attorney，简称CA），未成年人与律师之间是委托法律关系，律师属于通常意义上的律师，依据诉讼中未成年人的意思表示从事代理活动；另一类是子女的最佳利益律师（best interest attorney），该代理人不受子女意思表示的约束，以保护子女最大利益为目的，提供独立的法律服务。该示范性文件的颁布旨在鼓励律师对自己作为"未成年人的律师"的角色或"最佳利益律师"的角色要有清楚的认识，要么极力追求未成年人希望的结果，要么为了子女的幸福，更加独立地进行辩护。②总之，为维护家事诉讼中未成年人的合法权益，无论是美国国会通过的法律还是美国律师协会通过的具有示范作用的规范性文件均确认了家事诉讼中为未成年人选任律师作为其代理人以期能够为未成年人提供全面的保护。"在虐待和忽视法律程序中未能向未成年人提供律师显然违反了第十四修正案规定的正当程序条款。没有律师，孩子们得不到应有的法律程序而被剥夺基本权利。未成年人在抚养程

---

① 许身健编译：《律师职业伦理及行业管理》，知识产权出版社2015年版，第130页。

② ［美］哈里·D.格劳斯，大卫·D.梅耶：《美国家庭法精要》，陈苇等译，中国政法大学出版社2007年，第139页。

序中巨大利益和错误剥夺的高风险要求在每一个案件中为未成年人指定法律代表。"[①] "缺乏代表未成年人利益的法律代理人可能导致未成年人处于不安全的环境之中。没有孩子的声音意味着法院不能掌握所有相关信息来做出最好的决定。如果没有律师表达未成年人的利益，未成年人就会有很大的风险被送到寄养所，或在系统中所停留的时间超出确保其安全所需要的时间。在另一种情况下，当孩子的观点和愿望被忽视时，他也有可能回到虐待的环境之中。律师在很大程度上控制着向法官传递信息的过程。律师决定证人、证据和证词的陈述……如果没有完整的信息，法官的决定可能是不明智的，甚至是悲惨的错误。"[②] 随着对未成年人利益保护的重视，未成年人的最佳利益律师逐渐成为未成年人的诉讼监护人的来源之一。

（三）诉讼监护人制度（Guardian Ad Litem）

1. 诉讼监护人制度的产生

1974 年以前，与未成年人代表有关的问题主要集中在犯罪程序上。对未成年人的广泛关注源于虐待未成年人问题，如"受虐儿童综合症（Battered Child Syndrome）"[③] 以及对其保护。1974 年美国国会通过了《儿童虐待预防和处理法》（the federal Child Abuse Prevention and Treatment Act，简称 CAPTA）重申了未成年人参与的重要性，明确要求每个州在涉及虐待或忽

---

① LaShanda Taylor，A Lawyer For Every Child：Client-Directed Representation In Dependency Cases，Family Court Review，Vol.47，No.4，p.609.

② LaShanda Taylor，A Lawyer For Every Child：Client-Directed Representation In Dependency Cases，Family Court Review，Vol.47，No.4，pp.608-609.

③ 受虐儿童综合征是指儿童因身体虐待而受伤，通常由成人护理者造成。类似的表达包括摇晃儿童、摇晃儿童综合征、虐待儿童和非事故性创伤。LaShanda Taylor，A Lawyer For Every Child：Client-Directed Representation In Dependency Cases，Family Court Review，Vol.47，No.4，p.624.

视未成年人的诉讼程序中，应指定一名诉讼监护人（Guardian Ad Litem，简称 GAL）代表该未成年人进行诉讼。但是，CAPTA 和实施规则都没有就谁应该担任 GAL，GAL 的资格条件、培训、职责做出规定。因此，每个州根据其对 GAL 条款的解释制定了不同的代表制度。到 1980 年，已有 46 个州和地区实施了至少部分遵守 CAPTA 的法律。[1] 在该法实施的早期，大多数法官任命律师作为 GAL，然而，为了寻找成本效益更高的方法和比律师通常更有时间、更能接受相关培训以及提供更多信息的人选，发展了其他的代理模式，其中最成功的就是使用训练有素的公民志愿者，通常称其为法院任命的特别代理人（Court-Appointed Special Advocate，简称 CASA）或志愿监护人（volunteer guardians）。[2] 1976 年，华盛顿西雅图高级法院 David Soukup 法官开始启用公民志愿者为虐待遗弃案件中的未成年人担任诉讼监护人。这些志愿者在被指定之前，通常要接受社工和律师的双重培训，并在代理过程中，接受社工和律师的双重监督。为更规范地发挥 GAL 的作用，1982 年，联邦法院指定的专门代理人协会（National Court Appointed Special Advocates Association，简称 NCASAA）成立，主要承担对 CASA 的监督、培训和技术援助。1996 年 CAPTA 被修订，指出 GAL 可以是一名律师或一名由法院任命的特别代理人或两者兼而有之。CASA 的作用是"获得有关未成年人情况和需要的第一手资料，并就未成年人的最大

---

[1]　Andy Bilson, Sue White, Representing Children's Views and Best Interests in Court: An International Comparison, Child Abuse Review, Vol.14, 2005, p.228.

[2]　Andy Bilson, Sue White, Representing Children's Views and Best Interests in Court: An International Comparison, Child Abuse Review, Vol.14, 2005, p.229.

利益向法院提出建议。"①2002 年作为总统关于"收养和寄养倡议"的一部分，卫生和公众服务部发布了"关于未成年人永久性的公共政策和国家立法指南"，该指南指出："根据 CAPTA 的需要，国家可以为未成年人指定一名'客户导向'（client-directed attorney）的律师"，"各州除了可以为未成年人任命'客户导向'的律师，还可以同时任命一名诉讼监护人或者一名志愿者，这是首选的方法"。②该指南虽然不是法律，但对指导各州审查相关的法律，以制定反映未成年人最大利益的法律和政策发挥着重要作用。2003 年，国会再次修订了 CAPTA，禁止未经培训或培训不足的律师被法院指定为未成年人代表。

1962 年，纽约州立法机关发现"在家庭法院诉讼中为未成年人提供法律顾问通常是实现正当程序必不可少的，并且有助于对事实做出合理的决定和适当的处置命令"。因此，纽约州成为第一个在抚养程序中为未成年人提供法律顾问的州。迄今为止，近 40 个州（包括哥伦比亚特区）承认律师服务的重要职能并且通过法定授权法律代表的方式使法律代表的职能已经超出了 CAPTA 的要求，在其他州，法院有权自行决定任命非专业志愿者、CASA 或律师，除了州的制定法对此作了规定，判例法也承认为未成年人指定诉讼监护人。

2. 诉讼监护人的选任

传统上，诉讼监护人是指由法院指定的为某一特定法庭程序担任监护

---

① LaShanda Taylor, A Lawyer For Every Child: Client- Directed Representation In Dependency Cases, Family Court Review, Vol.47, No.4, pp.609-610.

② LaShanda Taylor, A Lawyer For Every Child: Client- Directed Representation In Dependency Cases, Family Court Revie, Vol.47, No.4, p.610.

人的人，诉讼监护人代表未成年人或法律上认为不能自行做出决定的人进行诉讼。[①] 通常认为，GAL 的任命在第一次向未成年人送达法律程序通知时或者在未成年人的最大利益首次受到威胁时做出。对真正符合未成年人最大利益的情况进行评估，既要考虑到目前的情况又要长远规划。"诉讼监护人由法官任命，对案件事实进行独立调查。诉讼监护人可能是一位接受过有关未成年人发展和心理问题培训的律师，也可能是一位心理健康专家，比如社会工作者或临床心理学家。有时，除了调查之外，法官还会要求诉讼监护人提出适当的监护安排，以促进未成年人的最大利益。在进行调查的过程中，诉讼监护人通常会尽可能多地花时间与孩子相处，以便了解孩子的主要依恋关系。诉讼监护人还会采访与孩子和家长接触的人，这些人是由父母推荐的，比如老师、儿科医生、牧师、邻居和朋友。如果诉讼监护人不是心理健康专业人士，他可能会寻求心理医生的帮助来进行心理测试，或者向更了解未成年人的精神病学家寻求帮助。未成年人的律师和诉讼监护人的区别在于律师代表的是未成年人，诉讼监护人代表的是未成年人最大利益的观点。"[②] 被指定为诉讼监护人的律师的显著特征是：他在案件中所做的决定是基于律师对未成年人委托人的最大利益的考虑，不需要在程序上或实体上受孩子表达欲望的约束，在这方面，作为诉讼监护人的律师的行为几乎与社会工作者一样多。但是，诉讼监护人应当考虑未成年人的愿望，并应将这些愿望通知法院，即便这些愿望与诉讼监护人的立场相冲突。在大多数州，GAL 被称为"司法部部长（attorney-GAL）

---

① 　Carmen Ray-Bettineski, Court Appointed Special Advocate: The Guardian ad Litem for Abused and Neglected Child, Juvenile Family Court Journal, 1978（8）.p.65.

② 　Sanford N. Katz. Family Law in America, New York, OUP Oxford, 2003, p.109.

或者诉讼律师（attorney ad litem）"。在一些州，未成年人可以同时获得一名 GAL 和一名律师（attorney）。GAL 代表未成年人的最大利益，而律师通常主张未成年人自己表达的意愿，如亚利桑那州、北卡罗来纳州、南卡罗来纳州、得克萨斯州和佛蒙特州；还有一些州希望律师既代表孩子的意愿以及律师认为符合孩子最大利益的主张，如果发生冲突则指定一名独立的 GAL，而未成年人的律师继续主张孩子的愿望。

3. 诉讼监护人的职责

诉讼监护人的职责包括调查、评估、谈判、调解和倡导。调查或收集事实是 GAL 的主要职能。包括采访客户和其他人，并通过非正式和正式的渠道收集文件和其他信息来源，它也可以包括安排或向法庭申请做出命令，对孩子和父母做出心理上的和精神方面的评估。通过调查收集的事实以评估、衡量和形成专业的意见是 GAL 的一项重要功能。孩子有偏好吗？考虑到孩子的年龄、成熟度、智力、情感状态以及任何有力的证据表明这种偏好与孩子的利益相违背，应该给予这种偏好多少权重？孩子的主要照顾者是谁？其他人对孩子和家长如学校老师、儿科医生、亲戚、朋友和心理医生有什么看法？学校、医疗部门和其他机构的记录反映了什么？在诉讼中正式评估的结果和建议是什么？促进父母之间关于监护权、探视权、抚养费和其他问题的暂时性的协商是 GAL 的又一个角色作用。只要这些协议符合未成年人的需要，而且不是片面和不公平的，父母就影响孩子福利的事项停止争吵并达成一致始终是孩子最大的利益。GAL 在帮助父母解决问题上处于独特的地位。因为父母双方均认为 GAL 在帮助自己满足孩子最大利益的基础上达成协议。一旦通过收集的事实和对此进行的评估确定了未成年人的最大利益，GAL 就有义务通过谈判、调解向法官和其他法院工作人员表达这些建议。如果最后的决定不利于未成年人，GAL 有权提出上诉。[①]

4. 诉讼监护人的培训与报酬

虽然律师和志愿监护人都可以被任命为 GAL，但是出于要为律师支付高额的费用，而且也很少有律师愿意对孩子生活中的所有情况进行彻底的社会调查，所以在实践中很少任命律师做 GAL。另外，充足的培训也是保障志愿监护人能够比律师更胜任此项工作的一个重要支持。1977 年 1 月，华盛顿启动了对志愿监护人进行培训的项目，在该项目启动后的第一年，就为 498 名未成年人提供了 376 名训练有素的诉讼监护人，经过培训的志愿监护人能够确保在每一个案件中跟踪每一个孩子直到将孩子安置到一个永久的、足够的、有爱心的家庭中。[②] 为了履行对孩子和法庭的义务，所有志愿监护人在接到案件分配前，都要接受三个小时的培训，培训的内容主要是他们在少年法庭系统中的作用及编写向法庭提交的评估报告和做证等所需要的法律技能等。除培训外，该项目每月还会举办特别的培训研讨会，主要是训练志愿监护人的敏感度和知识，具体议题包括亲子关系和采访技巧等。为了达到对孩子最大利益的实现，志愿监护人在每一个案件上花费的时间在 12 到 100 小时不等。实践证明，利用感兴趣的、热心于未成年人事业的志愿监护者代表未成年人的方式比律师代表的方式更有实用性。

---

① Carmen Ray–Bettineski: Court Appointed Special Advocate: The Guardian ad Litem for Abused and Neglected Child, Juvenile Family Court Journal, 1978（8）. p.67.

② Carmen Ray–Bettineski: Court Appointed Special Advocate: The Guardian ad Litem for Abused and Neglected Child, Juvenile Family Court Journal, 1978（8）. p.65.

为未成年人指定 GAL 所要付出的成本也是影响 GAL 运行的一项重要考虑。"2007 年，康涅狄格州儿童之声起草了一份白皮书，倡导在该州对未成年人代表进行改革。在该白皮书中，儿童之声审查了向未成年人提供法律代表的成本和收益，并估计高质量组织代表模式的成本约为每年每名未成年人 1500 美元。无论费用如何，未成年人律师不仅为未成年人提供福利，而且也为政府提供福利。在许多情况下，提供一名未成年人律师所产生的费用将与未成年人的法律代表的有效作用相抵消，更多带来的是未来永久性的效益的增加。"[1] "以未成年人虐待、忽视程序为例，孩子被收养后，诉讼程序结束，孩子不再需要法院的保护，而由未成年人保护机构进行监管。每一次收养都能为联邦和州政府节省 19 万到 23.5 万美元的开支，其中包括减少特殊教育开支和未来参与司法系统的费用。"[2]

（四）调查和报告制度（investigations and reports）

监护权案件本质上涉及的是人格和情感态度的确定，因为案件本身影响的是父母和孩子之间的关系。诉讼程序在处理这类案件时暴露出诸多不适应的问题，比如对抗性程序以双方提出对立的事实作为裁判的基础，存在敌对行为的司法程序破坏了父母子女之间的关系使案件的解决变得更加困难，要处理好监护权案件更多的要化解父母子女之间的情感纠结，了解他们在纷争背后的情感需求，这就要求法院借助这方面的专业人员对当事人的人格特性、心理、精神等方面进行调查以帮助法院做出裁判。美国的

---

[1]　LaShanda Taylor，A Lawyer For Every Child：Client-Directed Representation In Dependency Cases，Family Court Review，Vol.47，No.4，p.616.

[2]　LaShanda Taylor，A Lawyer For Every Child：Client-Directed Representation In Dependency Cases，Family Court Review，Vol.47，No.4，p.616.

调查和报告制度正是立足于这一要求而设立的，主要在有关监护权案件的诉讼程序中适用。

《统一结婚离婚法》规定了调查和报告制度，由专门人员对案件中的未成年人情况进行调查，掌握未成年人的真实想法和心理状态，为监护安排的审理和裁决做好准备。该法第 405 条规定："（a）在有纷争的监护诉讼或其他监护诉讼中，如子女的父母一方或监护人提出诉请，法庭可以裁决调查子女监护的安排情况并提出报告。这种调查和报告可由（法庭的社会服务部门、少年法庭人员、地方验证或福利部门或法庭为此雇用的私人机构）进行。（b）在准备有关子女的报告时，调查人可以询问了解子女情况和未来监护安排的任何人，根据法庭的裁决，调查人可以把子女交给专业人员以便做出分析判断。调查人可以不经子女的父母或监护人的许可询问曾为子女提供服务的医生、精神病学或其他方面的专家，并了解有关情况；但如子女已满十六周岁，除非法庭认为他缺少表示同意的智力能力，必须征得他本人的同意。调查人的报告如符合（c）款的要求，可以在审理时接纳作为证据。（c）法庭最迟应在开庭审理前 10 天把调查人的报告寄给律师以及没有律师代表的各方。调查人应让律师和无律师代表的各方了解构成调查人的证明材料的数据、报告和根据（b）款规定向调查人所作的分析判断书全书，以及调查人询问过的所有的人的姓名和住址。诉讼各方均可对调查人及他询问过的任何人进行质询。各方在开庭审理前不得放弃质询的权利。"[1]在美国，法院会对部分监护权案件中未成年人与成年人的关系和需求等情况进行评估，调查报告是进行监护评估的重要依据之

---

[1]　北京政法学院民法教研室：《外国婚姻家庭法典选编》1981 年版，第 57–58 页。

一。调查通常提供关于孩子的社会、心理和经济数据，以及关于孩子的父母和其他寻求监护权的成年人的各种信息。调查一般由家事法庭本身的社会服务部门雇用的社会工作者或由法院指派的当地福利署或儿童社会服务机构的雇员进行。在调查过程中，调查人员一般都会对父母和孩子进行采访，向孩子的老师或父母、邻居了解情况，如果发现孩子或父母存在心理或精神方面的问题还会建议让孩子或父母进行心理评估或精神治疗，调查结束后，调查人员将资料汇集在一份书面报告中，其中通常载有他自己关于适当监护人的建议。

三、对美国州法院未成年人参与权的实证考察——来自亚利桑那州的分析

亚利桑那州法院根据 2008 年儿童诉讼联盟的相关规则以及亚利桑那州少年法院规则第 40.1 条的规定，可以任命 CAL 或 CA，并且具体规定了各自的职责和责任，而且亚利桑那州也存在法官听询未成年人制度，所以选取亚利桑那州的情况进行介绍具有代表性。

亚利桑那州的初审法官几乎拥有无限的自由裁量权，可以决定在监护权诉讼中给予孩子多大的优先权以及如何激发孩子的这些权利。参考《统一结婚离婚法》，亚利桑那州制定了《儿童监护权法》，要求法官根据孩子的最大利益来决定孩子的监护权，并列举了一系列法庭需要考虑的因素，包括"孩子对监护人的意愿"。与其他一些州的法律不同，亚利桑那州的法律并没有给予较大孩子的偏好以推定的权重，而是允许法官在每个案件中决定孩子意愿的适当重要性。在亚利桑那州，未成年人的声音通过各种方法被纳入监护、抚养等诉讼程序，包括使用专家证词、当事人各方的证词、

法院发起的监护评估、为未成年人指定律师或诉讼监护人以及接受摄像采访等。

亚利桑那州大学法学院教授芭芭拉·阿特伍德（Barbara A. Atwood）于 2002 年在亚利桑那州法院就监护权诉讼中未成年人参与权的情况做了调查。[①] 调查结果显示，法官在决定给予孩子的意愿多大的权重时，会受到孩子所处环境的高度个性化印象的影响。例如，孩子的认知和心理成熟度的影响，而不是孩子的实际年龄。这表明，为获得孩子的意愿与偏好而设定一个固定的年龄限制可能是不明智的。此外，法官似乎更受孩子表面情绪健康的影响，而不是孩子偏好的感知强度。因此，对未成年人意愿的确定要受到法官对未成年人精神健康看法的影响。

调查还揭示了法官在如何确定孩子们的偏好方面存在的重要差异。亚利桑那州法律允许但不要求审判法官在法庭议事室听询未成年人，此外，关于是否应采用程序保障措施，例如采用摄像机方式与未成年人进行会面时，是否应让其他人在场或是否应做记录，并没有任何明确的要求，这方面亚利桑那州的规定背离了《统一结婚离婚法》对听询未成年人的规定。绝大多数法官从不允许孩子在公开法庭上做证。在摄像机前对未成年人的采访也是最不受欢迎的确定未成年人意愿的方法。超过一半的受访者有过会见未成年人的经历，对大多数法官来说，会见未成年人的决定是个案性的，主要取决于未成年人的具体情况。法官们普遍赞同确定未成年人意愿的其他方法。约三分之二的受访者定期或更频繁地使用心理健康专家，还有一小部分法官利用法院的评估来确定未成年人的意愿。调查显示，其他

---

① 　Barbara A. Atwood, The Child's Voice in Custody Litigation: An Empirical Survey and Suggestions for reform, Arizona Law Review, Vol.45：629，2003，pp.630–690.

不常使用的确定未成年人观点的方法包括指定诉讼监护人提交的报告和代表未成年人的律师的意见书。在高冲突离婚中，法官更有可能下令对子女进行监护权评估或指定诉讼监护人，而不是对子女进行听询或指定律师代表子女。法官对与未成年人进行摄像机采访的实用性与可取性存在严重分歧，法官对于是否应该对摄像机采访进行记录的意见基本上是对等的。三分之一的法官经常在只有孩子在场的情况下进行"非正式"采访，而略多于三分之一的法官要求法庭记录人员将采访内容眷写下来。法官对听询的看法也不一致，尽管法官定期采访孩子的情况很少，但是大约三分之二的法官认为，孩子的表达偏好在法官决定孩子的最大利益时是很重要的证据；大部分法官同意可以通过摄像机采访以加深对未成年人及当事人的了解。在有关未成年人所表达的偏好的可靠性和法官评价未成年人陈述能力的问题上也出现了比例对等的分歧。另外，法官在当事人的程序公平这一核心问题上存在明显的分歧，略多于三分之一的法官认为，如果法官在解决监护权纠纷时是通过没有摄像机记录的采访，当事人的正当程序权利将受到威胁。

GAL 代表未成年人的最大利益向法院提出意见，而且 GAL 与客户之间没有法律约束力或保密性。CA 必须代表孩子的愿望，只要这些愿望不是违法的，而且这种关系具有法律效力，所以这两个角色在法律上是不同的，但在实践中可能不会被如此清晰地进行界定，而且更为复杂的事情是，两者必须遵守亚利桑那州和国家发布的同一套规范和标准。亚利桑那州每个县都有权决定在有关家事诉讼如抚养权案件中为未成年人指定的代表类型。7 个县首先指定 CA，1 个县首先指定 GAL，其余的县将这两者结合起来，或者根据孩子的年龄指定其中一个或者使用其他的类型。在亚利桑那州进行的一项定性调查表明，尽管法律对 GAL 和 CA 做出了不同的规定，但是从目前来看两个角色的职责在本质上是相同的，这两个角色都重视孩子所表达的愿望和这些愿望对孩子生活的影响，都会批判性地思考这些问题并为孩子们担心，他们都希望在诉讼程序中为孩子们导航，并最终希望他们生活在一个最像他们离开的家庭中，但要以安全和适当的方式。最重要的是，所有人都非常认真地对待他们的工作，担心他们对孩子施加权力并代表未成年人行事。① 总之，两种角色都以同样的方式履行了各自的职责，并都注重孩子的愿望和最大利益是最重要的，其共同的目标都是孩子的安全、确保孩子的声音被倾听、保持家庭团结、尽量减少对孩子的痛苦。而履行其职责的挑战也往往是系统性的，包括在涉及未成年人的案件中 CAL 和 CA 面临的心理健康问题、法院不堪重负导致案件积压严重、满足未成年人和家长需求的社区资源缺乏，主要包括心理健康、家庭服务等。在 CAL 和 CA 接受的培训方面也面临着匮乏的问题，"为了在抚养案件中作为 CAL 和 CA 工作，需要获得法律许可并完成为期一天的抚养程序培训，参与与少年法有关的持续法律教育。对于律师来说，需要一些抚养程序的实际经验，在有的州已经将时间降低到一年。……一位 CA 表示，你必须真正了解未成年人的发展、你必须知道关于依赖的研究、关于创伤、药物滥用、心理健康的问题。为了在法庭上发挥效力，你需要建立的是一种真正的多样的知识，才能知道什么是问题，什么是专家等"。② 而这些专业

---

① Jennifer E. Duchschere, Connie J. Beck, Rebecca M. Stahl, Guardians Ad Litem and Children's Attorneys in Arizona: A Qualitative Examination of the Roles, National Council of Juvenile and Family Court Judges, 2017（2），pp.34–51.

② Jennifer E. Duchschere, Connie J. Beck, Rebecca M. Stahl, Guardians Ad Litem and Children's Attorneys in Arizona: A Qualitative Examination of the Roles, National Council of Juvenile and Family Court Judges, 2017（2），pp.47–48.

知识是目前的培训所无法满足的。

第四节 澳大利亚家事诉讼中未成年人参与权之立法

一、澳大利亚家事诉讼概况

在澳大利亚，关于家事诉讼的相关内容主要规定在《1959 年联邦婚姻案件程序法》和 1975 年 6 月 12 日通过的、1976 年 1 月 5 日起施行的《家庭法》（Family Law Act，简称《1975 年家庭法》）中。《1975 年家庭法》是一部实体与程序相结合的法律，其中对家事诉讼的规定可谓相当完备。截至 2002 年 1 月，该法已经历 55 次修正之多，[1] 此后，又经历了多次修正，最近一次是 2018 年通过的第 159 号法案的修正案。[2] 此外，《1995 年家庭法改革法》（*Family Law Reform Act* 1995）、《2004 年家事法规则》（*Family Law Rules* 2004）以及《2006 年家庭法修正法（共同承担抚养责任）》（*Family Law Amendment Act*（*Shared Parental Responsibility*）2006）均有家事诉讼的相关规定，构成了规范澳大利亚家事诉讼的法律体系。

澳大利亚家事诉讼非常重视家庭咨询、家事纠纷调解和家庭顾问的作用。在离婚诉讼中，法院可以命令当事人在诉讼程序开始之前接受专家咨询，促进当事人围绕子女监护人的确定、子女居所的选择、探望权等问题达成有利于实现子女最大利益的合意。对于离婚当事人，咨询专家也会提供心理疏导、督促其思考如何解决子女监护等争议。《1975 年家庭法》和

---

① 陈苇（项目负责人）：《澳大利亚家庭法》，群众出版社 2009 年版，第 7 页。

② http://www.familycourt.gov.au/wps/wcm/connect/fcoaweb/about/. 访问日期：2019 年 7 月 10 日。

1991 年《调解与仲裁法》（*The Mediation and Arbitration Act*）均规定了家事案件调停制度。当事人都将在案件进入审判前提交某种形式的替代争议解决方案，在佛罗里达州甚至将其称为"主要争议解决办法"。[①]在1991年《调解与仲裁法》颁布后，家事调解整合了咨询与调解的功能，在避免诉讼的对抗性、缓解当事人的对立情绪，帮助当事人理性思考子女监护问题等方面发挥了重要作用。调解未成功的案件进入审判程序，由法官对案件进行审理。在审理阶段，法官可以命令家庭法律顾问对案件事实进行调查，听取未成年子女的意见。无论是家庭咨询员、调解员还是家庭法院顾问均是法院的专职人员，而且均是从精通心理学、社会学知识的人员中遴选出来的专家人员，确保了制度设计功能的实现。

二、澳大利亚家事诉讼中未成年人参与权保障之立法

澳大利亚自《1975 年家庭法》颁布以来，始终致力于探索解决因家庭问题导致的子女抚养、监护、探望等案件的解决，并以"子女最大利益原则"为指导保障未成年子女的程序参与，倾听未成年人的声音，以期实现未成年人福祉。澳大利亚设有专门的家事法院审理涉及未成年子女的家事案件。澳大利亚法律改革委员会（Australian Law Reform Commission）在阐述家事法院的优势时指出，设立家事法院考虑的一些重要因素：（1）保护未成年人权利及其福利的必要性；（2）维护婚姻制度的必要性；（3）给予家庭保护和援助的必要性；（4）排除家庭暴力的必要性；（5）协助各方当事人考虑和解或改善彼此以及和子女关系

---

① Patrick Parkinson, The Law of Postseparation Parenting in Australia, Family Law Quarterly. Vol.39. No.2, p.511.

的手段。[①] 对未成年人权利的保护是设置家事法院的重要原因和功能之一。家事诉讼不仅关注家事案件的解决，更注重对家庭关系的调整、修复和治疗，夫妻之间、父母子女之间甚至两个家庭之间因家事纠纷导致情感疏离、关系疏远、亲情破裂。但是，人们越来越清楚地认识到离婚不是家庭生活破裂的一个离散事件，而是一个过程，通过这个过程很多关系发生了变化，但仍需要继续维持下去。为此，家事诉讼放弃了传统的对抗制，而提出了"治疗正义（therapeutic justice）"[②]。"治疗正义"是家事诉讼的核心功能，通过家事诉讼不仅仅要解决纠纷，还要为当事人提供积极的、持久的治疗解决家庭问题的途径以破解家事纠纷带来的家庭功能上的障碍。未成年人是受到离婚等家事纠纷影响最大的主体，也是家事诉讼予以重点保护和关注的对象。"未成年人通常对家庭面临的问题有一定的认识，倾听他们所说的话可以让任何痛苦、焦虑或不确定得到适当的表达和处理。未成年人的参与可帮助他们接受有关他们的决定，并可促进他们迈向成熟和负责任的成年期。"[③]

澳大利亚《1975 年家庭法》在第七章"子女"部分规定了"子女的最大利益"，即第 60CA 条规定："做出养育令须以子女的最大利益为首要考虑因素。在决定是否做出一个特别的子女养育令时，法院必须以子女的

[①] The Honorable Gerald W. Hardcastle, Adversarialism and the Family Court: A Family Court Judge's Perspective, UC Davis Journal of Juvenile Law & Policy, The Regents of the University of California, Winter, 2005. p.76.

[②] The Honorable Gerald W. Hardcastle: Adversarialism and the Family Court: A Family Court Judge's Perspective, UC Davis Juvenile Law & Policy, Vol.9: 1, Winter 2005, pp.57~92.

[③] Anne B. Smith & Nicola J. Taylor, Rethinking children's involvement in decision-making after parental separation The Eighth Australian Institute of Family Studies Conference, Steps forward for families: Research, practice and policy, Melbourne, 12~14 February 2003. p.3.

最大利益作为首要的考虑因素"。[①] 第 60CC 条进一步规定了"法院如何确定子女的最大利益",其中"子女所表达的意见"被规定为法院确定子女的最大利益的因素之一。[②] 根据该条的规定,法院可通过指示家庭顾问向法院提交与诉讼事项有关的报告来知悉子女表达的意见,法院也可以命令律师独立代理子女的利益,或者法院认为合适的其他方法。子女对相关事项表达意见必须建立在自愿的基础上,法院或其他任何人不得强迫子女。

（一）司法听询制度（Judicial interview）

根据 1959 年《婚姻事务法》（*Matrimonial Causes Act* 1959）的规定,州最高法院的法官享有对未成年人进行听询的权力。[③] 随着《1975 年家庭法》的颁布以及适当合格的专业人员参与咨询和争议解决工作中来,这种做法渐渐减少,特别是 1976 年家事法院设立了咨询服务机构,该机构通过专业人员与孩子交谈、评估家庭关系并为法院提供家庭报告,法官对未成年人进行听询的做法很少发生。《2004 年家庭法规则》（*The Family Law Rules* 2004）对法官在法庭上听询未成年人的做法做出了修改,规定法官可以在法庭上听取未成年人意见。同年,儿童个案计划（Children's Cases Programme,简称 CCP）开始在澳大利亚的家事法院进行试点,根据儿童个案计划实践指导（Children's Cases Programme Practice Direction）,在合适的案件中,由法官酌情决定是否听询未成年人,如果法官不愿意听询或

---

① 陈苇（项目负责人）：《澳大利亚家庭法（2008 年修正）》,群众出版社 2009 年版,第 448 页。

② 参见附录［36］。

③ Judy Cashmore, Judicial Conversations with Children in Parenting Disputes: The Views of Australian Judges, International Journal of Law, Policy and the Family, 2007（21）, p.2.

者认为这样做不合适，那么法官就不会进行听询，当然听询通常只能在未成年人同意的情况下进行。家庭和未成年人专家将向法官提供关于未成年人是否希望与法官谈话以及为实现这一点应做出的安排的建议。根据《2004年家庭法规则》第15.02条的规定，如未成年人已有独立代表，在未经独立代表同意的情况下，法官不能进行听询。[①] 有研究表明，有很多非直接抚养未成年人的父母（non-resident）可能会对听询有顾虑。如果有家长反对，那么将对法官与未成年人谈话的完整性造成危险。但是，在某些情况下，法院指定的福利专业人员提供的咨询意见建议法官对未成年人进行听询，即使当事人对此表示反对或持保留意见，这样的情况最有可能发生即认为未成年人直接与法官交流他自己的处境对未成年人自己是有治疗好处的。由于父母的意见和子女的需求可能会处于矛盾之中，法官应该具有与子女谈话的自由裁量权，即使父母持反对意见。法官可指示其他人，如家庭和未成年人专家或者未成年人代表出席。法官应当就案件中涉及的问题咨询相关的报告撰写人或专家。法官将通过家庭和未成年人专家或其他方式提供的关于与未成年人会见的结果的报告来决定是否对未成年人进行听询。此类报告的内容和形式完全由法官根据案件的特定情况、未成年人的最大利益及权衡双方的公平情况来决定。2006年《家庭法》进行了修订，将CCP计划的做法引入了立法之中，规定在了《2006年家庭法修正案（分担父母责任）》中。

在澳大利亚家事诉讼中，司法听询发生的情况非常少。所有与未成年人进行过此类谈话或愿意与未成年人进行此类谈话的法官都一致认为，此

---

① Judy Cashmore, Judicial Conversations with Children in Parenting Disputes: The Views of Australian Judges, International Journal of Law, Policy and the Family, 2007（21）, p.22.

类谈话应是一种特殊做法而非正常做法。司法工作的压力以及存在一种除通过与法官谈话以外的其他方式听取未成年人声音的制度，使得在任何情况下，这种做法都是不常见的。在澳大利亚进行的一次对家事法官的调查中，86% 的家事法官表示，他们从未在诉讼中为确定孩子的观点而会见过孩子。[①] 在澳大利亚发生法官听询的罕见情况下，这些听询通常在不公开的法庭或会议室举行，并在一名家庭顾问在场的情况下举行，该顾问向各方汇报所发生的情况。澳大利亚法官普遍表示，他们不愿意听询未成年人。许多法官认为，听询未成年人可能会为采信未成年人的观点提供有用的依据，使法官比通过其他听取未成年人意见的方法更了解未成年人的需要和最佳利益。但是，正如学者所指出，法官听询未成年人还是存在一些障碍的，"面谈是在一个令人生畏的环境中进行的，面谈者不擅长提问和解释孩子的答案。在这些访谈所花的时间相对较短的情况下，很难充分深入和细致地查明对未成年人愿望的解释、证明和代表未成年人愿望的那些看法。此外，面谈可能被认为违反了法官对事实进行公正审查的规范。法官在询问未成年人时担任调查官的角色也可能损害公正。法官没有接受过与孩子面谈所应具有的技能的相关培训，通常缺乏关于未成年人的认知、语言和情感能力发展差异的知识，因此，即使是经验最丰富的法官也很难把未成年人的反应放在适当的范围内并评估应给予未成年人意见多大的分量。"[②] 澳大利亚法官也对父母可能试图操纵或压迫他们的孩子表示关注。然而，

---

① Michelle Fernando, Family Law Proceedings and the Child's Right to Be Heard in Australia, the United Kingdom, New Zealand, and Canada, Family Court Review, Vol.52 No.1, January 2014. p.49.

② Patrick Parkinson, Judy Cashmore & Judi Single: Parents' and Children's Views on Talking to Judges in Parenting Disputes in Australia. Legal Studies Research Paper. No.07/08, February 2007. pp.3–4.

大多数法官相信，如果他们与孩子们见面，他们将能够确保正当程序原则得到维护。

2005 年，学者 Patrick Parkinson、Judy Cashmore、Judi Single 发起了一项关于未成年人和家长对法官听询的看法的研究。[①] 他们通过家庭律师招募了 47 名未成年人和 90 名家长，访谈内容涉及未成年人对父母离异后居住和接触问题的理解和参与决策。调查表明，孩子们希望做出决定的人听取他们的意见，因为他们想要发表意见并得到承认，他们认为这将导致更好的决策；孩子们希望可以在没有父母知道的情况下向法官陈述；希望法官在没有任何混合信息或误解的情况下确切地知道他们的感受。2018 年，由澳大利亚家庭研究所（Australian Institute Family Studies，简称 AIFS）对离异家庭中未成年人的经历进行了研究，[②] 结果显示的内容与之前的研究相似，未成年人有机会在影响他们的决策中被听取和考虑他们的意见对于未成年人来说是非常重要的，特别是在父母分离后有关子女照顾的事项上。然而，这种愿望却没有得到实现。

（二）独立律师制度（Independent Children's Lawyer）

为未成年子女指定独立的律师（Independent Children's Lawyer，简称 ICL）以查明子女对与诉讼有关的事项的意见也是《1975 年家庭法》在保障未成年子女能够有效参与到家事诉讼中的一项重要举措。ICL 也称为子

---

① Patrick Parkinson, Judy Cashmore & Judi Single：Parents' and Children's Views on Talking to Judges in Parenting Disputes in Australia. Legal Studies Research Paper. No.07/08，February 2007. pp.1-10.

② Australian Law Reform Commission, Family Law For the Future—An Inquire into the Family Law System（2019．3．31），p.169. https：//www.alrc.gov.au/inquiries/family-law-system. 访问日期：2019 年 7 月 15 日。

女代表人（child representative），是为未成年子女设置的独立于父母的法律代表，其作用是将未成年子女的意见提交给法院，促进未成年子女最大利益的实现。

1. 独立律师的适用情形与选任

在澳大利亚，大多数法院审理的亲子案件均涉及为未成年人指定法律代表。《1975年家庭法》在第68L条规定了法院为未成年子女指定ICL的情形，① 第68LA条规定了ICL的作用，② 其立足于实现子女的最大利益，根据已掌握的证据形成独立的见解，同时将诉讼中子女表达的任何与诉讼有关的意见全部传达给法院，所以又把独立律师称为"子女最大利益倡导者（best interests advocate for children）"③。在司法实务中，只有在少量的案件中法院会为未成年人指定ICL，④ 并不是在每一个有争议的未成年人案件中都任命ICL。"在Re K案件中确认了一个一般性规则，即法院将在其认为子女利益需要指定ICL的13种情形，包括涉及虐待未成年人指控的案件、父母之间存在难以解决的冲突、未成年子女似乎与父母一方或双方疏远的情况。这意味着被认为相对简单的案件，未成年子女不太可能获得ICL的帮助。"⑤

ICL是经过专门培训的法律专业人员，由各州和地区的法律援助委员

---

① 参见附录［37］。

② 参见附录［38］。

③ Australian Institute Family Studies. Independent Children's Lawyers Study: Final Report. 2013（5）. p.11.

④ Michelle Fernando, Family Law Proceedings and the Child's Right to Be Heard in Australia, the United Kingdom, New Zealand, and Canada, Family Court Review, Vol.52 No.1, January 2014. p.48.

⑤ Michelle Fernando: Family Law Proceedings and the Child's Right to Be Heard in Australia, the United Kingdom, New Zealand, and Canada, Family Court Review, Vol.52 No.1, January 2014. p.48.

会（LAC）任命。ICL 可能会在三种情况下与未成年人进行接触即：熟悉未成年人、向未成年人解释裁判的结果和过程、为确定未成年人对裁判结果和过程的观点进行咨询。与未成年人进行接触并不是 ICL 的常规做法，其主要取决于孩子的年龄和案件情况。出于谨慎考虑，在为了熟悉未成年人和向未成年人进行解释时，ICL 往往与家庭顾问合作接触未成年人。ICL 由法律援助委员会（legal ail commission）从自己的内部机构中的独立律师中或完成一个时期专门训练的私人从业人员中任命。一般说来，ICL 在诉讼中发挥着三种不同的作用：促进未成年人参与诉讼程序；收集与未成年人的最大利益相关的证据，如安排法律文件或证人传票、收集个人保护令的信息、获取家庭报告；发挥诉讼管理作用，如在诉讼中充当"诚实经纪人（honest broker）"，包括确保诉讼以未成年人为中心的方式进行、鼓励以适当的方式解决纠纷等。ICL 在某个案件上的任命是由法律援助资金提供经费的，虽然在一些州和地区，可以要求父母分摊费用（如果父母没有资格获得法律援助）。

2. 独立律师的职责

ICL 是未成年人"最大利益倡导者"，这意味着 ICL 必须对未成年人的最大利益形成一个独立的观点并据此采取行动。他们不是未成年人的法定代理人，也没有义务按照未成年人发出的任何指示行事。如果未成年人的观点与 ICL 基于未成年人的最大利益形成的观点不一致，ICL 必须向法院传达未成年人的表达。许多孩子感到"最大利益"的主张被边缘化了，实际上这是孩子们的错误理解，他们认为"他们的律师"将代表他们的观点，而不是他们的"最大利益"。ICL 没有义务与未成年人会面，但他们必须确保将未成年人表达的任何意见提交法院。ICL 通常会通过确保未成年人与家庭顾问交谈来履行这一职责，家庭顾问已经确定了孩子的观点并将其纳入报告中。大约 1/5（23%）的案件中有家庭报告，在半数以上（52%）有家庭报告的案件中任命了 ICL，只有 19% 的案件中任命了 ICL 但没有家庭报告。[①]ICL 不受子女观点的限制，其对法院负责。

《独立儿童律师国家指南（2013）》（*National Guidelines for Independent Children's Lawyers* 2013）为 ICL 提供了行为指导并向其他人提供了有关 ICL 作用的信息。指南鼓励 ICL 在任何情况下与未成年人进行会面，除非未成年人未到学龄或与未成年人会面有重大实际限制或存在"特殊情况"，例如正在对性虐待指控进行调查，并且在特定情况下，未成年人有遭受系统虐待的风险，或存在重大的实际限制，如地理位置偏远等。要成为一名合格的 ICL 不仅仅需要具备法律技能，还需要了解未成年人的发展年龄、阶段以及家庭动态。为保障未成年人有机会表达他们的观点，ICL 可以与未成年人进行不同程度上的直接接触，通常是与其他的专业人员如家庭顾问或专家证人共同与未成年人会面，而且常常是那些年龄较大的孩子，通常是 10 岁以上或是更大一点儿的孩子，但是在不同地区也有不同的做法。新南威尔士州要求所有的 ICL 与他所代表的未成年人会面，除非某些特殊情况，根据孩子的年龄，ICL 可能会定期举行面对面会见，让孩子参加这个过程。对于较大的孩子可能会与他们通过电话或电子邮件进行沟通。新南威尔士州法律援助委员会指出，该州的 ICL 经过培训能够单独与孩子会面，第三个人的出现会阻碍建立

---

① 　Australian Institute of Family Studies：Independent Children's Lawyers Study：Final Report （2013）．p.34.

融洽关系并使孩子感到困惑。① 昆士兰州法律援助中心在 2012 年通过了《独立儿童律师最佳实践指南》(*Best Practice Guidelines Independent Children's Lawyers*) 指出在每一个适当的案件中应安排 ICL 与未成年人进行会面。但昆士兰法律援助委员会更倾向于在家庭顾问、家庭报告撰写者或其他与孩子有关的专业人士在场的情况下与孩子会面。因此，在实践中，大多数 ICL 都会与家庭顾问或其他专家共同完成评估报告。②《2004 年家事法规则》第 8.02 条对"未成年人的独立律师"也做出了详细的规定。③

（三）家庭报告制度（Family report）

在澳大利亚，法院最常用的听取未成年人意见的方法就是通过家庭顾问编写的"家庭报告"。家庭顾问在与未满 18 岁的未成年子女相关的照管、福利或成长的诉讼中可以向法院提交家庭报告。家庭报告中应载明子女的意见，除非子女的年龄或成熟情况或者其他的特殊情形不适合探明子女的意见。④"家庭报告"协助法院决定什么对未成年人是最有利的，也可能影响 ICL 的建议，还可以作为庭外谈判的依据。据估计，约 60% 的与未成年人的照顾、福利和发展有关的有争议的事项中都有家庭报告。⑤ 家庭顾问可以是由家庭法院根据《1975 年家庭法》指定的"法庭家庭报告撰写人

---

①   Australian Institute of Family Studies：Independent Children's Lawyers Study：Final Report（2013）. p.41.

②   Australian Institute of Family Studies：Independent Children's Lawyers Study：Final Report（2013）. p.41.

③   参见附录 [39]。

④   参见附录 [40]。

⑤   Richard Chisholm，Children's Participation in Family Court Litigation，Family Law：Processes，Practices and Pressures. Ed. John. Dewar and Stephen Parker. London：Hart Publishing，2003，p.43.

（court-based family writer）"担任，在《1975 年家庭法》中被称为"家庭顾问（family consultants）"；也可以是家庭法院根据《家庭法条例》第 7 条雇佣的私人家庭报告撰写人，无论是哪一种家庭顾问通常都要求是心理学家或社会工作者，他们通常会阅读材料，与孩子和每个家长见面、交谈，观察孩子的活动。调查后他们将准备一份报告，其中必须包括未成年人的观点和家庭顾问对他们认为符合未成年人最大利益的相关事项的建议。

家庭报告是反映未成年人观点的一种常见手段，因此报告必须尽可能准确、全面和公正。报告中反映的主要问题应包括家庭顾问对事实的假设是什么，支持解释或建议的价值判断是什么，家庭顾问向孩子提问的问题说明了什么，面谈是如何进行的，有什么证据表明有来自其他人的影响，比如一个支配性的父母等等。由于报告撰写人的专业知识，家庭报告通常受到高度重视，并具有较强的重要性。法院的最终决定通常与报告撰写人的建议保持一致。家庭报告对法院来说，法院并没有义务接受报告撰写人的建议，法院有责任对家庭报告的建议的分量做出自己的判断，而不是盲目地听从家庭报告的建议。当然，律师也有权利在合理的情况下对家庭报告的建议提出质疑，探索报告撰写人结论背后的假设，并检验从报告中得出的相关结论。一项研究表明，家庭报告发挥了促进和解的作用，有 76% 的案件中的家庭报告得到了法官的采用。[①]《2004 年家事法规则》第 15.04 条对"家庭报告"也做出了具体的规定。[②] 由家庭法院制定的《澳大利亚家庭评估和报告实务标准》为所有报告撰写者提供了最低标准和最佳做法

---

① Michelle Fernando, Family Law Proceedings and the Child's Right to Be Heard in Australia, the United Kingdom, New Zealand, and Canada, Family Court Review, Vol.52 No.1, January 2014. p.48.

② 参见附录［41］。

准则，虽然这个标准并无强制约束力，但在实务中发挥了一定的规范作用。

三、澳大利亚家庭法改革与未成年人参与权之完善

自《1975年家庭法》实施以来，澳大利亚社会发生了很多深刻的变化，家庭的需求也发生了改变，但在过去的40多年里，澳大利亚一直没有对其进行全面的审查，家庭法系统的相关规定已经不能发挥应有的作用，尤其是近年来，涉及未成年人的家事案件增多，如何真正保障未成年人最大利益的落实，如何保障未成年人在家事诉讼中的参与权，成为澳大利亚家庭法改革的动因。对家庭法领域进行结构性和系统性改革在澳大利亚和其他司法管辖区已经达成共识。

2017年8月17日，澳大利亚司法部长发出指示，要求澳大利亚法律改革委员会（Australian Law Reform Commission，简称 ALRC）对家庭法律系统进行审查，并以海伦·罗迪斯（Helen Rhoades）教授为首开展调查活动，同时就现有的与家庭法律系统有关的报告进行审议，其中包括未成年人保护、未成年人支持系统方面的报告。在经历了广泛的情况调查、意见征询的基础上，ALRC 形成了最终的报告《家庭法的未来——对家庭法律系统的调查》（*Family Law For the Future—An Inquire into the Family Law System*），并于2019年3月31日提出。[①] 以下就结合澳大利亚法律改革委员会进行的这次家庭法系统的审查以及最终的调查报告，具体阐述澳大利亚家庭法在保障未成年人权益尤其是参与权方面的一些

---

① Australian Law Reform Commission, Family Law For the Future—An Inquire into the Family Law System（2019.3.31）.https：//www.alrc.gov.au/inquiries/family-law-system. 访问日期：2019年7月20日。

改革做法或计划。

1. 将"保护儿童和弱势群体权益，规范人际关系"作为家庭法律改革的总体原则之一

在《1975 年家庭法》颁布时期，人们认为它的作用主要是处理婚姻各方之间的私法争议。近年来，随着联合国《儿童权利公约》和 1996 年对《家庭法》的改革，澳大利亚越来越关注在家庭法中建立以未成年人为中心的做法。人们越来越认识到有必要考虑未成年人对与直接影响他们的决定有关的各种问题的看法。"应尊重他们作为独立于父母和其他成年人的社会行动者的地位。而我们面临的挑战是找到创造性的方式来实现这一目标。"[1]报告将"未成年人最大利益原则"确立为家庭法的首要原则。报告指出："未成年人的最大利益原则"是《1975 年家庭法》强调未成年人的需要，而不是父母的权利的基础。这符合澳大利亚根据《儿童权利公约》所承担的义务。报告还指出，应简化《1975 年家庭法》中"未成年人的最大利益"的判断因素。《1975 年家庭法》在第 60CC 条对"法院如何确定子女的最大利益"做出了规定，即两个主要的考虑：对孩子有益的父母双方，以及保护孩子免受身体或心理伤害的需要、遭受或暴露于虐待、忽视或家庭暴力的伤害；包括未成年子女所表达的意见在内的 13 个额外的注意事项和其他有关事项。要考虑的因素之多令人困惑，增加了法律成本和延误，而且不一定能抓住与案件特别相关的问题。法律改革委员会认为，不可能或不希望把所有可能与立法中有关育儿安排的各种情况都记录下来。报告建议从最有利

---

[1]　Alan Campbell, The Right to be Heard: Australian Children's Views about their Involvement in Decision-making following Parental Separation. Child Care in Practice, Vol.14, No.3, July 2008, p.252.

于未成年人福利和发展的因素方面进行判断：什么安排最能促进未成年人的安全，包括不受家庭暴力、虐待或其他伤害的安全；未成年人所表达的任何有关意见；未成年人的发展、心理和情感需要；能够与每一个人都保持良好的关系对孩子的好处；父母以及对他们重要的人；每个拟议的照顾者为孩子提供的发展、心理和情感需要的能力；照顾者是否有能力及意愿寻求支援协助他们；与孩子的具体情况有关的任何其他事情。可以看出，对"未成年人最大利益"判断标准的修改始终强调未成年人的意见表达，重视未成年人参与权的实现，特别关注未成年人的发展、心理和情感需求。

2. 完善家事诉讼中未成年人参与权的实现机制

ALRC 指出未成年人显然是家庭法的核心关注。在家庭分离后，他们经常成为父母或其他照顾者之间关于他们的照顾安排的争执焦点。无论如何，家庭法律制度以未成年人为核心，在做出有关未成年人监护、探望等决定时，裁判者始终应当将未成年人最大利益作为最重要的因素予以考量。因此家庭案件的审理不能简单地以他们是当事方的争端为基础，而应以做出的命令是最能促进和保护未成年人为基础。倾听未成年人的声音对于保障未成年人的利益具有根本重要性。

（1）独立律师制度。AIFS 研究发现，ICL 因其在证据收集和诉讼管理中的作用而受到极大重视，通过这种作用的发挥，可能会对在诉讼程序中缺乏重视的未成年人引起一定的关注。然而，这项研究以及其他的一些研究报告指出，未成年人对他们拥有 ICL 的经历感到非常失望。接受 AIFS 研究采访的未成年人表示，需要与代表他们利益的 ICL 进行更多的互动，包括解释法庭的裁判结果以及如何将他们的意见反馈到法庭的决策过程中。而 ICL 不愿与未成年人会面可能主要是由于缺乏对会面目的的明确了解以及缺乏培训或对本身应承担的作用的充分熟悉。来自 AIFS 的调查数据显示，ICL 通常将角色作用集中在证据收集方面，对促进未成年人参与诉讼的作用并不重视，未成年人和其父母更希望 ICL 发挥了解未成年人以促进未成年人参与的功能，而案件管理和收集证据应是 ICL 的辅助功能。国家法律援助组织（National Legal Aid）认为 ICL 在促进未成年人最佳利益方面具有"关键作用"，并强调进行实际的改进，但同时也承认，对这一角色的要求超过了 ICL 的能力，提出是时候"重新考虑"如何分配 ICL 的任务了。

鉴于此，ALRC 提议设立一个新的专业角色即"未成年人倡导者"（Children's Advocate），以支持未成年人参与有争议的诉讼程序，未成年人倡导者的作用主要是告知未成年人家事法律程序的相关信息、支持未成年人表达观点和想法。未成年人倡导者的主要专业知识是社会科学。ICL 的角色功能将重新集中在现有的证据收集和诉讼管理方面。然而，也有反对声音主张这只会导致更多的拖延，更多的成本和延误以及更少的机会获得及时且负担得起的公正，目前已经存在的三种保障未成年人声音的角色功能不够清晰，是否有足够的基础来证明创造新的专业角色与未成年人合作是合理的。国家家庭暴力预防法律事务处（National Family Violence Prevention Legal Service）指出未成年人除可以和家庭顾问、未成年人倡导者和 ICL 接触外，还可以和任何其他顾问或支助服务进行合作，这是可行的，但这也可能会进一步增加家庭压力和复杂性，并对未成年人造成新的伤害。ALRC 在综合以上情况后认为，在已经拥挤的家庭法律体系内的专业服务中引入额外的专业角色可能弊大于利。ALRC 建议在《1975 年家庭法》中规定以确保所有的 ICL 理解他们的义务范围以及这些义务如何与《1975 年家庭法》的总体目标相一致。为保障 ICL 能够为实现未成年人的最大利益而发挥有效性必须有充足的资金支持和持续的培训。

（2）家庭报告制度。法院倾听未成年人愿望的最常见的方式就是通过家庭报告，家庭报告很可能就是未成年人在法庭上陈述他们对问题的任何看法的唯一机会。报告指出，一个研究小组对 2015 年以来的家庭报告进行了分析，没有发现"法庭家庭报告撰写人"和"私人家庭报告撰写人"提交的家庭报告存在质量差异，研究小组建议，为"私人家庭报告撰写人"建立一个"适当而严格"的认证程序，同时"私人家庭报告撰写人"也应该能够得到和"法庭家庭报告撰写人"相同的培训、资源和知识库。ALRC 指出由于"私人家庭报告撰写人"的薪酬较低，而且经常受到投诉，愿意从事这项工作的经验丰富的人员数量也在减少，ALRC 已经确定由总检察长部门（Attorney-General's Department）作为认证机构，开展对"私人家庭报告撰写人"的认证，从而进一步促进家庭报告制度在保障未成年人参与权方面发挥重要的作用。

（3）司法听询制度。在实践中，法官对未成年人进行听询的做法差异非常大。为最大限度地降低法官与未成年人进行听询的风险和最大限度地提高其效益，在司法人员希望这样做的情况下，应当制定司法人员对未成年人进行听询的规则，[1] 针对下列问题做出相应的规范。

在法官是否对未成年人进行听询的问题上，与孩子有关的福利专业人员最有能力决定在法官做出裁决之前或之后让孩子有机会与法官交谈是否

---

[1] Australian Law Reform Commission, Review of the Family Law System（2018）, p.76. https://www.alrc.gov.au/inquiries/family-law-system. 访问日期：2019 年 8 月 2 日。

是有益的。因为法官在与未成年人交谈的意愿方面的差异是非常大的，因此建议如果法官认为会见未成年人是合适的，他应当向未成年人代表或福利专业人员提出该想法，由与未成年人有关的福利专业人员来决定未成年人与法官谈话是否是有益的，除非在紧急情况下，可能寻求福利专业人员的意见是不现实的。另一个原因在于，如果孩子对决策者是认同的和有信心的，那么孩子更有可能接受裁判。如果听询的一个目的是帮助孩子感受到被倾听，从而更容易接受裁决，那么听询应该仅在未成年人要求或同意的情况下发生，无论该听询发生在裁决做出前还是做出后都应该如此。

关于听询的记录问题，应该至少有讨论和报告的录音带，以表明法官和未成年人所说的话。如果在谈话中有问题被提出来，应进行视频或音频的录制。这些材料应向当事人提供，如果可用的设备允许，则最好采用视觉记录。当然，此类设备应尽可能不引人注目，所以在实践中进行录音是比较可行的。

在法官对未成年人进行听询时，福利专业人员（最好是家庭报告撰写人）应出席，除非没有合适的人选。如果没有福利专业人士，那么法官助理或未成年人代表应在场。福利专业人员可与未成年人进行谈话并记录下来，还可以和各方及未成年人代表进行讨论。即使法官更愿意和未成年人直接交谈，福利专业人士也不应仅仅被视为听询的证人和记录人员，特别是当福利专业人士了解孩子，而且能够在促进谈话和确保孩子了解自己想对法官说的话方面发挥有益的作用。

3. 加强家事诉讼中未成年人参与权实现的能力

（1）设立儿童和青少年咨询委员会。ALRC 指出应设立一个儿童和青少年咨询委员会（Children and Young People's Advisory Board）作为家庭法委员会（The Family Law Council）的组成部分，为儿童和青少年提供建议以及关于家庭法系统的政策与实践的相关信息。ALRC 支持儿童参与影响他们的家庭法律事务，以及更广泛地参与监督和改革系统。为儿童和青少年提供参与家庭法体系治理的机制将有助于未来以儿童为中心的政策和实践发展。儿童和青少年咨询委员会将为儿童和青少年提供反馈意见的机会，包括他们对该系统的经验并分享改进意见。儿童和青少年有组织地参与监督和发展家庭法律体系，已经在其他的司法管辖区发展起来。2016 年，南澳大利亚成立了一个青少年家庭法咨询小组（Young People's Family Law Advisory Group，简称 YPFLAG）；维多利亚法律援助署成立了青少年咨询论坛，就改善儿童法律保护服务提供意见和建议；美国国家青年心理健康委员会（National Youth Mental Health Foundation）成立了全国青年参考小组，确保年轻人的声音和观点始终站在前沿。[①]2013 年，英格兰和威尔士成立了家庭司法青年人委员会（The Family Justice Young People's Board，简称 FJYPB），该委员会由 50 多名 7 岁到 25 岁之间的儿童和青少年组成，这些成员要么具有家庭司法的直接经验，要么对儿童和家庭法院有一定的兴趣，能够以儿童为中心促进儿童发出自己的声音。

（2）保障未成年人知情权。家庭法律制度中的可获得的信息是支持未成年人参与其中的重要保障，未成年人应有一个途径能够接触到关于家庭分离过程、家庭法律程序以及相关支持服务的信息，有关的机构应当以适当的形式向适龄未成年人进行公开。新南威尔士州《1998 年儿童和

---

① Australian Law Reform Commission, Family Law For the Future—An Inquire into the Family Law System（2019.3.31），pp.395-396.https：//www.alrc.gov.au/inquiries/family-law-system. 访问日期：2019 年 8 月 2 日。

青年照料和保护法》(*Children and Young Persons Care and Protection Act 1998*)第 10 条明确规定了参与原则，其中第 1 款规定：为确保儿童或青少年能够参与根据本法做出的对其生活产生重大影响的决定，总干事负责向儿童或青少年提供以下信息或机会：(a)以他能够理解的方式和语言提供关于将要做出的决定、部门介入的理由，儿童或青少年参与决策的方式和任何有关申诉机制的充分资料；(b)根据其能力自由表达观点的机会；(c)该儿童或青少年表达意见所需的任何协助；(d)关于如何记录以及考虑其观点的信息；(e)有关该儿童或青少年的任何决定的信息以及对该决定的理由的充分解释；(f)对根据本法做出的有关儿童或青少年的决定做出回应的机会。①

(3)加强家庭法律体系中专业人员的培训。ALRC 注意到对家庭法律体系中专业人员核心能力提升的问题，指出家庭法律体系中专业人员存在的不足和差距，其中就包括对家庭法、未成年人保护知识的掌握情况。一些研究报告也反映出专业人员在与未成年人交流时的问题，如一些律师的做法扩大了当事人之间的冲突，ICL 在引导未成年人讲述他们的经验和观点，并在争议解决期间将这些信息反馈给父母，帮助他们在谈判中关注孩子的需要和最大利益方面缺乏技能等。② 基于此，在报告中，ALRC 把"聘用家庭法系统中有适当技能的专业人员的好处"作为家庭法改革的基本原则，今后将加强家庭法律系统中 ICL、家庭顾问的专业技能的培训。

---

① Patrick Parkinson, The child participation principle in child protection law in New South Wales. The International Journal of Children's Rights, 2001, 9, p.260.

② Australian Law Reform Commission, Review of the Family Law System (2018), p.83. https://www.alrc.gov.au/inquiries/family-law-system. 访问日期：2019 年 8 月 2 日。

第五节　域外立法与实践的经验与启示

对域外有关国家立法的整理与介绍，可以发现，在家事案件的解决过程中，未成年人不再仅仅被视为被动的受害者，而是越来越多地作为行动者和参与者进入到家事司法过程中。域外有关国家都根据本国的传统创建相关制度与程序积极落实未成年人参与权，保障未成年人能够对与自身权益有关的居住安排、教育安排、生活环境、探望等事项发出自己的声音，对我国完善该领域的相关立法具有重要的借鉴意义。

一、域外家事诉讼中未成年人参与权保障机制的比较分析

域外有关国家对家事诉讼中未成年人参与权的保障从不同的程序、制度方面做出了诸多规定。下面就对这些程序、制度进行简要分析与对比评价，希望对我国完善相关立法有一定的借鉴与启示作用。

（一）均赋予未成年人诉讼行为能力，为未成年人行使参与权提供前提

根据《儿童权利公约》以及《第 12 号一般性意见》的规定，凡是有主见的儿童均享有参与权，能够对影响其本人的一切事项自由发表自己的意见，年龄并不是儿童享有参与权的限制因素。儿童表达自己观点的权利并不取决于他们表达成熟观点的能力，只取决于他们形成观点的能力，不管是否成熟。在家事诉讼中，家事案件的解决与未成年人的权益关系重大，各国与地区均从诉讼行为能力上为未成年人行使参与权提供前提保障。

以德国为例，FamFG 的一大特征就是强化了关系人[①] 程序上的地位，扩充了有关程序保障的条款。关系人的概念是 FamFG 为区分当事人的概念而设置的，FamFG 只存在形式意义上的当事人的规定，由此就使关系人概念有了存在的合理依据。未成年人在很多家事诉讼中属于"权利直接受该程序影响的人"，属于关系人的范畴，这就为未成年人行使参与权提供了前提和基础。同时 FamFG 还确认了年满 14 周岁的未成年人在与本人相关的程序中具有参与程序的资格，同时也规定了即使子女未满 14 周岁，但其意愿、偏好等对裁判有重要意义，法院要对子女本人进行听审，这一规定进一步保障了未成年人能够以自己的行为参与到家事诉讼中来，发出自己的声音。在日本，未成年人在通常的民事诉讼中并没有程序行为能力，但是，在家事诉讼中为尽可能地尊重当事人本人的意思，作为例外规定，只要具有意思能力的当事人就可以成为家事诉讼中的当事人，这样，与家事案件有关的未成年人均可以自己的行为参与到家事诉讼中来，对监护安排、探望、抚养等事项发表意见和愿望。在美国，《统一结婚离婚法》将未成年人在家事诉讼中对相关事项的意愿表达作为对家事案件进行裁决的重要依据，而且，并没有在法律当中限制未成年人行使参与权的年龄，而是根据未成年人的年龄、成熟程度等因素进行综合判断，使有主见的未成年人均能进入程序中表达自己的意愿、需求和偏好。

未成年人虽存在身心未臻成熟的客观现实，但是，未成年人仍然是构建自己文化的有能力的行动者，未成年人能够通过自己的行为与社会发生互动。家事案件具有明显的身份性，需要查明权益受到影响的利益相关人

---

① 　参见附录［42］。

的真实意愿，赋予未成年人诉讼行为能力能够保证未成年人在家事诉讼中充分表达自己的意愿、观点和偏好，尤其是在未成年人的法定代理人无法有效维护未成年人权益时，赋予未成年人诉讼行为能力能够使其破除表达障碍，向法院传递自己的声音。以上域外的相关规定建立在对未成年人身心发展的科学认知的基础上，值得我国学习和借鉴。

（二）普遍适用程序辅助人制度[①]，探求未成年人的真意表达

在家事诉讼中，未成年人的利益极易受到忽视或出现与法定代理人的利益冲突的问题，未成年人在监护权案件、抚养权案件、探望权等案件上的意见、愿望和需求也因此极有可能无法获得表达，因而，很多国家均针对以上问题设立了探求未成年人的真实想法，使未成年人能够充分行使参与权的程序辅助人制度。程序辅助人独立于未成年人，独立于亲权人或监护人，也独立于法官，其以独立和开放的立场来倾听未成年人的声音，对什么是符合未成年人最大利益做出独立评估并传递给法院，已成为目前家事诉讼领域保障未成年人参与权，实现未成年人最大利益而适用最广泛的制度。

尽管程序辅助人制度在不同国家适用的家事案件的范围有所不同，但涉及未成年人的监护权案件、探望权案件、抚养权案件等身份型家事案件均适用该制度。在美国，涉及未成年子女虐待或忽视案件中的安置事项也要为未成年人指定诉讼监护人。程序辅助人制度与其他保障未成年人参与权得以实现的制度共同发挥"脚手架"的作用，为未成年人提供实现参与

---

① "程序辅助人"制度是德国立法中采用的称谓，这种制度在日本被称为"程序代理人"制度，在美国称之为"诉讼监护人"制度，在澳大利亚称之为"独立律师"制度。

权的支撑条件。同时，程序辅助人制度以促进实现未成年人最大利益为宗旨，在探求未成年人真实意愿，主张有利于实现未成年人最大利益的观点方面显示出其他制度所不具有的优势。

首先，域外有关国家均对程序辅助人规定了较高的任职条件。在德国，尽管立法对程序辅助人的资格没有做出明确的规定，由法官自由裁量确定，但是能够成为程序辅助人的一般是法律专业人士或懂得心理学、医学或社会学的专业人士，并由相关团体对其开展培训以提高专业技能。在日本和美国，担任程序辅助人的可以是律师，也可以是非律师，如果是非律师，要求具有相关专业知识或职业素养。在美国，出于要为律师支付高额费用的压力以及很少有律师愿意付出大量的时间对孩子生活中的所有情况进行彻底的调查，所以担任未成年人诉讼监护人的多数是社会工作者或临床心理学专业的志愿监护人，而且国家往往会为其提供充足的培训以保障其能够胜任工作。其次，程序辅助人独特的诉讼地位保障了其能够出色完成职能。程序辅助人在程序上与实体上均不受未成年人表达的约束，其向法院主张的观点是基于未成年人的最大利益的考虑，这也是程序辅助人制度优于家事调查官制度之所在。家事调查官制度的设置旨在缓解法院直接调查事实的困境，其职能是把握未成年人的意愿，将未成年人的意愿、观点传递给法院即完成了使命。而程序辅助人是站在实现未成年人最大利益的角度，提出有助于实现未成年人福祉的主张，而这种主张可能与未成年人的观点、偏好不同。最后，程序辅助人能够运用专业、多元的方法探求未成年人的真实意愿。要准确把握未成年人的意愿需要程序辅助人了解未成年人的生理、心理等特征，掌握与其沟通交流的技巧和能力。基于此，很多国家均为程序辅助人提供了系统全面的专业培训。程序辅助人通常会与未成年人进行较长时间的相处，以便了解未成年人的主要依恋关系；采访与未成年人和其家长接触的人，比如老师、儿科医生、牧师、邻居和朋友等；必要时程序辅助人还会寻求心理医生的帮助来对未成年人进行心理测试，或者向更了解未成年人的精神病学家寻求帮助。总之，未成年人的程序辅助人以实现未成年人最大利益为宗旨，通过与未成年人的接触、沟通、交流以及对其他相关事实的调查，引导未成年人表达自己真实的意愿与偏好，降低诉讼可能对未成年人造成的伤害，提高未成年人对程序的参与度，从被倾听的程序中获得情感上的益处，促进未成年人最大利益的实现。

（三）规定法院听取未成年人意见制度，作为其他制度之补充

法院听取未成年人意见制度在域外有关国家的立法中均有规定，德国FamFG称之为"对未成年子女本人的听审"；日本《家事事件程序法》称之为"家事审判程序中子女意思的理解"；美国《统一结婚离婚法》称之为"听询（interviews）"制度；澳大利亚《2004年家庭法规则》称之为"司法听询（judicial interview）"制度。德国、日本的立法中虽然确立了该制度，但是相关规定非常粗糙，在司法实务中很难指导法院进行具体的程序操作。在美国、澳大利亚的家事诉讼中，适用法院听取未成年人意见制度的情况比较少，一般是在保障未成年人参与权的其他制度不能发挥作用时才予以采用，同时，无论是实务界还是理论界虽然认为法院能够通过该制度了解未成年人的意愿，但是这种做法与正当程序存在较大冲突，对未成年人也会造成一定的伤害，因而适用的情况比较少，也是争议比较大的一种制度。

1. 法院听取未成年人意见制度的功能

对司法裁决的功能。听取未成年人意见的法院认为这样做可以使法院直接倾听未成年人的声音，并且可以和未成年人讨论他们的观点，这对于做出最后的裁决是有益处的，而且可以给家庭报告增添"色彩"，也就是说通过听取未成年人意见能了解家庭报告所无法体现的未成年人的遭遇、情感和愿望的强烈程度。

对推动程序的功能。在采用其他探求未成年人想法、愿望的制度不可行时，由法院与未成年人进行司法对话是一个可行的做法。"对于一个资源有限的乡村小镇的巡回法院来说，不可能请福利专业人员对卷入父亲和祖父母之间纠纷的女孩进行采访；在母亲病入膏肓的情况下，面临着时间紧迫的问题，这些都制约了法院听询的进行。"[①] 法院与未成年人进行直接对话的另一种适当情形是问题有限，不值得花时间和费用编写一份完整的家庭报告。"在这样的案件中，涉及 3 名未成年人，分别是 16 岁、14 岁和 8 岁。父母分居三年半左右，三个孩子和母亲居住在一起。母亲允许 16 岁的儿子随时与父亲见面，但严格限制年幼的两个孩子与父亲见面。基本的安排是父亲每隔一个周末和学校假期可以看望孩子。然而，母亲不允许他们在父亲家过夜，坚持让他们周六下午回家，也不能让朋友去父亲家。父亲的解释是孩子的母亲想控制他和孩子。孩子与父母双方相处得很好，父母双方都没有抱怨对方的育儿能力。在这样的案件中如果要求提交家庭报告，大约需要两个月的时间，而根据当时的情况是不适合推迟的。"[②]

---

①　Judy Cashmore, Judicial Conversations with Children in Parenting Disputes: The Views of Australian Judges, International Journal of Law, Policy and the Family, 2007（21）, p.12.

②　Judy Cashmore, Judicial Conversations with Children in Parenting Disputes: The Views of Australian Judges, International Journal of Law, Policy and the Family, 2007（21）, p.13.

在家庭报告已经无法反映最新的未成年人及家庭情况时，法院可以直接会见未成年人以获得最新的信息，掌握未成年人意愿的变化。

对未成年人的治疗功能。从长远来看，参与决策可以被看作是未成年人发展的一个步骤，使他们为将来做出更严肃的决定做好准备。在短期内，参与决策可以缓解未成年子女必须经历痛苦程序的情况。对未成年人来说，直接与法官交谈可能是一种宣泄或者治疗。让孩子感受到被倾听是尊重孩子的一种方式。

2. 反对法院听取未成年人意见制度的理由

法院听取未成年人意见制度会引起对决策质量的风险。一些法官表示他们没有能力采访孩子，缺乏相关的技能可能导致他们对孩子的最佳利益做出错误的决定。一位法官讲述了依靠自己对孩子的观察而不是咨询小组的观察可能会发生的危险。"在本案中，父亲有住所，在一次探望后母亲没有归还两个孩子，一个9岁的女孩儿和一个12岁的男孩儿。后因孩子的探视案件再次提交到法院。法官要求第二天把孩子们带到法庭上，并命令他们回到父亲的身边。命令做出后，父亲去法院外见孩子们。几分钟后，9岁的女孩儿冲进法庭，对法官大喊大叫说：你为什么不听我说？我不想回家。她又跑到母亲身边，冲着母亲大喊大叫。法官叫来了法院的咨询人员，咨询人员和女孩儿及母亲进行了交谈。大约15分钟后，女孩儿平静下来，她说假如她能和她的爸爸一起回家一切都会好起来的。"[1]法官对此评论说："女孩的表达可以作为一个证据，她有一个强烈的愿望不想回到父亲的身

---

① Judy Cashmore, Judicial Conversations with Children in Parenting Disputes: The Views of Australian Judges, International Journal of Law, Policy and the Family, 2007（21）, p.6.

边。在熟练的咨询人员的帮助下，危机得到了化解，孩子能够和父亲一起回家，她的焦虑得到了缓解，而法官则缺乏这样的能力。"[①]

法院听取未成年人意见制度会引起决策过程的风险。与正当程序的冲突是法院听取未成年人意见的主要障碍。即使是该制度的支持者，也没有人认为法院可以在不让争端当事各方了解谈话内容的情况下在法庭议事室与未成年人谈话。根据正当程序的要求，当事人有权知道法院做出裁判的依据，有机会提出证据、对证据进行质证；法院不能在保密的情况下接受孩子所说的任何话。不应进行秘密的交流是正当程序的一个基本原则。法院参与证据的收集过程，不再是中立的决策者来对当事人进行评估，这可能会引起父母的怀疑和不满，因为父母没有出席法院与未成年人的谈话过程，父母的诉讼权利受到了侵犯，他们也无法反驳孩子的陈述。

法院听取未成年人意见制度会引起对未成年人的风险。孩子可能会被父母操控而提供不准确的信息，也可能会在与法官会面之前或之后经历来自父母的内疚、压力或报复。对孩子来说，到法庭去见法官是一种"人工环境"，如果法官在与未成年人会见之前没有得到充分的培训，他们可能无法可靠地探究未成年人的观点和感受，糟糕的会面技巧可能会使孩子受到这种经历的创伤。

正是对该制度的不同认识，在不同的国家与地区，甚至在同一个国家内，对法院直接听取未成年人意见的适用上存着很大的差异，目前来看，这种做法基本上是作为其他制度的补充适用而存在的。

[①]　Judy Cashmore，Judicial Conversations with Children in Parenting Disputes：The Views of Australian Judges，International Journal of Law，Policy and the Family，2007（21），p.6.

（四）广泛适用家事调查官制度，协助法院调查事实

当今，家事案件的数量在全世界范围来看都呈增长的趋势，大多数家事案件均涉及未成年人权益保护也是各国普遍面临的共同问题。未成年人权益的公益性以及家事案件的身份性都要求裁判者不能如同审理财产型案件那样消极被动，而要依据职权充分掌握未成年人的意愿，了解未成年人在关涉监护人的变更与确定、直接抚养人的确定、收养人的确定、探望的时间与方式等重大权益事项上的意愿和偏好，以做出有利于维护未成年人情感需求、心理需求的符合未成年人最大利益的裁判。家事调查官制度作为协助法院发现事实的专门制度被各国广泛采用，日本、美国的法律中均直接设立了"家事调查官"制度或"调查和报告"制度，澳大利亚则称为"家庭报告"制度。

从以上国家有关家事调查官制度的立法与实践可以看出，涉及未成年人权益保护的家事诉讼是适用家事调查官制度的重点领域。家事调查官制度在畅通未成年人行使参与权，实现未成年人权益方面具有显著的优势。首先，在家事调查官适用的家事案件的范围上，对未成年人权益影响重大的家事案件基本上均要求适用家事调查官制度，具体包括指定亲权人案件、确定监护人案件、确定抚养人案件、探望权案件等，有的国家还在更广泛的领域充分发挥该制度的作用，如澳大利亚，"与儿童的照顾、福利和发展有关的儿童事务"中广泛适用家庭报告制度。其次，为准确把握未成年人的意思，探明未成年人的情感需求和心理需求，从纷繁复杂的家事纷争中剥离出影响未成年人权益保护的各种事实因素，各国与地区对家事调查官的任职条件均设置了较高的要求。再次，家事调查官的调查事项广泛，利于引导未成年人表达意愿，为做出符合未成年人最大利益的裁判提供全

面的依据。家事案件是否获得妥适解决要进行综合判断，不能仅仅局限于当事人或关系人的诉讼请求是否得到支持的单一判断标准，这是因为家事案件以身份关系为基础，在涉及未成年人的家事诉讼中，未成年人与监护人、亲权人的感情需要得到维系，未成年人需要从监护人、亲权人处获得成长过程中的持续关爱、教育与照顾，这需要法院更加关注未成年人的情感需求和心理需求，探知未成年人对未来居住、教育、生活的真实意愿和偏好，如果法院缺乏对这些心理事实和生活事实的掌握，那么做出的裁判必将是冰冷的，脱离未成年人需求的，无助于未成年人的成长与发展。在此情况下，家事调查官有必要把握未成年人的意愿，调查未成年人的心理状态、情感需求，未成年人与监护人、亲权人之间的关系状态、监护人的监护能力等事项，从而为法院做出妥适之裁判提供全面的依据。最后，家事调查官的调查方法专业，利于未成年人参与权的实现。家事调查官往往运用一系列符合未成年人身心特点的方法获知未成年人的意愿与偏好，他们可以与未成年人进行会面，通过交流了解子女的意思。家事调查官一般不使用直接询问方式与未成年人进行交流，例如，一般不直接询问子女想和父母哪一方生活，而是利用漫画、游戏等方式了解子女对父母的情感，其有权请求对子女进行心理测试，但一般要征得父母的同意。在日本，在家事案件审理的期日，如家庭裁判所认为有必要还可要求家事调查官出庭陈述意见，以将未成年人的意见能够全面完整地呈现于法庭。总之，通过家事调查官制度能够促进未成年人表达自己的想法，为家事案件的解决提供全面的依据。

二、域外家事诉讼中未成年人参与权保障机制对我国的借鉴意义

（一）均以未成年人最大利益为目标，保障未成年人参与权的实现

与未成年人有关的家事案件的裁决从根本上将影响未成年人和他们的照顾者之间的亲密关系，并决定未来生活的方向，可以说，对未成年人权益的影响巨大。未成年人的最大利益是未成年人福利服务和家庭法院在决定未成年人命运时所依据的标准，也是要实现的终极目标。

在域外国家有关未成年人权益的家事法律中，未成年人最大利益原则或作为一项基本原则予以明确规定，或作为立法理念体现在法律规范的始终。同时，在家事诉讼领域，为保障未成年人最大利益的实现，均规定了落实未成年人最大利益的具体制度或程序，其中都把保障未成年人参与权，倾听未成年人的意见和愿望作为衡量未成年人最大利益的一个重要因素，旨在维护未成年人的身份利益、人格利益、情感利益，力争将家庭关系的破裂和家事诉讼对未成年人的伤害降低到最小，以最大化地实现未成年人福祉。

1989 年英国《儿童法》明确规定解决儿童问题的四大基本原则：儿童最大利益原则、儿童福利清单原则、无令推定原则和不拖延原则，其中儿童最大利益原则是解决儿童事务的主导原则。[①] 在美国，《统一结婚离婚法》也对"子女的最大利益"进行了明确的规定，其中要求把子女对监护人人选上的愿望作为判断子女最大利益的因素之一。澳大利亚《1975 年家庭法》在第七章"子女"部分规定了"子女的最大利益"，即第 60CA 条规定，

---

① 高伟：《未成年人监护制度之公法化变革趋势》，载陈苇主编：《家事法研究》，群众出版社 2010 年版，第 316–317 页。

"做出养育令须以子女最大利益为首要考虑因素。在决定是否做出一个特别的子女养育令时，法院必须以子女最大利益作为首要的考虑因素"。[1]《德国民法典》第 1671 条[2] 强调家事法院在决定亲权归属时，要符合子女的最大利益；第 1697a 条[3] 明确要求法院要以最符合子女最大利益原则对涉及未成年子女的事项做出裁判。也正是出于对未成年人最大利益的追求，在家事诉讼中，以上国家均设置了较为完善的探求未成年人真实意愿的参与权实现机制。

（二）均构建多元化的制度保障未成年人参与权的落实

本章选取了大陆法系和英美法系各具代表性的几个国家，就家事诉讼立法与实践进行了具体介绍，可以看出，这些国家均建立了多元化的制度来保障未成年人参与权的具体落实，并且不同的制度之间互相支持、互为补充，为未成年人参与权的实现提供全面的保障系统。

以日本为例，未成年人在通常的民事诉讼中是没有诉讼行为能力的，不能自行做出诉讼行为，但是考虑到家事案件均以人身关系为基础，此类家事案件的解决应尽可能地尊重当事人本人的意思和愿望，只要未成年人对关涉自身权益的事项有意思能力，就应当尊重未成年人自身的意愿，承认其具有诉讼行为能力。日本《人事诉讼法》对此进行了确认，未成年人在家事诉讼中只要可自行表达意愿就具有程序行为能力，无须法定代理人代为完成诉讼行为。为使法官能够直接与未成年人交流，保障未成年人的

---

① 陈苇（项目负责人）：《澳大利亚家庭法（2008 年修正）》，群众出版社 2009 年版，第 448 页。

② 参见附录［43］。

③ 参见附录［44］。

意愿和偏好直接传递给法官，《人事诉讼法》规定了于指定子女监护人处分或其他与子女监护相关的处分的裁判或指定亲权人的裁判时，若子女为15岁以上时，则应听取其意见。日本《家事事件程序法》在第二编"家事审判程序"的第一章"总则"中直接规定了"家事审判程序中子女意思的理解等"中，法官直接听取未成年人的陈述。同时在《家事事件程序法》第二编"家事审判程序"的第二章"家事审判案件"中，分别对涉及未成年人权益的家事审判程序中，需要听取未成年人陈述的情形又单独做出了规定。据此，只要家事审判的结果可能会对未成年人产生影响，法院就应该听取未成年人的陈述，无论其年龄如何，以充分把握未成年人的真实意思。此外，《家事事件程序法》还确立了程序代理人制度。在有关未成年人的家事案件中，未成年人权益的保护需要从未成年人的角度出发，充分把握他们的心理状态、对父母持有的情感、对未来生活的希望等方面，而不能完全依靠父母、亲权人、监护人的传递。在父母对立激烈的案件中，子女有时受到"忠诚冲突"的影响很难表明或者适当表明自己的真实想法，法律规定经过法院许可后未成年子女可以参加诉讼程序的情况下，有必要为纠纷所涉未成年子女配置程序上的代理人，以使其真实的个人意见能够进入诉讼程序。程序代理人制度就是立足于未成年人最大利益，通过专业人士来探明未成年人的处境、愿望和需要并向法院进行主张，以保障未成年人的声音能够进入诉讼程序之中。最后，日本《人事诉讼法》立足恢复家庭关系，旨在从科学、专业的角度探求家事案件背后的原因与冲突等事实而设置了家事调查官制度。家事案件妥适解决的关键就是看未成年人是否有效参与到了家事诉讼中，是否发出了自己的声音，是否实现了利益最大化。家事调查官往往通过与案件所涉子女会面，交流了解子女的意思。

由于家事调查官具有临床心理学、社会福祉学、心理学等专业背景，而且掌握与未成年人交流沟通的技巧，在获知未成年人意愿方面具有突出的优势，在家事案件审理的期日，家事调查官还可以出庭陈述意见，将未成年人的意见全面完整地呈现于法庭。诉讼行为能力的赋予为未成年人参加诉讼提供了前提条件，法院听取未成年人意见制度、程序代理人制度和家事调查官制度则从不同角度为未成年人行使参与权提供了保障，可以说，多元的制度安排为未成年人参与权的落实起到了全面的支撑与保障作用。

（三）家事诉讼中未成年人参与权的行使旨在实现实质性参与

如前所述，随着对未成年人权利主体身份的认识，以积极肯定未成年人的价值和权利特征的未成年人发展理论开始兴起。根据罗杰·哈特的"儿童参与阶梯理论"，儿童参与分为两个层次即"非参与"和"实质性参与"，根据儿童参与权实现的程度又可以将儿童参与分为 8 个等级。在"非参与"层次中，儿童或处于"操纵""装饰"或处于"象征主义"的境遇，在决策过程中无法以独立权利主体的身份融入进来，孩子仅仅被作为决策过程的客体，即使表面上被赋予发表意见的机会，但孩子也许根本没有被告知决策的主题，其想法也不会对决策的结果有任何影响。在实质性参与模式中，成年人将提前告知孩子决策的目的、程序等相关信息，甚至为孩子提供咨询帮助，以使未成年人能够表达自己的观点和意见，并且能够获得尊重和考虑。由此可见，未成年人要在决策过程中实现实质参与，需要对相关信息有了解、需要成年人提供适当的协助，其表达的意愿和观点对决策能够起到一定的影响或成为决策者的参考。

从以上介绍的有关国家关于家事诉讼中未成年人参与权的立法与实践

来看，均是追求未成年人的实质参与，希望通过未成年人自己发出声音对未来生活的安排、亲子关系等与自身利益密切相关的事项产生一定的影响。

首先，赋予未成年人知情权。"未成年人能够参与的基本先决条件是，他们知道将要发生什么以及为什么会发生。在大多数情况下，不论年龄大小，他们都应该得到计划的简要信息。如果是这样的一些信息则更好：（1）这些信息能更大程度上适应未成年人的需要；（2）能够经常提供不同的替代方案；（3）孩子能够有机会安静地思考和提问；（4）孩子们被问及他们对事项的看法。"[1] 当事人包括未成年人应该有权了解诉讼进程、法院的审理活动、与案件有关的事实情况、诉讼权利义务内容及法律依据等与自身利益有关的信息，这样便于未成年人根据家事案件的情况发表自己的意愿、需求和偏好。德国 FamFG 第 159 条规定，"以不影响子女之发展、教育或健康为限，法院应以适当的和子女年龄相适的方式，告知子女有关程序的情况。"未成年人如果能够在法院做出决定之前被告知与诉讼程序有关的事实与信息，这将有助于他们理解程序进行的目的，也有助于他们做出自己的决定，而不仅仅是以一种装饰的身份参加到诉讼中来，导致其自身的想法被成人世界忽视或淹没。其次，未成年人享有意见陈述权。德国 FamFG 第 37 条规定："裁判会损害关系人权利的，对于该裁判所依据的事实及证据调查结果，应听取该关系人的意见。"审判人员做出裁判的所有事项，均以保障当事人的意见陈述权为前提。尽管对未成年人意见陈述权的保障并不代表未成年人所希望之结果均能获得满足，但未成年人的程序参与和意见表

---

[1] Ingrid Runeson, Inger Hallström, Gunnel Elander, Göran Hermerén: Children's Participation in the Decision-Making Process During Hospitalization: An Observational Study, Nursing Ethics 2002, 9（6）, pp.596-597.

达不但有助于决策者了解其现实处境,更是确认未成年人乃有权对与其有影响之事宜发表意见并获得重视的主体权利的必要条件。以上各国家均规定了多元的程序与制度以落实未成年人参与权,就是希望克服未成年人身心未臻成熟的局限,使未成年人通过外在的制度支持发出自己的声音。从程序保障的角度来看,尊重未成年人的意见陈述权能够防止突袭裁判,增强未成年人对裁判结果的认可。最后,法官负有审酌义务,给予未成年人的意见、愿望和偏好以充分的考量。日本《家事事件程序法》第6条明确要求家庭裁判所"应依据子女的年龄以及发育程度,充分考虑其意思"。这样的规定体现了法官对未成年人主体性和独立性的充分尊重,如果法官对未成年人的陈述置之不理,那么未成年人的参与权则形同虚设。

在家事诉讼中,倾听未成年人的声音既是尊重未成年人权利主体地位的内在要求,也是程序保障的应有之义。域外有关国家相关立法与实践立足于未成年人身心发展规律,搭建了系统完善的参与权实现系统,值得我国学习借鉴。

附录

［1］第9条 程序能力

（一）下列主体具有程序能力:

1. 依《民法典》有行为能力的;

2. 依《民法典》为限制行为能力,但就程序所涉事项而言,依《民法典》被认为有行为能力;

3. 年满十四周岁的限制行为能力人可以在与本人有关的程序中,主张其根据民法享有的权利,并且以此为限,具有参与程序的资格;

4.本法或其他法律所规定的其他人。

（二）无行为能力人或欠缺程序能力的限制行为能力人，应由民法上指定的人代替其参加程序。

（三）协会或机关由其法定代表人或直接责任人代表参与程序。

（四）法定代表人的过失等同于关系人的过失。

（五）准用《民事诉讼法》第53条至第58条的规定。王葆莳、张桃荣、王婉婷译注：《德国〈家事事件和非讼事件程序法〉》，武汉大学出版社2017年版，第8页。

[2]第159条 对未成年子女本人的听审

（1）子女年满14周岁的，法院应对子女本人进行听审。程序仅涉及子女之财产、且从所涉事项类型来看无须亲自到场的，可以不对本人听审。

（2）子女虽然未年满14岁，但其偏好、个人联系和意愿对判决有重要意义，或基于其他原因而有必要出庭的，应对子女本人进行听审。

（3）必须出于重大原因，法院才能违反第1款和第2款关于本人听审的规定。因紧急危险未能进行听审的，应于危险消除后立即补行。

（4）以不影响子女之发展、教育或健康为限，法院应以适当的、和子女年龄相适的方式告知子女有关程序的情况。应给子女提供表达意见的机会。法院依照本法第158条指定程序辅助人的，应在程序辅助人在场的情况下对子女进行询问。其他情况下，法院可依据自由裁量权决定询问子女本人的行使。王葆莳、张桃荣、王婉婷译注：

《德国〈家事事件和非讼事件程序法〉》，武汉大学出版社 2017 年版，第 74-75 页。

［3］第 156 条 促成协议

（三）在涉及子女居所、探望权和交还子女的亲子关系事件中，当事人在第 155 条第 2 款规定的期日未能达成一致的，法院应与关系人及青少年福利局就签发暂时命令交换意见。法院命令关系人参加咨询或者进行鉴定的，在涉及子女探望权的亲子关系案件中，法院应通过暂时命令规定或剥夺探望权。法院在签发暂时命令之前应当对子女本人进行听审。王葆莳、张桃荣、王婉婷译注：《德国〈家事事件和非讼事件程序法〉》，武汉大学出版社 2017 年版，第 72-73 页。

［4］第 175 条 调查期日；对本人听审

（一）法庭在进行证据调查之前，应就血缘关系事件进行法庭调查。法院应命令有程序能力的关系人亲自出庭。

（二）法庭在判决替代同意进行亲子鉴定和命令容忍采样（《德国民法典》第 1598a 条第 2 款）之前，应对父母双方以及年满 14 周岁之子女进行听审。法庭也可以对未满 14 周岁之子女本人进行听审。王葆莳、张桃荣、王婉婷译注：《德国〈家事事件和非讼事件程序法〉》，武汉大学出版社 2017 年版，第 82 页。

［5］第 192 条 对关系人的听审

（一）在收养子女或解除收养关系的程序中，法院必须要求收养人和被收养子女本人都到庭接受听审。

（二）其他情况下，应当要求关系人到庭接受听审。

（三）未成年关系人参加审理可能不利于其发展、教育或健康的，或因其年幼而不能指望通过听审确定其意愿的，可以免除对未成年关系人的听审。

第 193 条 对其他人的听审

在收养事件的程序中，法院必须对收养人的子女和被收养人的子女进行听审。准用第 192 条第 3 款的规定。王葆莳、张桃荣、王婉婷译注：《德国〈家事事件和非讼事件程序法〉》，武汉大学出版社 2017 年版，第 88 页。

[6] 第 1626 条 父母照顾、原则

（1）父母有照顾未成年子女的义务和权利（父母照顾）。父母照顾包括对子女的照顾（人身照顾）和对子女的财产的照顾（财产照顾）。

（2）在抚养和教育时，父母考虑子女不断增长的能力和子女对独立地、有责任感地实施行为之不断增长的需要。依子女的发展阶段系适宜的为限，父母与子女商讨父母照顾的问题，并力求取得一致意见。

（3）双亲的交往通常属于子女最佳利益。维持子女同与之有联系的其他人的联系有益于其发展的，子女与其他人的交往亦同。陈卫佐译注：《德国民法典》（第 4 版），法律出版社 2015 年版，第 502 页。

[7] 第 50 条

1. 为维护未成年子女的利益，法院可在与未成年子女有关的法律程序中指定一名程序保护人。

2. 出现下列情况时应当为未成年人指定程序保护人

（a）未成年人的利益与其法定代理人的利益发生重大冲突；

（b）根据德国民法典第 1666 条（危害子女利益）和第 1666a 条（停止亲权）而威胁到未成年人的福利采取的措施有关的法律程序中，该措施涉及将未成年人与其家庭分离或剥夺人身照护的；

（c）涉及与养父母（民法典第 1632 条第 4 款）或配偶、共同生活者或探望权人分开时（民法典第 1682 条）。

在这种情况下，法院若不任命程序保护人，则必须在与未成年人有关的决定中说明理由。

3. 如果律师或其他合适的代表人能适当地代表未成年人的利益，对任命即可免除或撤销。

4. 在下列情况下任命应当被终止，除非之前已经撤销：

（a）终结程序的裁判发生了既判力时；

（b）程序以其他形式结束时。

5. 程序保护人的费用和报酬准用第 67 条第 3 款的规定。Manuela Stötzel* And Jörg M. Fegert, The Representation Of The Legal Interests Of Children And Adolescents In Germany：a Study Of The Children's Guardian From A Child's Perspective, International Journal Of Law, Policy And The Family 20, （2006）, P.202.

［8］第 158 条 程序辅助人

（一）在涉及未成年子女人身的亲子关系事件中，以保护子女利益为必要，法院必须为未成年子女指定合适的程序辅助人。

（二）在下列情况下，法院必须指定程序辅助人：

1. 子女和其法定代理人存在明显的利益对立；

2. 在依照《民法典》第 1666 条和第 1666a 条进行的程序中，有可能部分或全部地剥夺父母一方对子女的人身照顾权；

3. 可能导致子女与目前共同生活者分开的；

4. 在程序标的为交还子女或留下命令的程序中；

5. 有可能剥夺或严重限制探望权的。

（三）应当尽早确定未成年人的程序辅助人。程序辅助人经指定而作为关系人参加程序。在第 2 款规定的情形下，法院若没有为未成年人指定程序辅助人，应在最终裁判中说明理由。对法院指定程序辅助人、撤销指定、不予指定的裁判本身不得声明不服。

（四）程序辅助人应确认子女的利益并在法院程序中加以主张。辅助人应以适当方式将程序标的、程序进程以及可能的结果等信息告知子女。根据个案需要，法院还可以要求辅助人完成其他任务，或与父母及其他与子女相关的人交流沟通，以及协助达成和解协议。法院应确认委任的类型和范围，并说明委任理由。程序辅助人可以为子女利益而提出抗告。程序辅助人并非子女的法定代理人。

（五）已有律师或其他适格程序代理人代表子女主张权益的，无须另行指定程序辅助人，已经指定的，应予撤销。

（六）指定未被撤销的，在下列情形下终止：

1. 程序通过裁判而终结的，在判决发生既判力时；

2. 程序以其他方式终结时。

（七）非职业原因而担任程序辅助人的，其报酬适用本法第 277 条第 1 款的规定。基于职业原因而撤销，第 I 款规定之辅助工作的，每个审级应获得 350 欧元的薪酬。依据本条第 4 款第 3 句的规定承担其他工作的，薪酬提高到 550 欧元。基于程序辅助工作发生的费用和增值税也应得到补偿。费用补偿和薪酬均由国库支付。准用本法第 168 条第 1 款的规定。

（八）程序辅助人不承担任何程序费。王葆莳、张桃荣、王婉婷译注：《德国〈家事事件和非讼事件程序法〉》，武汉大学出版社 2017 年版，第 73-74 页。

[9] 第 174 条 程序辅助人

在血缘关系事件中，以维护其利益为必要，法院应为未成年关系人指定程序辅助人。准用第 158 条第 2 款第 1 项和第 3 款至第 8 款的规定。王葆莳、张桃荣、王婉婷译注：《德国〈家事事件和非讼事件程序〉》，武汉大学出版社 2017 年版，第 82 页。

[10] 第 191 条 程序辅助人

在收养事件的程序中，以维护未成年人之利益为必要，法院应为未成年关系人指定程序辅助人。准用第 158 条第 2 款第 1 项、第 3 款至第 8 款的规定。王葆莳、张桃荣、王婉婷译注：《德国〈家事事件和非讼事件程序法〉》，武汉大学出版社 2017 年版，第 88 页。

[11] 第 31 条 未成年人以及成年被监护人的诉讼能力

未成年人以及成年被监护人无法定代理人，不能做出诉讼行为。但是未成年人能够独立做出法律行为的场合，不在此限。曹云吉译：《日本民事诉讼法典》，厦门大学出版社 2017 年版，第 18 页。

[12] 第 738 条 成年监护的被监护人的婚姻

成年监护的被监护人结婚时，无须成年监护人同意。刘士国、牟宪魁、杨瑞贺译：《日本民法典》，中国法制出版社 2018 年版，第 183 页。

［13］第 764 条 婚姻规定的准用

第 738 条、第 739 条及第 747 条的规定，准用于协议离婚。刘士国、牟宪魁、杨瑞贺译：《日本民法典》，中国法制出版社 2018 年版，第 187 页。

［14］第 799 条 婚姻规定的准用

第 738 条及第 739 条的规定，准用于收养。刘士国、牟宪魁、杨瑞贺译：《日本民法典》，中国法制出版社 2018 年版，第 194 页。

［15］第 812 条 婚姻规定的准用

第 738 条、第 739 条及第 747 条的规定，准用于收养关系的协议解除。在此情形，同条第二款中的"三个月"替换为"六个月"。刘士国、牟宪魁、杨瑞贺译：《日本民法典》，中国法制出版社 2018 年版，第 197 页。

［16］第 780 条 认领能力

认领时，父或者母即便是未成年人或者成年被监护人，也无须取得法定代理人的同意。刘士国、牟宪魁、杨瑞贺译：《日本民法典》，中国法制出版社 2018 年版，第 191 页。

［17］第 962 条 遗嘱能力

第 5 条、第 9 条、第 13 条及第 17 条的规定，不适用于遗嘱。刘士国、牟宪魁、杨瑞贺译：《日本民法典》，中国法制出版社 2018 年版，第 244 页。

［18］第 963 条 遗嘱能力

遗嘱人订立遗嘱时，须具备其能力。刘士国、牟宪魁、杨瑞贺译：《日本民法典》，中国法制出版社 2018 年版，第 244 页。

［19］第 13 条 人事诉讼中的行为能力等

（一）人事诉讼程序中的诉讼行为不适用民法第 5 条第 1 项及第 2 项、第 9 条、第 13 条、第 17 条以及民事诉讼法第 31 条、第 32 条第 1 项（包括民事诉讼法第 40 条第 4 项中准用的情形）及第 2 项的规定。

（二）限制行为能力人意欲做出前项规定的诉讼行为的情形中，裁判长认为有必要时，则可依申请，选任律师为诉讼代理人。

（三）限制行为能力人未提出前项申请时，裁判长也可做出应选任律师为代理人的命令，或依职权选任律师为代理人。

（四）限制行为能力人应向裁判长依前两项规定选任的律师支付裁判所认为适当的数额的报酬。曹云吉译：《日本民事诉讼法典》，厦门大学出版社 2017 年版，第 118 页。

［20］第 32 条 关于附带处分的裁判等

（一）夫妻一方对另一方提起的撤销婚姻或离婚诉讼中，若裁判所做出认可诉讼请求的判决时，应依申请，于该判决中同时做出关于指定子女监护人及其他关于子女监护的处分、关于财产分配的处分或标准报酬等的分配比例的处分｛指的是养老金保险法，［昭和 29 年第 115 号法律］第 78-2 条第 2 项、国家公务员互助组织法［昭和 33 年第 128 号法律］第 93-5 条第 2 项［包括私立学校教职工互助组织法（昭和 28 年第 245 号法律）第 25 条中准用的情形］或地方公务员等互助组织法［昭和 37 年第 152 号法律］第 105 条第 2 项规定的处分｝（以下总称"附带处分"）的裁判。

（二）前项情形中，裁判所可于上述判决中命令当事人交付子女、支付金钱以及为其他财产上的给付或其他给付。

（三）前项规定准用于裁判所于认可婚姻撤销或离婚诉讼请求的判决中做出指定亲权人的裁判的情形。

（四）裁判所于做出第1项规定的指定子女监护人处分或其他与子女监护相关的处分的裁判或前项的指定亲权人的裁判时。若子女为15岁以上时，则应听取其意见。曹云吉译：《日本民事诉讼法典》，厦门大学出版社2017年版，第123页。

［21］第65条

在关于亲子、亲权或未成年监护的家事审判以及审判结果对未成年子女（包含未成年被监护人，该条中以下亦同）产生影响的家事审判程序中，家庭裁判所应听取子女的陈述，并应利用使家庭裁判所调查官进行调查及其他适当的方法，充分把握子女的意思；且于依家事审判做出裁判时，应依据子女的年龄以及发育程度，充分考虑其意思。曹云吉译：《日本民事诉讼法典》，厦门大学出版社2017年版，第150页。

［22］第152条 听取陈述

（一）家庭裁判所依夫妇财产契约做出变更财产管理人等的裁判时，应听取丈夫以及妻子（申请人除外）的陈述。

（二）家庭裁判所做出关于子女监护的处分的裁判（关于子女监护所需费用的分担的处分的裁判除外）时，除依第68条规定听取当事人陈述外，还应听取子女（限于15岁以上）的陈述。曹云吉译：《日本民事诉讼法典》，厦门大学出版社2017年版，第182页。

[23] 第 161 条 许可成立收养关系的审判案件

（一）许可成立收养关系的审判案件（指的是关于附表 1 第 61 项事项的审判案件。次项中亦同）由应为养子女的人的住所地的家庭裁判所管辖。

（二）第 118 条规定准用于许可成立收养关系的审判案件中的应成为养父母的人以及应成为养子女的人（限于 15 岁以上）。

（三）家庭裁判所于做出许可成立收养关系的裁判时，应听取下列人的陈述。但是因应成为养子女的人的身心障碍而无法听取其陈述时，则不在此限：

1. 应成为养子女的人（限于 15 岁以上）；

2. 对应成为养子女的人行使亲权的人以及应成为养子女的人的未成年监护人。

（四）提出许可成立收养关系申请的人对驳回该申请的裁判，可提出即时抗告。曹云吉译：《日本民事诉讼法典》，厦门大学出版社 2017 年版，第 186 页。

[24] 第 164 条 成立特别收养关系的审判案件

（一）成立特别收养关系的审判案件（指的是关于附表 1 第 63 项事项的审判案件。次项中亦同）由应成为养父母的住所地的家庭裁判所管辖。

（二）第 118 条规定准用于成立特别收养关系的审判案件（包含关于以该审判案件为本案的保全处分的审判案件）中的应成为养父母的人以及应成为养子女的人的父母。

（三）家庭审判所于做出成立特别收养关系的裁判时，应听取下列

人的陈述。该情形中，即便未经第 1 号所列之人的同意亦可做出裁判时，则应于审问期日中听取该人的陈述

1. 应成为养子女的人的父母；

2. 对应成为养子女的人行使亲权的人（除前号所列的人）以及应成为养子女的人的未成年监护人；

3. 对应成为养子女的人的父母行使亲权的人以及应成为养子女的人的父母的监护人。

（四）家庭裁判所于做出驳回成立特别收养关系的申请的裁判时，应听取对应成为养子女的人行使亲权的人以及应成为养子女的人的未成年人监护人的陈述。

（五）成立特别收养关系的裁判，除应告知第 74 条第 1 项规定的人外，还应告知第 3 项第 2 号及第 3 号所列之人。

（六）成立特别收养关系的裁判无须告知应成为养子女的人。

（七）家庭裁判所于作出成立特别收养关系的裁判的情形中，若不知应成为养子女的人的父母时，则须听取应成为养子女的人的父母、对应成为养子女的人的父母行使亲权的人、应成为养子女的人的父母的监护人的陈述，也无须告知上诉人。

（八）对下列裁判，各号规定的人可提出即时抗告：

1. 成立特别收养关系的裁判：应成为养子女的人的父母、对应成为养子女的人行使亲权的非其父母的人、应成为养子女的人的未成年人监护人、对应成为养子女的人的父母行使亲权的人、应成为养子女的人的父母的监护人；

2. 驳回成立特别收养关系申请的裁判：申请人。曹云吉译：《日本

民事诉讼法典》，厦门大学出版社 2017 年版，第 188 页。

[25] 第 165 条 解除特别收养关系的审判案件

（一）解除特别收养关系的审判案件（指的是关于附表 1 第 64 项事项的审判案件）由养父母住所地的家庭裁判所管辖。

（二）第 118 条规定准用于解除特别收养关系的审判案件（包含关于以该案件为本案的保全处分的审判案件）中的养父母、养子女及其亲生父母。

（三）家庭裁判所于做出解除特别收养关系的裁判时，应听取下列人的陈述。该情形中，应于审问期日听取第 1 号至第 3 号所列之人的陈述：

1. 养子女（限于 15 岁以上）；

2. 养父母；

3. 养子女的亲生父母；

4. 对养子女行使亲权的人（除第 2 号所列的人）以及养子女的监护人；

5. 养父母的监护人；

6. 对养子女的亲生父母行使亲权的人以及养子女的亲生父母的监护人。

（四）家庭裁判所于做出驳回解除特别收养关系的申请的裁判时，应听取下列人的陈述：

1. 养子女的亲生父母（申请人除外）；

2. 对养子女行使亲权的人以及养子女的监护人；

3. 对养子女的亲生父母行使亲权的人以及养子女的亲生父母的监护人。

（五）解除特别收养关系的裁判除应告知第 74 条第 1 项规定的人外，

还应告知第 3 项第 4 号至第 6 号所列之人。

（六）关于解除特别收养关系的裁判，在考虑养子女的年龄及发育程度以及其他一切情事的基础上，认为对其进行告知有害其利益时，则无须告知养子女。

（七）对下列裁判，各号规定的人（于 1 号情形，申请人除外）可提出即时抗告：

1. 解除特别收养关系的裁判：养子女、养父母、养子女的亲生父母、对养子女行使亲权且非养父母之人、养子女的监护人、对养子女的亲生父母行使亲权的人、养子女的亲生父母的监护人；

2. 驳回解除特别收养关系申请的裁判：申请人。

（八）养子女对解除特别收养关系的裁判提出即时抗告的期间自养子女以外的人受裁判告知之日（若受告知人有多位时，则为最晚受告知者之日）起进行。曹云吉译：《日本民事诉讼法典》，厦门大学出版社 2017 年版，第 189–190 页。

［26］第 169 条 听取陈述

（一）于做出下列裁判时，应听取各号规定的人（第 1 号、第 2 号、第 4 号情形，申请人除外）的陈述。该情形中，应于审问期日中听取第 1 号所列子女亲权人的陈述。

1. 亲权丧失，亲权停止或管理权丧失的裁判：子女（限于 15 岁以上）及子女的亲权人；

2. 撤销"亲权丧失、亲权停止或管理权丧失裁判"的裁判：子女（限于 15 岁以上）、对子女行使亲权的人、子女的未成年监护人、亲权丧失或被停止的人、丧失管理权的人；

3. 许可辞去亲权或管理权的裁判：子女（限于 15 岁以上）；

4. 许可回复亲权或管理权的裁判：子女（限于 15 岁以上）、对子女行使亲权的人以及子女的未成年人监护人。

（二）家庭裁判所于做出变更或指定亲权人的裁判时，除应依第 68 条规定听取当事人的陈述外，还应听取子女（限于 15 岁以上）的陈述。曹云吉译：《日本民事诉讼法典》，厦门大学出版社 2017 年版，第 191—192 页。

〔27〕第 178 条 听取陈述及意见

（一）家庭裁判所于做出下列裁判时，应听取各号规定的人（第 1 号的情形，申请人除外）的陈述：

1. 选任未成年监护人或未成年监护监督人的裁判：未成年被监护人（限于 15 岁以上）；

2. 解任未成年监护人的裁判：未成年监护人；

3. 解任未成年监护监督人的裁判：未成年监护监督人。

（二）家庭裁判所于作出下列裁判的情形中，应听取各号规定的人的意见：

1. 解除收养关系后，为养子女选任未成年监护人或应成为未成年监护人的人：应成为未成年监护人的人；

2. 选任未成年监护监督人：应成为未成年监护监督人的人。曹云吉译：《日本民事诉讼法典》，厦门大学出版社 2017 年版，第 195 页。

〔28〕第 22 条 程序代理人的资格

（一）除依法令可做出裁判上行为的代理人外，非律师不得作为程序代理人。但是于获得家庭裁判所的许可时，非律师之人可以作为程序代理人。

（二）前项但书中的许可，随时可撤销。曹云吉译：《日本民事诉讼法典》，厦门大学出版社 2017 年版，第 136 页。

［29］第 23 条 裁判长选任程序代理人等

（一）关于程序行为能力受限的人（以下简称"限制行为能力人"）意欲依第 118 条（包含本法其他规定中准用第 118 条的情形）或第 252 条第 1 项规定做出程序行为时，裁判长认为必要时，可依申请选任律师为程序代理人。

（二）限制行为能力人未提出前项申请时，裁判长亦可做出选任律师作为程序代理人的命令，或依职权选任律师为程序代理人。

（三）限制行为能力人应向依前两项规定选任的律师支付裁判所认为适当数额的报酬。曹云吉译：《日本民事诉讼法典》，厦门大学出版社 2017 年版，第 136-137 页。

［30］第 24 条 程序代理人的代理权范围

（一）程序代理人对于受委任案件，可为与诉讼参加、强制执行、保全处分相关的程序行为，亦可受领偿还。

（二）关于下列事项，程序代理人需获得特别委任。但是于受委托提出家事调解申请及做出其他的家事调解程序上的行为的情形中，第 2 号所列程序行为无须特别委任：

1. 撤回家事审判申请或家事调解申请；

2. 第 268 条第 1 项或第 277 条第 1 项第 1 号的合意、第 270 条第 1 项规定的调解条款的同意或第 286 条第 8 项的共同申请；

3. 对依家事审判方式做出的裁判提出的即时抗告、第 94 条第 1 项（包含第 288 条中准用的情形）的抗告、第 97 条第 2 项（包含第 288 条中准用的情形）的申请或第 279 条第 1 项或第 286 条第 1 项的异议；

4. 撤回前号的抗告（包含即时抗告）、申请或异议；

5. 代理人的选任。

（三）程序代理人的代理权不受限制。但是非律师的程序代理人不在此限。

（四）前三项规定对依法令可做出裁判上行为的代理人的权限不受影响。曹云吉译：《日本民事诉讼法典》，厦门：厦门大学出版社 2017 年版，第 137–138 页。

［31］第 65 条

在关于亲子、亲权或未成年监护的家事审判以及审判结果对未成年子女（包含未成年被监护人，该条中以下亦同）产生影响的家事审判程序中，家庭裁判所应听取子女的陈述，并应利用使家庭裁判所调查官进行调查及其他适当的方法，充分把握子女的意思；且于依家事审判做出裁判时，应依据子女的年龄以及发育程度，充分考虑其意思。曹云吉译：《日本民事诉讼法典》，厦门大学出版社 2017 年版，第 150 页。

［32］第 59 条 家庭裁判所调查官出席期日等

（一）家庭裁判所认为必要时，可使家庭裁判所调查官出席家事审判程序期日。

（二）家庭裁判所认为必要时，可使依前项规定出席期日的家庭裁判所调查官陈述意见。

（三）家庭裁判所于处理家事审判案件时，为调整案件关系人的家庭环境以及其他环境而认为必要时，可采取使家庭裁判所调查官联络社会福利机关及其他措施。

（四）情况紧急时，裁判长可使家庭裁判所调查官采取前项措施。

曹云吉译：《日本民事诉讼法典》，厦门大学出版社 2017 年版，第 148 页。

［33］第 402 条

法院应根据孩子的最大利益来对监护权做出裁定。法院应当考虑所有相关因素，包括：（1）子女的父母双方或一方对子女监护权的意愿；（2）儿童对监护人人选上的愿望；（3）儿童与父母、兄弟姐妹以及任何可能对孩子的最大利益产生重大影响的人的互动和相互关系；（4）儿童对家庭、学校、社区的适应情况；（5）有关人员的身心健康情况。法院不应审议拟提出的并不影响和孩子关系的监护人的行为。

［34］第 404 条

（a）法官可以在法庭议事室会见子女，以听询子女在监护和探视方面的愿望。法庭可以允许律师在听询时在场。法庭应将听询情况加以记录并作为案卷的一部分。

（b）法庭可以征求专业人员的意见，不论是否是法院正式雇佣的专业人员。所提供的意见应以书面形式提出，并应律师的要求向其提供阅读。律师可以对法院咨询的专业人员作为证人进行询问。

［35］第 310 条

法院可指定一名律师代表未成年子女或受抚养子女在抚养、监护和探望方面的利益。法庭做出的有关子女抚养的费用、报酬和支付的裁决，要以诉讼代理人为受款人。裁决可以命令其父母一方或双方付给。如有责任的一方无力负担此费用，则由（适当的机构）支付费用和报酬。北京政法学院民法教研室：《外国婚姻家庭法典选编》1981 年版，第 44–45 页。

［36］第 60CC 条 法院如何确定子女的最大利益

确定子女的最大利益

（1）根据第（5）款的规定，在确定子女的最大利益时，法院应当考虑第（2）款和第（3）款中列举的事项。

主要的考虑事项

（2）主要的考虑事项有：

（a）与父母双方和谐相处的利益。

（b）保护子女不受虐待、遗弃或家庭暴力等身体上或精神上的伤害。

注：将这些考虑因素作为主要考虑因素是与第 60B 条第（1）款（a）项和（b）项所指的本章目的相一致的。

附加考虑因素

（3）附加考虑因素是：

（a）影响子女认知的因素，如子女所表达的意见和其他相关因素（如子女的成熟情况和理解力）。

（b）子女与下列人的关系状态

（1）父母；

（2）其他人（包括祖父母、外祖父母或其他亲属）。

（c）父母一方促进、鼓励子女与另一方建立紧密、持续关系的意愿与能力。

（d）子女周围环境的变化可能带来的影响，包括子女与下列人员分离后可能产生的影响。

（1）任一方父母；

（2）与他一直居住的其他子女或其他人（包括祖父母，外祖父母或其他亲属）。

（e）子女与父母一方保持接触的实际困难和费用，以及此困难和费用是否对子女的保持与父母的探视交往权造成实质上的影响。

（f）下列人员满足子女的需求包括情感需求和智力需求的能力。

（1）父母双方；或者

（2）其他人（包括祖父母、外祖父母或其他亲属）。

（g）子女的成熟情况、性别和背景（包括生活方式、文化和传统）以及法院认为相关的子女的其他因素。

（h）如果子女是土著子女或托雷斯海峡岛民子女：

（1）子女学习土著或托雷斯海峡岛民文化的权利（包括学习其他文化的权利）；

（2）依本法拟做出的养育令对子女权利所造成的影响；

（i）父母表明对子女、对父母身份责任的态度。

（j）对子女、家庭成员实施的家庭暴力。

（k）适用于子女、家庭成员的家庭暴力禁止令：

（i）该命令是最终命令；

（ii）命令的做出曾遭到某人的反对。

（1）签发命令是否更合适（以使与子女有关的进一步诉讼不能提起）。

（m）法院认为其他相关的任何因素或情形。

（4）不限于第（3）款（c）项和（i）项的规定，法院还应当考虑父母履行或未履行义务的程度，特别是子女的父母一方：

（a）已经（或未利用机会）：

（1）参加决定与子女有关的主要长期事物；

（2）与子女相聚；

（3）与子女交流。

（b）已经促进或为促进父母另一方：

（1）参加决定与子女有关的主要长期事务；

（2）与子女相聚；

（3）与子女交流。

（c）已经履行或未履行抚养子女的义务。

（4A）如果子女的父母已经分居，法院在适用第（4）款时应特别考虑分居后发生的事实和存在的具体情形。

同意令

（5）如果法院正在考虑是否签发一项诉讼当事人一致同意的命令，法院可以（但并不是被要求）考虑第（2）款或第（3）款中列举的全部或任一事项。

学习土著或托雷斯海峡岛民文化的权利

（6）根据第（3）款（h）项之规定，土著子女或托雷斯海峡岛民子女学习土著或托雷斯海峡岛民文化的权利包括：

（a）经常学习该文化；

（b）获得必要的支持、机会和鼓励去：

（1）根据子女的年龄、发展阶段和智力水平，最大限度地探究该文化知识；

（2）形成对该文化的积极认知和正确评价。陈苇（项目负责人）：《澳大利亚家庭法（2008年修正）》，群众出版社2009年版，第119-121页。

［第60CD条则明确规定了"子女意见的表达"，解决了法院通过何种方式获悉子女表达的意见问题。］第60CD条 子女意见的表达

（1）第60CC条第（3）款第（a）项要求法院在决定是否为相关子女签发特定养育令时，应考虑子女表达的意见。本条解决法院如何知悉子女表达的意见。

（2）法院可以通过下列方式知悉子女表达的意见：

（a）考虑根据第62G条第（2）款提交给法院的报告中所包括的任何事项；

（b）依据第68L条在以子女的最大利益为首要考虑因素的诉讼中做出命令，命令律师独立代理子女的利益；

（c）根据法院适用的规则，以法院认为合适的其他方法。

注1：（a）项——第62G条第（3A）款要求某人提交确定子女意见的报告及提交包括子女观点的报告。

注2：（b）项——第68LA条第（5）款（b）项要求子女的独立代理律师确保诉讼中子女表达的任何与诉讼有关的意见均能全部向法院表达。陈苇（项目负责人）：《澳大利亚家庭法（2008年修正）》，群众出版社2009年版，第121页。

［37］第 68L 条 为子女利益的独立代理的法院命令

（1）本条适用于依本法提起的诉讼程序，在诉讼程序中子女的最大利益或子女的福利是首要的或相关的考虑因素。

（2）如果法院认为子女在诉讼中的利益应当由律师独立代理时，法院：

（a）可以命令子女在诉讼中的利益由律师独立代理。

（b）可以签发它认为有必要保证独立代理的其他命令。

（3）如果根据第 111B 条的实施条例提起诉讼，法院：

（a）仅在例外情形下，才可以命令子女在诉讼中的利益由律师独立代理。

（b）在命令中应当明确指出这些例外情形。

注：第 111B 条是关于《国际性诱拐儿童民事公约》的规定。

（4）在下列情形下，法院可以做出由律师独立代理的命令：

（a）依职权；或者（b）根据下列人的申请：

（1）子女；

（2）关心子女福利的机构；

（3）其他人。

（5）不限于第（2）款（b）项的一般性规定，为了许可代理子女利益的律师查明子女对与诉讼有关的事项的意见，法院可以依据第（2）款（b）项做出命令。

注：不得强迫子女表达其对有关事项的意见，参见第 60CE 条。

（6）因有以下情形而不应当遵循第（5）款之规定的，不得适用第（5）款：

（a）子女的年龄或成熟情况。

（b）其他的特殊情形。陈苇（项目负责人）：《澳大利亚家庭法（2008年修正）》，群众出版社2009年版，第188–189页。

［38］第68LA条 子女独立代理律师的作用

本条何时适用

（1）在依据本法提起的诉讼中，如果为子女委任了独立的代理律师，则适用本法。子女的独立代理律师作用的本质

（2）子女的独立代理律师应当：

（a）基于已经掌握的有效可用的证据，对子女的最大利益形成独立的见解。并且

（b）在诉讼中，所有行为均以子女的最大利益为宗旨。

（3）如果子女的独立代理律师认为特定诉讼措施的采取有利于子女的最大利益，其应向法院提出采取特定诉讼措施的建议。

（4）子女的独立代理律师：

（a）不是子女的法定代理人。并且

（b）无义务按照子女的指示进行诉讼行为。

子女的独立代理律师的具体职责

（5）子女的独立代理律师应当：

（a）公正而无偏袒地对待诉讼当事人。

（b）确保诉讼中子女表达的任何与诉讼有关的意见均能全部向法院传达。

（c）如果在诉讼中将使用涉及子女的报告或其他文件：

（1）分析报告或其他文件，确认报告或文件中所包含的可能涉及

子女最大利益的最有意义的事项;

（2）确保这些事项能够适当地引起法院的注意。

（d）尽力减少子女在诉讼中受到的精神伤害。

（e）以维护子女的最大利益为目的，就诉讼中的争议事项促成协议的达成。

信息公开

（6）根据第（7）款的规定，子女的独立代理律师:

（a）无义务向法院公开其与子女交流的任何信息。

（b）也不得被强迫向法院公开其与子女交流的任何信息。

（7）当信息的公开符合子女的最大利益时，子女的独立代理律师可以向法院公开子女与其交流的信息。

（8）即使公开信息可能违背子女的意愿，第（7）款仍得适用。陈苇（项目负责人）:《澳大利亚家庭法（2008年修正）》，群众出版社2009年版，第189-190页。

［39］《2004年家事法规则》第8.02条规定:（1）当事人可以申请任免独立的儿童律师以申请立案。

注:一方可口头要求程序命令（见规则11.01表11.1第3项（h）款）。

（2）如法院命令委任一名独立的儿童律师:

（a）可要求由法律援助机构对儿童的独立律师做出安排，该机构是本法第116C（5）款所指的有关当局;

（b）可以命令当事一方支付独立儿童律师的费用。

（3）获委任为独立儿童律师的人士:

（a）必须提交送达地址通知书;

（b）必须遵守这些规则，并做一方当事人要求应做的任何事；

（c）可以做本规则所允许的任何一方当事人应做的事情。

（4）聘请独立儿童律师的，当事人必须以独立儿童律师为当事人进行诉讼。

（5）委任独立儿童律师：

（a）确定或撤回提出的申请（家庭法）；

（b）如有上诉——当上诉决定或撤回时。

注1：根据本规则，如果文件或通知送达或交给一方当事人，该文件或通知也必须送达或交给任何独立儿童律师（见第7.04（4）款）。

注2：本规则适用，除非法院另有命令（见第1.12条）。《Family Law Rules 2004》，载 http://www.familycourt.gov.au/wps/wcm/connect/fcoaweb/rules-and-legislation/rules/. 访问日期：2019年7月20日。

［40］第62G条 由家庭顾问制定的报告

（1）本条适用于依本法就未满18岁的子女的照管，福利或成长所提起的诉讼。

（2）法院可以指示家庭顾问向法院提交与诉讼事项有关的报告。

（3）法院依第（2）款之规定做出指示时，如果其认为必要，可以中止诉讼，直至法院接到报告为止。

（3A）依据第（2）款之规定被要求就诉讼事项提交报告给法院的家庭顾问应当：

（a）探知子女对该事项的意见；

（b）在报告中记录子女对该事项的意见。

注：某人不得强迫子女就某事表达其意见（见第60CE条）。

（3B）如果因如下原因遵守第（3A）款的规定不合适，则不予适用第（3A）款：

（a）子女的年龄或成熟情况；

（b）其他的特殊情形。

（4）家庭顾问可以在指令制定的报告中，记录除指令要求的事项之外的与子女的照管、福利或成长有关的任何事项。

（5）为更好地制定报告，只要法院认为合适，可以做出命令或给予进一步的指示（包括要求诉讼当事人、子女与家庭顾问约见的命令或指示）。

注：在依本条之规定做出命令之前，法院应当考虑征询家庭顾问的意见看服务是否符合当事人的需要（参见第11E条）。

（6）如果某人未能遵守第（5）款所指的命令或指示，家庭顾问应当向法院报告此不履行情形。

（7）法院在接到第（6）款所指的报告之后，可对报告之制定做出其认为适当的进一步的指示。

（8）依据第（2）款所指的指示向法院提交的报告，在任何程序阶段均可作为证据使用。陈苇（项目负责人）：《澳大利亚家庭法（2008年修正）》，群众出版社2009年版，第132页。

［41］《2004年家事法规则》第15.04条规定：

如拟备一宗个案的家庭报告，法院可：

（a）向每一当事方或当事方的律师或独立的儿童律师分发报告的副本；

（b）接收有证据的报告；

（c）允许对提出报告的人进行口头检查；

（d）命令不向任何人公布该报告或限制查阅该报告。Family Law Rules 2004，载 http：//www.familycourt.gov.au/wps/wcm/connect/fcoaweb/rules-and-legislation/rules/.访问日期：2019 年 7 月 20 日。

［42］第 7 条 关系人

（一）在依申请而启动的程序中，申请人为关系人。

（二）其他的关系人包括：

1. 其权利直接受该程序影响的人；

2. 依照本法或其他法律的规定，依职权或申请而参加程序的人。

（三）根据本法或其他法律的规定，法院可以依职权或申请追加其他人为关系人。

（四）程序启动时，法院应通知依申请参加程序的关系人和被追加的关系人。法院应告知关系人的申请权利。

（五）参与申请不符合本条第 2 款和第 3 款规定的，法院通过裁定驳回。关系人对该裁定可以提出即时抗告，准用《民事诉讼法》第 567 条至第 572 条的规定。

（六）不符合本条第 2 款和第 3 款规定之条件者，即使接受听审或提供信息，也不因此成为关系人。王葆莳、张桃荣、王婉婷译注：《德国〈家事事件和非讼事件程序法〉》，武汉大学出版社 2017 年版，第 7 页。

［43］第 1671 条 在父母分居的情形下单独照顾的托付

（1）父母不只是暂时地分居且有权共同进行父母照顾的，父母任何一方可以申请：由家庭法院将父母照顾或父母照顾的一部分单独托付给父母该方。以有下列情形之一为限，该项申请必须予以批准：

1. 父母另一方同意的，但子女已年满 14 岁并就该项托付提出异议的除外；

2. 可期待共同照顾的废止和对申请人的托付最符合子女最佳利益的。

（2）父母不只是暂时地分居且母依第 1626 条第 3 款有权进行父母照顾的，父亲可以申请：由家庭法院将父母照顾或父母照顾的一部分单独托付给他。以有下列情形之一为限，该项申请必须予以批准：

1. 母亲同意的，但该项托付与子女最佳利益相抵触，或子女已年满 14 岁并就该项托付提出异议的除外；

2. 共同照顾不被考虑，且可期待对父亲的托付最符合子女最佳利益的。

（3）母亲的父母照顾依第 1751 条第 1 款第 1 句停止的，依照第 1626a 条第 2 款所规定的父亲对共同父母照顾的托付的申请视为本条第 2 款所规定的申请。只要将父母照顾托付给父不与子女最佳利益相抵触，该项申请必须予以批准。

（4）以父母照顾须依其他规定不同地加以处置为限，第 1 款和第 2 款所规定的申请不得予以批准。《德国民法典》（第 4 版），陈卫佐译注，法律出版社 2015 年版，第 511–512 页。

［44］第 1697a 条 子女最佳利益原则

以不另有规定为限，法院在关于本节所规定的事务的程序中做出在考虑到真实情况和可能性以及利害关系人的正当利益的情况下，最符合子女最佳利益的裁判。《德国民法典》（第 4 版），陈卫佐译注，法律出版社 2015 年版，第 517 页。

第五章　保障我国家事诉讼中未成年人参与权之对策

近年来，我国婚姻家庭领域的纠纷越来越多，涉及未成年人权益保障的家事案件增幅明显。2013 年至 2017 年，全国法院共依法审理的涉未成年人权益保护的抚养关系纠纷、抚育费纠纷、监护权纠纷、探视子女权纠纷等民事案件增长趋势十分明显，年均增加率达 10.89%，家庭因素对未成年人权益保护的影响不断增强。[①] 在家事案件的解决过程中，关注未成年人的声音，使未成年人的声音能够进入裁判过程对于未成年人最大利益的实现具有保障作用。未成年人参与权的实现与保障是一个系统工程，既要更新理念，也要从落实程序与机制上进行完善与建构。目前，我国家事诉讼中，对未成年人参与权的保障无论是理念层面还是具体程序、制度与配套措施均存在诸多问题。鉴于此，本章在借鉴域外国家相关立法的基础上，

---

① 《从司法大数据看我国未成年人权益司法保护和未成年人犯罪特点及其预防》，载最高人民法院网，http://www.court.gov.cn/fabu-xiangqing-119901.html. 访问日期：2019 年 9 月 28 日。

立足我国现有的司法改革成果与经验，提出保障我国家事诉讼中落实未成年人参与权的具体设想，回应当前保护未成年人权益的现实需求。

第一节　确立未成年人的最大利益原则

未成年人的最大利益原则是解决未成年人在监护、抚养、探望、收养、虐待和忽视等诉讼以及所有未成年人保护事务中适用的根本原则；是法官在任何时候、任何特定情况下，决定什么是对孩子最好的最高指导原则。如前所述，我国相关立法并未将未成年人最大利益原则确立为解决未成年人权益保护的根本原则。在实践中，已有法院采用未成年人最大利益原则作为裁判的依据。^① 未来有必要进一步提升对未成年人权益保护的认识，将未成年人最大利益原则作为解决与未成年人权益有关的一切事项的根本原则，并在宪法中进行确认，作为我国未成年人法律保护的根本法依据，同时，在家事诉讼法中进一步将其确立为基本原则。

一、将未成年人的最大利益原则确立为家事诉讼法的基本原则

每一部法律的基本原则都是这部法律所承载的基本价值的集中体现。无论是对法律的抽象规定进行解释还是对实践中具体问题的解决都离不开基本原则的指导作用。同时，法律的基本原则以其包容性、普适性对具体制度、程序的设置起着统领作用，能够保证不同的制度与程序都围绕同一

---

① 全国首例代孕引发的监护权纠纷，法院以"儿童利益最大化"作为依据确定了监护权的归属。这一做法被写入了最高人民法院院长周强在第十二届全国人民代表大会第五次会议上所做的最高人民法院工作报告中。载最高人民法院公报网，http://gongbao.court.gov.cn/Details/9ec8c0cddd12d82ecc7cb653441b36.html. 访问日期：2019 年 9 月 10 日。

个核心旨意进行具体建构。

根据《儿童权利公约》和《第14号一般性意见》的规定，儿童最大利益是一个"首要考虑"。"首要考虑"的表述意味着，儿童的最大利益与所有其他考虑并非处于同等的分量等级。儿童的具体境况：依赖性、成熟程度、法律以及往往无发言权的状况，系成为处于此强有力地位的理由。儿童比成年人更不可能有力维护自身的权益。倘若不突出儿童的利益，那么，儿童的利益就会遭到忽视。[1]儿童因生理、心理的特殊性，权益容易遭到侵害或忽略，将儿童最大利益置于"首要考虑"意在赋予儿童利益优先地位，能够使儿童获得与成年人同样地受到尊重的待遇。

在家事诉讼中，常常伴随着未成年人利益与监护人或亲权人利益之间的冲突。未成年人利益体现了未成年人在生存、发展、教育等方面的需求，关系到未成年人未来的健康成长，关系到国家与社会的长远发展，具有显著的公益性。保护和实现未成年人最大利益是家事诉讼的首要目标。因而，有必要将未成年人最大利益原则确立为家事诉讼法的基本原则，这不仅能够保证上述目标的实现，而且也为法院的审判活动提供了明确的行动指南。同时，能够指导涉及未成年人家事诉讼程序与制度的具体构建，使未成年人能够获得符合其身心发展特点的程序与具体制度的支持实现参与权等诉讼权利，以有效维护自身的利益。在家事诉讼法中，确立未成年人最大利益原则有助于通过家事裁判的示范效应引导全社会形成尊重未成年人的观念，并内化为中华民族关爱未成年人的优秀品格与传统，助力未成年人福祉的实现。

---

[1] CRC/C/GC/14. Para37.

二、未成年人的最大利益原则对落实未成年人参与权的具体要求

未成年人最大利益原则的产生历史就是未成年人获得独立的权利主体地位的过程。在这一过程中，未成年人身份的特殊性逐渐被社会所认知，未成年人能够在关涉自身利益的事项上发出自己的声音，未成年人的意愿成为衡量未成年人的最大利益的重要因素之一。

按照联合国《第14号一般性意见》的规定，未成年人最大利益原则是"一项权利、一项原则和一项行事规则"。也就是说，未成年人最大利益原则不仅要求从实体权利的角度确保未成年人的权益得到最大化的实现，而且还作为一项行事规则为未成年人最大利益的实现提供程序保障。未成年人的最大利益原则以其包容性和广泛性在处理一切有关未成年人事务方面发挥着基础的和根本的指导准则的作用。具体在家事诉讼中，应立足于联合国《第14号一般性意见》对未成年人的最大利益原则的性质定位，主要从以下两个方面落实该原则对未成年人参与权的基本要求。

（一）保障未成年人最大利益是家事诉讼的首要考虑[①]

在家事诉讼中，权益受到影响的主体不仅有未成年子女的父母、监护人、亲权人等成年人，还可能波及未成年人，因而，家事案件的解决要做到满足不同主体的多元利益需求，而对未成年人最大利益的保障是家事诉讼的首要考虑。按照《儿童权利公约》的规定，未成年人享有基本利益、发展利益和自主决定利益。基本利益着眼于未成年人身体上、心理上和智

[①]　刘敏：《家事正义：家事司法的终极价值目标》，载中国法学会民事诉讼法学研究会主编：《中国法学会民事诉讼法学研究会、家事及非讼程序理论研究专业委员会成立仪式暨学术研讨会论文集》，2018年6月，第23页。

能上的照护，课以亲权人一定的义务以满足未成年人生存与成长的基本要求。发展利益则着眼于未来使未成年人能够拥有相当的谋生之机会，确保未成年人能够通过国家与社会提供的良好的生存与教育环境以及亲权人履行的抚养与教育义务逐步获得独立生存与发展的能力。自主决定利益则立足于尊重未成年人独立主体地位，保障未成年人能够在关涉自身利益的事项上充分享有选择与参与的权利。在家事诉讼中，为保障未成年人最大利益的实现，就要综合考虑未成年人的基本利益、发展利益和自主决定利益，具体来说，既要考虑未成年人以往、现在的生活状况，又要考虑未成年人未来的生活；既要考虑父母及其他监护人的经济状况、职业状况，又要考虑父母及其他监护人的身心健康及道德品质；既要考虑父母及其他监护人的意愿，又要考虑未成年人本人的意愿、观点和偏好。

然而，近些年，我国婚姻家庭案件数量不断增加，[①] 大量的未成年人要遭遇这一压力。父母婚姻关系的解除，从物理空间上看是产生了父亲与母亲各自的家庭，而这样的不同的家之间的距离会造成孩子和父母之间情感的距离。"孩子和父母在一起感到最安全或最舒适。这意味着孩子们可能不喜欢频繁地来回走动。但是，即使孩子和父母中的任何一个在一起或在任何一个家里都同样快乐，但是对他们来说，这两者之间的旅程也是一

---

① 全国民政部门登记离婚数量逐年攀升：2012 年为 242.3 万对、2013 年为 281.5 万对、2014 年为 295.7 万对、2015 年为 314.9 万对、2016 年为 346.8 万对、2017 年为 370.4 万对、2018 年为 381.2 万对。参见民政部 2012—2018 年社会服务发展统计公报，载民政部网，http: //www.mca.gov.cn/article//sj/. 全国法院审结婚姻家庭案件数量整体呈升高趋势：2012 年为 164.7 万件、2013 年为 161.2 万件、2014 年 161.9 万件、2015 年为 173.3 万件、2016 年为 175.2 万件、2017 年为 183 万件、2018 年为 181.4 万件。数据来源：2012—2018 年最高人民法院工作报告、2012—2018 年全国法院司法统计公报，载最高人民法院网，http://gongbao.court.gov.cn/. 访问时间：2019 年 9 月 12 日。

段情感之旅，孩子必须要调整情绪尽快适应。"[1] 可以说，父母婚姻关系的解除带给未成年人诸多不适与改变，而面对这些改变能够做到的就是从未成年人的角度来看待问题和解决问题。未成年人最大利益强调的就是要重视未成年人的生存、发展与自决，尤其当裁判者就一项涉及不同主体利益的事项做出裁断时，要优先考虑未成年人的最大利益，并且在多数情况下可以被解释为超越其他因素的考虑。法院在做出裁判时要始终将实现未成年人最大利益作为家事诉讼的首要考虑，这是保障未成年人生存与发展的需要，也是国家与社会不断繁荣前进的保障。

（二）未成年人的最大利益要求设置保障未成年人参与权的程序机制

"未成年人的最大利益已成为当今家庭法领域最受欢迎的、最受嘲笑的和最受信赖的标准。它受到欢迎因为它拥有最好和最高的标准；它受嘲笑因为它必然是主观的；它被信赖因为它是可靠的，没有比它更好的了。"[2] 未成年人最大利益这样独特的地位并未削弱该原则的适用，而是推动了该原则的发展，从作为实现未成年人权利的实体法原则，发展为兼具程序法规则的双重身份。正如联合国《第 14 号一般性意见》所言，未成年人的最大利益是"一项行事规则"。

在家事诉讼中，未成年人的最大利益不仅是家事诉讼的首要考虑，要从实体层面实现未成年人之最大利益，而且也是一项行事规则，即每当要做出一项将会影响未成年人利益的裁判时，需要遵循严格的程序保

---

[1]　Carol Smart, From Children's Shoes To Children's Voices, Family Court Review, Vol.40 No.3, July 2002. P.311.

[2]　Lynne Marie Kohm, Tracing the Foundations of the Best Interests of the Child Standard in American Jurisprudence, in Journal of Law and Family Studies, 2008. Vol.10, p.1.

障，也就是对未成年人最大利益的评判和确定必须具备程序性的保障。①
法官在衡量未成年人最大利益时必须遵循严格的程序规则，构建满足未
成年人主体要求的程序机制，通过未成年人的程序参与，保障未成年人
对未来的居住、教育、监护安排等事项发出自己的声音，为法院行使自
由裁量权提供全面的依据，以避免未成年人最大利益徒然成为法院或当
事人达到主观价值与意志的修辞，进而架空了保障未成年人的权益的本
质而徒有其名。目前，很多国家与地区在未成年人家事诉讼中，均以未
成年人的最大利益为指导建构了不同于普通民事诉讼程序的家事诉讼程
序。因未成年人的权益具有突出的、强烈的公益性，法院在审理涉及未
成年人权益的家事诉讼时更多地运用职权探知主义，由法院依据职权主
动收集事实及调取证据，而辩论主义受到一定的限制；在法院审理涉及
未成年人的家事案件时遵循不公开审理原则，以维护未成年人的身心健
康。在保障未成年人充分行使参与权方面，很多国家与地区均设立了多
元的程序与制度机制，包括法院直接听取未成年人意见制度、程序辅助
人制度、家事调查官制度等。总之，在家事诉讼中，为保障在实体层面
未成年人的最大利益的实现就必须要设置相应的程序机制，尤其是设立
畅通未成年人参与权实现途径，针对未成年人身心特点，构建未成年人
有效参与诉讼的特殊程序与制度，真正满足未成年人表达意愿的需要，
助力未成年人福祉，达到未成年人的最大利益原则应该既支配实质性结
果又支配未成年人如何参与诉讼程序的完美效果。

---

① CRC/C/GC/14. Para6.

第二节　完善家事诉讼中未成年人参与权的程序规则

一、适度放宽未成年人诉讼行为能力

（一）适度放宽未成年人诉讼行为能力之正当性

被誉为儿童权利保护"大宪章"的联合国《儿童权利公约》确认了儿童作为积极和创造性的权利主体地位，并规定儿童享有生命权、受保护权、发展权和参与权。参与权作为一种典型的程序性权利使得未成年人能够在与自身有关的事项中发出自己的声音，积极地参与到包括诉讼在内的相关程序之中，使未成年人从一个被动的客体转变为一个主动的具有积极行为的人。可以说，参与权真正使未成年人感受到了"自己在社会上的活力和可见性"[①]。

与身份有关的家事案件和财产关系纠纷虽然同属民事纠纷，但是未成年人对二者的认知度是不同的。有研究指出，未成年人参与的互动越丰富，未成年人对该领域的理解和知识就越丰富。[②] 未成年人从其降生到世界就开始了家庭生活，与父母、兄弟姐妹、监护人等有着共同的生活经历，也因此很早就会形成自己对家庭、亲情的认知。在有关家事诉讼中，当面临着与父母哪一方共同生活、更愿意采用什么样的探望方式、由谁来做监护人更合适的问题上，未成年人可以在年龄较小的时候就能形成自己的看法

[①]　Nicola Taylor, Pauline Tapp and Mark Henaghan, Respecting Children's Participation in Family Law Proceedings, International Journal of Children's Rights 15（2007）61-82. pp.62-63.

[②]　Anne B. Smith & Nicola J. Taylor. Rethinking children's involvement in decision-making after parental separation. the Eighth Australian Institute of Family Studies Conference. 2003. p.3.

和倾向。接下来面临的问题就是，未成年人是否可以将自己的意愿和倾向进行有效的表达。罗杰·哈特认为："如果成年人对孩子们的生活持有一种为孩子所能理解的兴趣，那么孩子们的参与就会是最热情的。调查人员对未成年人采访最常见的抗拒是害怕接收不到准确的信息，这是因为他们认为，孩子的记忆力很差，很容易受到暗示的影响，他们有强烈的愿望通过说'对的'来取悦交谈人员。事实上，即使是 5 岁的未成年人，当他们自发回忆与其有关的信息时，也能提供非常准确的信息。未成年人的表达能力不如成年人，但这不意味着来自未成年人的信息是无效的。相反，这意味着我们需要对未成年人的发展保持敏感，并找到使他们能够最大限度以最适合的方式表达他们关心问题的方法。"[①] 正是基于此，《儿童权利公约》没有对享有参与权的未成年人进行年龄的限制。可以说，未成年人表达自己观点的权利并不取决于他们表达成熟观点的能力，只取决于他们形成观点的能力，而不管其成熟与否。

来自未成年人的声音将提高决策者对未成年人的需求、感受和偏好的认识，这种认识也会使父母制定出促进离婚后更健康的抚养计划。大多数国家将未成年人的偏好作为决定未成年人最大利益的一个重要因素加以考虑。倾听未成年人的观点并不意味着他们所陈述的偏好决定了最终的结果，但是，对于未成年人来说，因在决策中发出了自己的声音而更容易接受决策的结果。

综上，无论是从未成年人自身的发展角度还是参与权对未成年人的重大意义都为未成年人行使参与权提供了正当性的依据。

---

① Roger Hart. Children's Participation：From Tokenism To Citizenship. 1992. p.15.

（二）适度放宽未成年人诉讼行为能力之建议

在我国，解决财产关系纠纷与解决家事案件适用的是同一个诉讼程序，并没有根据案件的不同特点进行区分，在当事人的诉讼行为能力问题上也是划定了一个统一的标准，即完全民事行为能力人具有诉讼行为能力，而未成年人并非完全民事行为能力人，所以不具有诉讼行为能力。在我国，未满 18 周岁的未成年人不具有诉讼行为能力，不能以自己的行为参加到诉讼中来。

如前所述，诸多国家在家事诉讼中均适度放宽了未成年人诉讼行为能力的要求，为未成年人行使参与权提供了前提保障。德国 FamFG 确认了年满 14 周岁的未成年人在与本人相关的程序中具有参与程序的资格；未满 14 周岁的未成年人在涉及人身事件的程序中有权接受法院的听审。在日本，未成年人在通常的民事诉讼中没有程序行为能力，但是，在家事诉讼中为尽可能地尊重当事人本人的意思，作为例外规定，只要具有意思能力的当事人就可以成为家事诉讼中的当事人，这样，与家事案件有关的未成年人均可以自己的行为参与到与自身权益有关的家事案件的解决中来，对监护安排、探望、抚养等事项发表意见和愿望。

随着社会的不断发展和教育水平的不断提高，未成年人的认知能力、适应能力及自我承担能力等均有较大程度的增强。在民事活动领域，我国《民法总则》已根据这一情况降低了限制民事行为能力的未成年人的年龄下限标准，从原来规定的 10 周岁下调到 8 周岁，《民法典》也沿用了这一规定。在家事诉讼领域，有必要充分考虑未成年人心理、生理发育进程加快的客观事实及家事案件的特性，适度放宽未成年人的诉讼行为能力，确认有意思能力的未成年人在有关其身份、人身自由及请求支付抚养费的家事诉讼中能够以自己的行为参与到诉讼中来。对于具有诉讼行为能力的未成年人的年龄界限建议参考《民法典》的规定，以 8 周岁为下限，即 8 周岁以上的未成年人只要具有意思能力就具有诉讼行为能力。

二、明确未成年人在关涉自身权益的家事诉讼中的诉讼地位

根据诉讼法的基本理论，民事诉讼法律关系的主体，是指在民事诉讼中依法享有诉讼权利和承担诉讼义务的法院、检察院、当事人和其他诉讼参与人。[1] 享有参与权的主体一定是受到法院裁判结果影响的当事人。[2] 在包括家事诉讼在内的民事诉讼中，法院作为裁判者负有保障当事人行使参与权的义务，但其本身的裁判行为并不属于行使程序参与权的行为。证人、鉴定人员及翻译人员的权益也不受裁判结果的影响，因而也不是程序参与权的主体。所以，在家事诉讼中，如果未成年人以当事人的诉讼地位出现时享有参与权。

如前所述，《儿童权利公约》明确规定未成年人享有基本利益、发展利益和自主决定利益。在涉未成年人家事诉讼中必然影响到未成年人的基本利益、发展利益和自主决定利益，因而，有必要给予未成年人在家事诉讼中应有的诉讼地位。在德国，FamFG 将全部家事事件均纳入了非讼事件程序的调整范围，完成了对家事事件全面非讼化的改革。为体现非讼程序的特点，FamFG 将在程序中处于原告地位的一方改称为"申请人"，将程

---

[1]　宋朝武主编：《民事诉讼法学》，高等教育出版社 2018 年版，第 39 页。

[2]　在我国，当事人有广义和狭义之分，狭义的当事人专指原告和被告，广义的当事人包括原告、被告、共同诉讼人，诉讼代表人和第三人。宋朝武主编：《民事诉讼法学》，高等教育出版社 2018 年版，第 79 页。

序中处于被告地位的一方称为"被申请人"，程序中的当事人统称为"关系人（Beteiligte）"。"关系人"是该法基于体系化考量而引入的一个新概念，非讼事件程序主体相对复杂，既包括直接参加程序的人，也包括可能因程序展开而直接受到影响的人，这两类主体均被纳入关系人的范畴。[①]

目前，我国还没有专门的家事诉讼法，受裁判结果影响的主体在诉讼程序中所处的诉讼地位援用的是普通民事诉讼程序中的称谓。如在有关抚养费案件、继承案件等家事诉讼程序中，未成年人以当事人的身份参加到诉讼中来，称之为原告或被告，在诉讼中享有参与权，能够对与自身权益有关的事项进行主张与陈述。在变更抚养关系、探望权、监护权等家事非讼程序中，父母是诉讼程序的原告或被告（申请人、被申请人），未成年人并非原告或被告（申请人、被申请人），但是这类家事案件的解决往往会影响到未成年人的生活、教育、居住等权益。对这类非讼程序中涉及的未成年人，诉讼地位如何界定直接影响着其是否享有参与权的问题，也影响着司法裁判对未成年人产生效力的正当性问题。在司法实践中，有的法院将其作为第三人，[②]但是在笔者统计的200件家事诉讼裁判文书的样本中，涉及未成年人权益保护的变更抚养关系、探望权、监护权等家事非讼程序中，均没有明确列明未成年人的诉讼地位。

通过对以上家事诉讼的相关立法可知，大陆法系国家在家事非讼程序中通常不采用当事人的称谓，而普遍采用关系人的称谓来涵盖非讼程序中

[①]　王葆莳、张桃荣、王婉婷译注：《德国〈家事事件和非讼事件程序法〉》，武汉大学出版社 2017 年版，译注版前言第 7 页。

[②]　原告聂某某与被告胡某某、第三人赵某某变更抚养关系纠纷一审判决书，（2011）彭法民初字第 97 号；史某甲、史某乙等监护权纠纷、监护权特别程序案件民事判决书，（2015）平民一初字第 2867 号。

权利受到影响或需要给予程序保障的非讼程序主体。在德国，由于实行家事事件全面非讼化，已经完全采用关系人的称谓来指代家事诉讼程序中权利受到影响或需要给予程序保障的非讼程序主体。由于家事非讼案件的讼争性较弱，在诉讼中并不适宜贯彻两造对立的当事人主义，故不宜采用当事人的概念。对此我国学者也多参考相关域外国家的立法，建议使用关系人的称谓。[1] 采关系人的概念能够有效区别于家事诉讼程序中当事人的概念，同时也有助于扩大家事非讼程序中程序保障的主体范围。有学者认为家事非讼程序需要给予程序保障的主体有申请人、被申请人和第三人，统称为关系人。[2] 这里的第三人指的就是程序直接影响其权利的人。[3] 我国《民事诉讼法》对与案件处理结果有法律上利害关系的主体规定了第三人制度，[4] 但是该第三人仅适用于通常的民事诉讼程序之中。在家事非讼程序之中，尤其是在家事诉讼程序非讼化处理的趋势下，更应该给予权利受程序影响的第三人充分的程序保障。基于此，我国有必要借鉴以上相关立法，在家事非讼程序中，采用关系人的称谓，具体包括申请人、被申请人（相对人）以及受程序影响其权利的第三人。对于涉及未成年人权益保护的家事非讼程序，未成年人处于关系人的诉讼地位，行使参与权，法院亦有保

---

[1] 如郝振江教授主张非讼程序保障的主体应为关系人。参见郝振江：《论我国非讼程序的完善——聚焦民诉法特别程序的"一般规定"》，载《华东政法大学学报》2012 年第 4 期，第 132 页。胡辉博士亦主张在非讼程序中采关系人的概念。参见胡辉：《我国非讼程序立法研究》，武汉大学 2013 年博士学位论文，第 81 页。

[2] 郝振江：《法国法中的非讼程序及对我国的启示》，载《河南财经政法大学学报》2012 年第 2 期，第 106 页。

[3] 郝振江：《论我国非讼程序的完善——聚焦民诉法特别程序的"一般规定"》，载《华东政法大学学报》2012 年第 4 期，第 132 页。

[4] 参见附录［1］。

障其参与权得以落实的义务。

三、扩大未成年人行使参与权之家事案件范围

目前，根据《同居生活案件意见》及《处理子女抚养问题意见》的规定，未成年人仅能在抚养权案件中，而且是"随父随母生活发生争执时"发表自己的意愿、观点，这样的规定严重限制了未成年人行使参与权的家事案件的范围。在总结 2016 年 6 月 1 日起开展的家事审判方式和工作机制改革试点工作的基础上，2018 年 7 月最高人民法院发布了《家事审判意见（试行）》，除吸收已有规定在确定子女抚养权的家事诉讼中要听取部分未成年子女的意见外，增加了家事调查员可以就抚养事项及探望事项征求部分未成年子女的意愿和态度的规定。综合以上内容，对于涉及确定未成年子女抚养权的家事诉讼中，审判人员要听取部分未成年人子女的意愿，家事调查员也可征求其意愿；对于探望事项，只有家事调查员可征求部分未成年子女的意愿。鉴于部分家事案件对未成年人权益有着重大的影响以及域外国家立法的相关规定，结合我国已开展的审判方式改革的经验，我国有必要扩大未成年人行使参与权的家事案件范围，使未成年人能够在与自身利益有关的家事案件中充分行使参与权，为法院做出符合未成年人最大利益的裁判提供全面的依据。

具体来说，与未成年人权益保障有关需要落实未成年人参与权的家事案件主要包括涉未成年人婚姻关系案件、亲子关系案件、监护权案件、抚养关系案件、探望权案件、收养关系案件、继承关系案件、人身安全保护令案件等。在这些家事案件中未成年人或作为当事人出现，或作为关系人出现；有时可能是提起诉讼的原告或申请人，有时也可能是权益受到影响

的利害关系人，根据正当法律程序的基本理论，未成年人是享有参与权的主体，只不过家事案件的类型不同，未成年人行使参与权的具体方式或保障制度存在一定的差异。对于家事身份案件，应尽可能地尊重当事人本人的意思，注重未成年人自己对监护人的选择、探望时间与地点的确定、收养人的确定等这些关系到未来亲子关系的维系、未成年人的居住、教育等影响未成年人身心健康的重大事项的意愿、观点和偏好，因此，在有关身份关系的家事诉讼中，对未成年人参与权的保障制度需要更为全面和系统，以期探求未成年人的真实意愿。根据日本《家事事件程序法》的规定，在关于亲子、亲权或未成年人监护的家事审判以及审判结果对未成年子女（包含未成年被监护人）产生影响的家事审判程序中，家庭裁判所应听取子女的陈述，并应利用使家事调查官进行调查及其他适当的方法，充分把握子女的意思。在德国，涉及未成年子女人身的亲子关系事件、血缘关系事件、收养事件，法院要为未成年子女选任程序辅助人；如果未成年子女已年满14周岁，法院要对子女本人进行听审，但是如果程序仅涉及子女之财产、且从所涉事项类型来看无须亲自到场的，可以不对本人听审。此外，家事案件根据案件讼争性的强弱、当事人处分权的大小、涉及的公益性的强弱的不同，家事案件还可进一步分为家事诉讼案件与家事非讼案件。家事非讼案件如监护权案件、探望权案件、抚养关系案件等涉及未成年人权益保护，而未成年人权益具有较强的公益性。在这类案件中，由于处分主义、辩论主义、职权探知主义的适用，应当更加关注对未成年人参与权的保障，比如应通过多种制度探知未成年人的真意表达，不应局限于未成年人对家事案件涉及的法律事实的意愿和偏好，还应关注未成年人对生活事实和心理事实的意愿和倾向；法官在非讼案件审理时，还应加强释明权的运用，向未成年人就监护权的归属、直接抚养权人的确定、探望权的时间及地点等事项进行释明,以保障未成年人能够全面、完整地表达自己的意愿。总之,无论是哪一类家事案件,如果对未成年人的权益产生影响就应当保障未成年人参与权的有效落实。

四、构建未成年人参与权之救济机制

(一)构建未成年人参与权之救济机制的必要性

未成年人参与权救济机制是未成年人参与权得以实现的坚实后盾。"无救济即无权利"这句至理名言阐明了救济对于权利的重要性。救济是权利实现的程序化机制。若法律的生命在于实施,那么权利的真谛就在于实现,在于权利被侵害时能够获得及时的救济与恢复。如果所有的权利只停留在法律规则的宣言角度,而没有赋予权利被侵害时如何获得救济的机会,这样的权利并不是真正意义上的权利。于参与权而言,参与权是保障当事人向法院表达意愿,使其成为法院裁判依据的一项重要法定诉讼权利。在涉及未成年人的家事诉讼中,很多国家与地区均把未成年人的意愿作为判断未成年人的最大利益的因素之一。然而在涉及未成年人权益的家事诉讼中,未成年人的声音往往极易被忽视,未成年人的权益极有可能被成年人的权益所掩盖或侵害。如果没有设置侵害参与权的救济机制,那么即使出现了以上情况,未成年人的权益必将无法获得恢复。

未成年人参与权救济机制是实现程序正义的重要保障。对侵害未成年人参与权的行为给予程序性制裁并不是因为这种行为影响了对家事纠纷事实的发现,而是它破坏了程序法的实施,损害了法律程序的内在正当性,侵害了未成年人作为当事人或关系人的基本程序权,并导致诉讼程序所蕴含的程序正义价值无法获得实现。法律程序的内在正当性旨在保障程序以公开、民主、经济的方式运行，并确保诉讼主体的有效参与，希望通过合理的程序设计以及多方主体的参与有助于实现法律的公正。当事人的有效参与是程序正义的应有正义，当事人可以就有关的事实进行陈述、表达自己的观点和意愿，但是如果离开了参与权的救济机制，参与权的实现就会随时面临危险，也将危及程序正义的落实。

（二）未成年人参与权之救济方式

当事人的参与权在诉讼程序中如果未能依法行使，这必将导致诉讼程序的瑕疵。按照诉讼程序的基本原理，应当对此予以救济。在德国，对当事人参与权的救济方式规定得较为完善。德国《民事诉讼法》第321a条规定："如果一审法院以明显影响裁判的方式侵犯了法定审问请求权（即程序参与权），则被判决加重负担的当事人可以向该法院提起听审责问。该责问不是上诉手段（其缺乏移审效果，因为其目的是在同一审级——即一审中——继续进行诉讼），但形式方面的设计类似于上诉。"[①] 当事人应当向一审法院提交责问状，由一审法院审查责问的"容许性（Statthaftigkeit）"[②]以及对形式和期间的遵守。"如果当事人提起的听审责问缺少容许性或者没有遵守形式或期间，则该责问将被视为不合法而不予受理；如果其不存在合法的理由，一审法院对此将予以驳回；如果一审法院认为理由成立，则在询问对方当事人之后应当对判决予以纠正，诉讼将恢复到最后一次言

---

① ［德］奥特马·尧厄尼希：《民事诉讼法》，周翠译，法律出版社2003年版，第160–161页。

② 容许性（Statthaftigkeit）是法院对当事人的责问进行审查的标准，属于容许性的是：涉及一审判决，对该判决不许可提起控诉；不服额没有超过600欧元。参见［德］奥特马·尧厄尼希：《民事诉讼法》，周翠译，法律出版社2003年版，第161页。

词辩论结束前所处的状态。"[①]"被声明不服的判决仍然存在，但是在当事人进行的新的辩论中并不予以考虑。新的判决如何做出，取决于辩论结果：如果与被责问的判决一致，则原判决保持，其他情况原判决被新判决撤销。"[②]

在法院内部通过听审责问的方式对参与权予以救济可以说是德国的专属规定。较多的国家则是赋予当事人上诉权，由当事人以程序存在瑕疵为由提起上诉来对参与权予以救济。第二审法院通过审理，认定当事人的参与权受到一审法院的侵害，第二审法院就可以以程序违法将案件发回一审法院重审。"在德国，如果程序参与权在二审中能够获得'治愈'，在二审中充分保障了当事人程序参与权的，也可以不发回重审，由二审法院直接作出判决。此时认为一审程序的瑕疵已经得到治愈。"[③]日本、法国都赋予当事人以上诉这种方式对参与权予以保护。

如果在第二审程序中，当事人的参与权受到侵害，在德国，可按照德国《民事诉讼法》第549条的规定，当事人有权以判决违反法律规定为由提起三审。第三审法院认为如果违背当事人参与权，二审判决将会改变的话，可以撤销该判决发回原审法院重审。

根据我国《民事诉讼法》第170条第1款第4项的规定以及《民诉法解释》第325条的规定，如果当事人认为出现"严重违反法定程序"的情况，可以对一审判决提出上诉，二审法院经审理，裁定撤销原判决，发回原审人民法院重审。这样的规定对于法院的程序性违法行为能够起到一定

①　侍东波：《程序参与及其保障》，中国政法大学2005年博士学位论文，第80页。

②　［德］奥特马·尧厄尼希：《民事诉讼法》，周翠译，法律出版社2003年版，第161页。

③　转引自侍东波：《程序参与及其保障》，中国政法大学2005年博士学位论文，第80页。

的规制作用。但是，根据以上规定，可以发现，立法并未将法院违法剥夺当事人的参与权视为"严重违反法定程序"的情形。参与权作为一项基本程序权，保障着当事人能够有效表达意愿和观点，是法院全面掌握案件事实的重要途径。对于家事诉讼中的未成年人来说，参与权保障着未成年人将自己对未来生活、居住、教育等事项的想法顺畅地进行表达，使未成年人能够有效地参与到关涉自身权益的诉讼中来，是实现未成年人的最大利益的重要衡量因素。因此，有必要借鉴域外相关立法将法院侵害未成年人参与权的情况认定为程序性违法，进行程序性制裁。具体而言，当事人可基于参与权受到侵害的事实提起上诉程序；如果判决已经发生法律效力，则当事人可以申请再审。经法院审理，认定存在侵害当事人参与权的事实，则应当对做出判决的法院进行程序性制裁。鉴于未成年人身心未臻成熟的特点，可以规定由程序辅助人在出现以上情况下享有提起上诉或申请再审的权利。

包括未成年人在内的当事人享有的参与权作为一项基本程序权，其实现与否与法院的保障程度密切相关。以法院听取未成年人意见为例，对于是否听取未成年人意见、在何处听取、在场人是否合适均由法院决定，未成年人对此均没有选择与决定的权利。如果未成年人认为自己的参与权受到侵害，并且要对受侵害的事实进行证明无疑对未成年人来说是很难做到的。证明责任的分配直接关系着裁判的公平与正义。因而，考虑到双方掌控证据的能力，在未成年人提出其参与权受到侵害后，应由法院承担证明责任，对参与权未受到侵害的事实进行证明。这既有助于实现双方在诉讼中的实质对等，又能够最大限度地督促法院依法保障和落实未成年人的参与权。在证明标准上，考虑到法院的取证能力较强，建议规定较高的证明标准即"高度盖然性"的证明标准。所谓高度盖然性就是要求法院一方的证明达到使法官能够对待证事实的认定形成"内心确信"。如果作为被诉方的法院没有达到这一证明标准就要承担败诉的风险。

第三节　构建家事诉讼中未成年人参与权的制度保障

"未成年人通常对家庭面临的问题有一定的认识，倾听他们说话可以让痛苦、焦虑或不安得到适当的表达和处理。未成年人的参与可以帮助他们接受有关他们的决定，并可以促进他们迈向成熟和负责任的成年期。"[①]在家事诉讼中，参与权是保障未成年人根据自身的认知陈述意愿、观点的重要依据；是成人世界包括父母、裁判者了解、洞察未成年人意愿与偏好的重要途径；是降低诉讼可能给未成年人带来负面影响的有效方法；是未成年人逐步走向成熟与理性的助推器。

"有关未成年人的研究表明，决定未成年人能力的不再是未成年人的认知能力、发展水平和年龄，而是他们参与的活动和社会环境。更多有技能的成年人通过与未成年人建立相互支持的伙伴关系，逐步提供援助，可以大大提高他们的能力。因此，由父母和家庭法院专业人员搭建的援助体系可以增强未成年人在家庭和法律决策过程中的有意义的参与。"[②]我国现行立法已在一定程度上承认未成年人在家事诉讼中享有参与权，但是支持与保障未成年人参与权得到落实的机制系统还处于缺位状态，极大地影

---

① Anne B. Smith & Nicola J. Taylor. Rethinking children's involvement in decision-making after parental separation. the Eighth Australian Institute of Family Studies Conference. 2003. p.3.

② Nicola Taylor, Pauline Tapp and Mark Henaghan, Respecting Children's Participation in Family Law Proceedings, International Journal of Children's Rights 15（2007）61-82. p.68.

响了未成年人参与权的有效行使，阻碍了未成年人表达意愿和偏好，亟须立足未成年人最大利益原则的要求，根据未成年人身心发展的特性，借鉴相关国家与地区的立法，结合目前我国进行的家事审判改革的实践与经验，构建与完善家事诉讼中未成年人参与权的保障机制。

一、完善法院听取未成年人意见制度

法院听取未成年人意见制度是家事诉讼中获取未成年人意愿的一种常见方式。如前所述，我国相关规范性文件规定，在关于解除非法同居关系时涉及非婚生子女的抚养问题上，法院应征求子女本人的意见；法院审理离婚案件时，法院应征求未成年子女意见。但是，对未成年子女表达意愿的具体程序规则没有做出明确的规定，对此，有必要进一步加以完善。

（一）扩大法院听取意见的未成年人的范围

在德国，非常重视未成年子女在家事诉讼中发出声音，只要认为未成年子女的倾向、关系和愿望对裁判来说是非常重要的，那么未成年人的年龄并不会影响其参与权的行使，如果未成年子女已经年满 14 周岁，法院必须对其进行听审。德国这样的规定与联合国《儿童权利公约》的精神是完全一致的。在日本，《家事事件程序法》首先从一般原则的角度规定，只要家事审判的结果可能会对未成年人产生影响，法院就应当听取未成年人的陈述，进而规定在监护、成立收养关系、成立特别收养关系、解除特别收养关系、亲权事件中必须听取 15 岁以上未成年子女意见。在挪威，法律规定 7 岁以上的孩子有权发表意见，12 岁的孩子的意见则被给予相当的重视。美国《统一结婚离婚法》和澳大利亚《1975 年家庭法》均未对法院听取未成年人意见的年龄进行限制，即使年龄比较小的未成年人也有机会发表意愿。法国法院在审理监护权纠纷时，要求听取具有一定判断能力的未成年子女的意见，除非听取意见有损于子女的利益。在英国，根据《儿童法》的规定，法院依据"未成年人的年龄和理解能力"考虑未成年人的愿望和感受，也未从年龄上对未成年人行使参与权给予限制。

从未成年人的身心发展来看，年龄不应成为限制未成年人行使参与权的障碍。20世纪80年代儿童精神病学家、儿童心理学家进行的实证研究表明，一个人的记忆与一个人的年龄不是直接相关的，三四岁的孩子也有提供可靠信息的能力。[1]心理学和医学研究也表明，虽然孩子们参与了想象的游戏，但他们能够在亲眼看见的情景中辨别事实和幻想。[2]"儿童发展研究表明，儿童的能力是不断发展的，年幼的儿童可能比以前认为的更有形成和表达情感反应的能力，甚至非常年幼的儿童也可以提供与父母监护高度相关的信息，如果没有孩子的视角，法官可能无法理解监护或探视令对孩子的实际或情感影响。如果在监护权和探视权纠纷期间不征求儿童的意见，他们可能会经历更大的长期心理困难。"[3]联合国《第12号一般性意见》根据未成年人的发展特点指出："未成年人从幼年期起就能够形成意见，即使他可能无法用语言来表达。"[4]

---

[1]　S. Rozell, Are Children Competent Witnesses?: A Psychological Perspective（1985）, 63 Wasn. U. L. Q. 815, p820.

[2]　Ronda Bessner, The Voice Of The Child In Divorce Custody And Access Proceedings. Family, Children and Youth Section Department of Justice Canada, 2002, p.36.

[3]　Barbara A. Atwood, The Child's Voice In Custody Litigation: An Empirical Survey And Suggestions For Reform. Arizona Law Review. Vol.45: 629. p.674.

[4]　Lansdown G. ，《儿童能力的发展》，因诺琴蒂研究中心，儿童基金会/拯救儿童，佛罗伦萨（2005年），转引自 CRC/C/GC/12.

《家事审判意见（试行）》规定，在涉及确定未成年子女抚养权的家事诉讼中，法院必须听询 8 周岁以上未成年子女的意见，将听询意见的未成年子女的年龄从 10 周岁降低到 8 周岁。本书通过对 200 个家事诉讼裁判文书样本分析可知，有 114 个未成年人在家事诉讼中行使了参与权，其中年龄在 10 周岁以下的有 21 个，年龄在 8 周岁以下的有 8 个，这说明法官已经开始注重探求年龄较小的未成年人的意愿，使更多的未成年人能够在家事诉讼中表达自己的意愿、要求和偏好。温州市各级人民法院在处理涉及未成年子女抚养、探望等家事案件时，不囿于子女年龄大小，凡是与其年龄、智力、认知水平相适应的意见，均充分听取。[1] 从学者的研究中也可以看出，并不主张对法院听取意见的未成年人的年龄进行限制，除非因未成年人年龄原因无法陈述或者听取未成年人的陈述反而有损害未成年人利益的危险。[2]

综上，立足于当前未成年人身心发育的特点和规律，借鉴相关国家立法，结合我国已有的实践探索，建议法院听取未成年人意愿的主体为有意思表达能力的未成年人，而改变过去以年龄来确定法院是否听取意见的做法。由法院依据未成年人的年龄、识别能力、意思表达能力等身心状况综合判断以确定是否给予未成年子女表达意见的机会。年龄不是衡量未成年人是否能够行使参与权的依据，年龄的大小影响的仅是落实与保障未成年人行使参与权的程序与制度的差异，这需要根据不同年龄阶段未成年人的身心特点去设置适当的方式、程序与制度，促进未成年人进行有效的表达，

---

[1] 此处的信息来源于南京师范大学法学院刘敏教授提供的资料。

[2] 刘敏、陈爱武：《〈中华人民共和国家事诉讼法〉建议稿及立法理由书》，法律出版社 2018 年版，第 280 页。

使法院的裁判真正实现未成年人最大利益。

（二）完善法院听取未成年人意见的场所、方式与在场人制度

法院听取未成年子女意见制度的具体设置影响着未成年子女的正当程序保障，也影响着未成年子女陈述的真实性。从相关国家的立法来看，合理的场所设置、表达意愿的方式及在场人的选择能较好地满足正当程序的要求，也可以将未成年子女陈述过程中可能遭遇的恐惧、内疚等负面影响降低，同时确保未成年人得到充分的尊重和对其隐私的保护。我国相关立法对法院听取未成年子女意见的场所、方式与在场人均未明确，在一定程度上影响了未成年人表达意愿的效果，也与正当程序的要求相悖。

根据德国 FamFG 的规定，法院在听取未成年子女意见时，如果已为未成年子女指定了程序辅助人，那么在听询未成年子女时该程序辅助人应当在场，程序辅助人不仅能够缓解法院听取未成年人意见可能给未成年人带来的心理的恐惧与不安，也能够协助未成年人表达真实意愿。在法国，听取未成年子女意见可以单独进行，也可以有律师或选任的其他人在场，法院必须告知未成年子女有接受律师援助的权利，听取意见可以由法官或者法官选任的人进行。在某些情况下，一个值得信任的成年人的近距离存在可以给一个年幼的孩子以信心，而这种信心是提供清晰、自信的证据所必需的。[①]在美国，法院听询未成年子女意见时，可以允许律师在场，以保护未成年子女的正当程序权利。在澳大利亚，立法中并未明确法院听取未成年人意愿时的在场人，但是在司法实践中，法院可以指示家庭和未成年人专家、未成年人代表或者家庭顾问出席。

---

① Ronda Bessner，The Voice Of The Child In Divorce Custody And Access Proceedings.
Family，Children and Youth Section Department of Justice Canada，2002，p.50.

对于法院听取未成年子女意见的场所，德国、日本法律均未明确做出限制。在澳大利亚司法实践中，法院对未成年子女直接进行听询通常在不公开的法庭或会议室进行。有的法院设有专门的儿童咨询室，咨询室在装修上突出温馨性，并配有不同的游戏物品或器具。[①]美国《统一结婚离婚法》亦规定"法官可以在法庭议事室会见子女，以听询子女在监护和探望方面的愿望"。这里的"议事室"不是法庭，而是法官的办公室或法庭以外的其他地方。加拿大法官可以在法庭议事室与孩子交谈，而且孩子的父母均不能在场。

为了避免未成年子女在法庭直接陈述而可能遭受的创伤，美国的很多州授权法院对未成年人通过摄像机进行交流，并将其记录和封存起来，以便日后上诉审查，录像带可以在某些情况下提供给律师。加拿大的部分省允许采用录像（videotaped interviews）的方式听取未成年人的意愿。根据加拿大最高法院的说法："科学研究表明，与法庭环境相比，未成年人证词的质量和可靠性在较小、较私密的录像环境中显著提高。"[②]另外，未成年人的父母可在审判前观看录像带，因此，他们在向法庭陈述时可能更容易考虑孩子们的需要和愿望。也有一些省的法院采用闭路电视（closed-circuit television）的方式听取未成年人的意见。这种方式可以让孩子在法庭外的证人室里接受检查和询问，法庭上安装了电视摄像机和屏幕，法官、当事人和公众能够看到和听到孩子的陈述。澳大利亚、英国和美国的33

[①] 陶建国：《家事诉讼比较研究：以子女利益保护为主要视角》，法律出版社 2017 年版，第 77 页。

[②] Ronda Bessner, The Voice Of The Child In Divorce Custody And Access Proceedings. Family, Children and Youth Section Department of Justice Canada, 2002, p.48.

个州都允许未成年人通过这种方式发表意愿。

在总结家事审判改革经验的基础上，《家事审判意见（试行）》对法院听取未成年人意见制度做出了一定的完善，规定人民法院审理家事案件。必要时，人民法院可以单独询问未成年子女的意见，并提供符合未成年人心理特点的询问环境。可以看出，该规定对法院听取未成年人意见的场所和方式做出了一定的改进，即一般情况下，未成年人在法庭上或庭下陈述意见和愿望，具体地点为法庭或法院的通常办公场所；在"必要时"，人民法院可以单独询问未成年子女的意见，并提供符合未成年人心理特点的询问环境。但《家事审判意见（试行）》对何为"必要时"并未予以明确。本书认为在涉及未成年人监护权案件、抚养权案件、探望权案件等家事案件中，如果当事人或关系人之间对未成年子女监护人的确定、抚养权人的确定与变更、探望的时间与地点等事项存在较大的争议，呈现出高冲突的状态，那么就不宜让未成年人出庭并目睹这一过程以避免给未成年人带来伤害，而由法院进行单独询问。询问的地点应安排在有利于缓解未成年人紧张情绪，避免造成恐慌心理的地点，室内的装饰、色彩、物品的配置都应当符合未成年人的喜好和需要，而不能安排在法院的通常办公场所，如法庭、会议室等。法院听取未成年人意见时，建议由程序辅助人、社会工作者作为在场人。程序辅助人主要发挥协助未成年人表达意愿的作用，社会工作者则最好选用懂得心理学知识的专业人士，对未成年人进行心理疏导，缓解未成年人与法院直接会面可能给未成年人造成的紧张情绪等不利影响。我国多地法院已开始探索完善这一制度的适用，如南京市中级人民法院在审理涉及未成年人的家事诉讼时，一般情况下未成年人不到庭参与诉讼，法官可到未成年人的家中、学校等适宜地点，在由成年家属、学校老师等人员陪同的情况下向未成年人征询意见；[①] 南通市崇川区人民法院"在未成年子女向法院表达意愿或陈述事实时，法院可以通知有关机构指派社工、义工或其他适当人员在场陪同。陪同人员可以辅助未成年子女表达意愿"[②]。此外，法院在听取未成年人意见时还应该根据未成年人的不同年龄阶段确定不同的方式。如果是 8 周岁以下的未成年人，由于其语言表达、理解能力的发育还受到较大的限制，因而，法院可以更多地借助程序辅助人、家事调查员来探知其意愿；对于 8 周岁到 16 周岁之间的未成年人，其对事物的认知能力处于上升阶段，身心状态也比较稳定，对未来亲子关系的维系、教育与居住环境有了一定的自我理解，法院可以直接听取其意见，必要时可以采用其他的辅助手段如心理测试、亲子互动游戏等，多角度观察、探知未成年人的意见，在父母之间存在高冲突时，仍然可以借助程序辅助人、家事调查官来获取未成年人的意愿；对于 16 周岁以上的未成年人，其心智发育已趋近成熟，法院有必要直接听取其意见，以作为裁判的依据。

在美国、加拿大及澳大利亚，法院听取未成年子女意见是一个争议非常大的制度。在美国，法院在监护权诉讼中确定未成年人的偏好这一问题上感觉非常艰难，因为法院往往要面临三种利益的权衡，这些利益是（1）法院在做出适当决定时的利益；（2）未成年人的隐私和福利；（3）父母的正当程序权利。[③] 支持者认为："这种方式可以避免孩子在法庭或父母

[①]　此处的信息来源于南京师范大学法学院刘敏教授提供的资料。

[②]　《南通市崇川区人民法院家事案件审理规程》第 26 条。

[③]　JACQUELINE CLARKE，Do I Have a Voice？An Empirical Analysis of Children's Voices in Michigan Custody Litigation，Family Law Quarterly，Volume 47，Number 3，Fall 2013．p.460．

在场的情况下表达自己的观点而感到的不舒服以及避免孩子们受到来自包括父母在内的怂恿等。"① 反对者则认为由法院听取未成年人意愿与正当程序的要求相违背，是对法院作为公正的裁判者的一种侵犯，也可能会对父母的程序性权利造成侵害，因为他们没有出席，无法反驳孩子所做的陈述。在这些国家，该制度是作为其他制度的补充而适用的。在德国、日本，新近修改或颁布的家事诉讼法体现的一个突出特点就是诉讼事件非讼化处理，强化法院的职权探知主义，尤其是在涉及未成年人权益的家事案件中，为维护未成年人最大利益，法院可以依职权主动调查事实，法院听取未成年子女意见的做法就比较常见。我国虽没有针对家事诉讼的单独立法，家事诉讼容身于民事诉讼之中，但我国民事诉讼本身就具有很强的职权干预的特点，所以，在家事诉讼的司法实践之中均体现着较强的职权干预的色彩。在家事诉讼中，未成年人的陈述是法院做出裁判的重要依据，法院出于未成年人最大利益的考虑，以及目前保障未成年人发表意愿的其他制度还不健全，所以在我国该制度的适用相较于美国、澳大利亚等国家来说是比较普遍的。

（三）构建法院听取未成年人意见规则

涉及未成年人的家事诉讼，实现未成年人最大利益被认为是家事诉讼的首要考虑。即使在英、美、法国家，法院听取未成年人意见与正当程序的要求并不完全相符，有时也会与父母权利的保护相冲突，但是，正如林肯诉林肯案中，纽约上诉法院声明所言："法院首先关心的是而且必须是

---

① Ronda Bessner, The Voice of The Child In Divorce Custody And Access Proceedings. Family, Children and Youth Section Department of Justice Canada, 2002, p.55.

未成年人的福利和利益……他们的利益至上。在发生冲突的情况下，父母的权利必须服从这种优越的要求。已经遭受破碎家庭创伤的未成年人，不应使其与父母任何一方的关系进一步受到危害，因为他们必须公开讲述其困难，或被要求在公开的环境下在两者之间做出选择。然而，初审法院如果要充分了解父母对未成年人的影响，以及保障未成年人诚实地表达自己的愿望和态度，在许多情况下需要与未成年人进行面谈。毫无疑问，私下面谈将减少对未成年人的心理危险，而且也比对抗制的传统程序——在公开法庭上宣誓对未成年人进行审查——提供更多的资料及更有价值。"[①]
加利福尼亚、英格兰、威尔士和新西兰等国家与地区均制定了法院听取未成年人意见规则，对法院听取未成年人意见的目的、法院听取未成年人意见应考虑的因素、法院听取未成年人意见的具体程序等方面做出了规范，保障法院准确探求未成年人的意见、愿望和偏好。鉴于我国目前家事诉讼中该制度的广泛适用，虽然相关规定还比较粗糙的现实情况，结合目前各地法院积累的家事司法改革的经验做法并吸收借鉴相关国家与地区规定的基础上，构建我国家事诉讼中法院听取未成年人意见规则，希望对规范该制度的适用起到一定的促进作用，具体内容见"附录：家事诉讼中人民法院听取未成年人意见规则"。

二、建立程序辅助人制度

未成年人参与权建立在尊重自治的原则基础之上。自治性或自主性是

[①] NICHOLAS BALA, RACHEL BIRNBAUM, FRANCINE CYR, DENISE MCCOLLEY, Children's Voices in Family Court: Guidelines for Judges Meeting Children, Family Law Quarterly, Vol.47, No.3（Fall 2013）p.388.

一种权利或一种可取的品质，具有自治性的个体根据自己选择的计划自由行动，而自主能力受损的个体如未成年人，就要依赖代理决策者，通常是他们的父母。在民事活动领域，法律为未成年人设立了法定代理人制度，以使未成年人欠缺的民事行为能力得到完善，从而满足他们参与民事活动的需要，维护自身的最大利益。这一制度设计的前提是法定代理人与未成年人的利益要保持一致，不存在冲突。如果两者的利益存在此消彼长的状态，那么法定代理人将无法发挥应有的作用，未成年人的意愿将无法获得有效的表达，对未成年人的利益保护也必将陷入真空状态。

在诉讼活动领域，鉴于未成年人受语言表达能力、理解能力等因素的限制，法律为其设置了法定诉讼代理人制度，以补强其诉讼行为能力的缺陷。综观我国立法，诉讼活动领域中的法定诉讼代理人与民事活动领域中的法定代理人的范围是重合的，那么在法定代理人与未成年人利益存在冲突或者法定代理人无法行使代理权以及行使代理权有困难的情况下，法定诉讼代理人如何协助未成年人表达观点、意愿和偏好，维护未成年人的利益，这将是一个非常棘手的问题。如前所述，法官因缺乏与未成年人交流的专业知识，以及由法官亲自听取未成年人意见可能会出现与正当程序相冲突的情况，所以，创设一种能够独立代表未成年人权益，协助未成年人行使参与权，提升未成年人最大利益实现的机制就成为必要。程序辅助人制度就是在这样的背景下产生的，具体而言，程序辅助人是在家事诉讼中，为实现未成年人最大利益，准确探知未成年人在与其权益有关的事项上的真实意愿、观点与偏好，协助未成年人完成参加诉讼等一切诉讼行为的独立诉讼主体。

（一）程序辅助人制度对于落实未成年人参与权的重要意义

如前所述，在域外国家的家事诉讼中，普遍重视对未成年人真实意愿的探知，立足实现未成年人最大利益设立了功能近似的程序辅助人制度，只不过在不同的国家与地区其称谓有所不同。程序辅助人以其专业性、独立性在保障未成年人行使参与权，使未成年人获得充分的程序保障，落实未成年人的最大利益方面获得各国与地区的普遍认可与广泛适用。

以美国为例，根据正当法律程序的要求，《儿童权利法案》规定亲权诉讼中，未成年子女享有参与权，能够对有关自身权益的事项发表意见。美国律师协会于 2003 年批准的《监护权案件中代理子女的律师行为标准》将代理人分为两类：一类是未成年人的律师（child's attorney），未成年人与律师之间是委托法律关系，律师属于通常意义上的代理人，依据诉讼中未成年人的意思表示从事代理活动。另一类是未成年人的最佳利益律师（best interest attorney），最佳利益律师立足于保护未成年人的最大利益提供独立的法律服务，不受未成年人意思表示的约束。未成年子女的最佳利益律师是未成年子女诉讼监护人的重要来源之一。在美国，关涉未成年人权益的监护、抚养、虐待、忽视等案件中，法院可以为未成年人指定一名未成年人的律师，还可以同时任命一名诉讼监护人。这样的制度设计就是考虑到未成年人的律师仅作为未成年人的普通代理人发表意见，无法从实现未成年人的最大利益的角度协助未成年人发表观点、意愿。未成年人因自身能力的孱弱，其利益往往在诉讼中被忽视或侵害，未成年人的最佳利益律师独立于未成年人、独立于法院及未成年人的亲权人或监护人，并以自身的专业优势探知未成年人的真实想法，最主要的功能就是让未成年人说出自己的想法和偏好，在对未成年人进行全面调查后形成评估报告，确定哪一种行动方案最符合未成年人的最大利益，其制度优势可见一斑。

（二）我国家事诉讼中程序辅助人制度的实践探索

2013 年至 2017 年期间，全国法院共审理涉未成年人权益保护案件达 49 万件，抚养关系纠纷、抚育费纠纷、监护权纠纷、探视子女权纠纷等民事案件占 94.54%，呈上升趋势。[①] 在这些案件中，如何为未成年人权益保护构建一个可行的模式，避免未成年人的权益被监护人、亲权人侵害，让未成年人在有关自身权益的家事案件中发出自己的声音是目前家事审判面临的一个重大课题。

在最高人民法院开展的家事审判改革中，各地法院不断探索保障未成年人行使参与权的制度，实现未成年人的最大利益的经验做法。2017 年，上海市普陀区人民法院首次将"儿童权益代表人"制度运用于离婚案件中，将有利于实现未成年人最大利益的声音传递到诉讼程序之中，具体案情如下。

案例 5-1：在这起离婚诉讼中，原被告一致同意离婚，但均表示无法继续抚养只有 3 岁并且身患罕见遗传疾病的女儿李某某。考虑到孩子抚养问题和治疗问题解决不好，未来对孩子的影响将是无法弥补的，而本案中的未成年人李某某无法为维护自身的权益传递出自己的声音。普陀区人民法院聘请了区妇女儿童工作委员会办公室的两位妇儿干部以及区团委的青少年社工作为儿童权益代表人参加诉讼，代表未成年人李某某作为独立的诉讼主体直接参与诉讼。儿童权益代表人通过走访相关医院、单位和人员

---

① 《从司法大数据看我国未成年人权益司法保护和未成年人犯罪特点及其预防》，载最高人民法院网，http://www.court.gov.cn/fabu-xiangqing-119901.html. 访问日期：2019 年 10 月 18 日。

了解了孩子的病情及将来的治疗需求。在开庭时，儿童权益代表人从孩子的需求出发，表达了对于抚养权、抚养费及探望权的主张。在儿童权益代表人的努力下，双方达成了调解协议，为孩子创建了用于治疗的专项保障金确保以后的治疗、护理和日常生活。[①]

本案中的儿童权益代表人解决了在家事诉讼中未成年人无法行使参与权的掣肘，化解了法定代理人与未成年人因存在利益冲突而无法有效表达未成年人观点与意愿的困境，实现了未成年人程序上和实体上的双重权利。除此之外，上海市普陀区人民法院还在变更抚养权案件、抚养费案件以及继承等家事案件中探索儿童权益代表人制度的适用，积极探知未成年人的真实意愿，助力家事案件的化解。

目前，我国多地法院开始在家事诉讼中探索适用与程序辅助人制度功能相似的制度，旨在通过落实未成年人参与权实现未成年人的最大利益，并初步形成了一定的地方经验。如南京市中级人民法院建立了诉讼监护人制度，由诉讼监护人出庭参与诉讼，表达子女的独立意愿，助力未成年子女的最大利益的实现。[②]温州市所辖区鹿城、龙湾、瓯海、乐清、瑞安等

---

① 《普陀法院首创儿童权益代表人机制》，载新浪网，http：//k.sina.com.cn/article_620013 4163_1718e8a13001002n1p.html.访问日期：2019 年 10 月 8 日。

② 《南京市中级人民法院关于推进家事审判方式改革的实施意见》

19. 未成年人利益代表。坚持未成年人利益最大化原则，确保未成年人在身心健康不受伤的前提下保障权益实现。包含两个内容：一是建立诉讼监护人制度，在子女为案件当事人，但其法定代理人无法出庭或因利益相反不宜出庭的情况下，通过诉讼监护人代理子女出庭参与诉讼，表达子女的独立意志，保障子女权益的实现；二是建立观护制度，在不以未成年子女为当事人的案件中，因涉及子女的切身利益，需要其参加庭审或参与调解的，由志愿者、社工陪同子女出席，安抚子女的情绪，化解子女的恐惧，为子女提供及时的关怀，保证子女不受他人干扰地表达自己的独立意志，维护自己合法权益。

多家基层法院纷纷建立了未成年人权益代表人制度，使未成年子女有机会参与诉讼，充分表达意愿。但是，在本书选取的 200 件家事诉讼裁判文书样本中，还没有发现在监护权、抚养权、探望权等案件中为未成年子女选任类似于"程序辅助人"的案例。总体来看，目前，该制度在各地法院适用的情况还非常少，在家事诉讼中，未成年人参与权的落实令人担忧。下面就结合我国各地法院已有的经验与做法，借鉴相关国家与地区的立法对构建未成年人程序辅助人制度进行初步规划。

（三）构建我国家事诉讼中程序辅助人制度的具体设想

1. 程序辅助人的资格条件

程序辅助人在家事诉讼中以独立的诉讼主体身份探知未成年人的意愿和偏好，为实现未成年人的最大利益，程序辅助人向法院传递的意见和观点可与未成年人的表达不一致，这就需要程序辅助人具备相应的资格条件，以确保该制度承载的保护未成年人最大利益的功能得以实现。

在德国，尽管立法未对程序辅佐人的条件做出明确规定，但在实务中往往是由各程序辅佐人社团从具有法学、社会学、心理学、教育学背景的专业人员中选聘，而且大部分人来源于律师、教师、医生和心理师，法院从符合条件的人员中为未成年人指定程序辅佐人。[1] 在日本，原则上只有律师才能担任程序代理人，非律师只能在获得家庭裁判所许可的情况下成为程序代理人。在美国，采用诉讼监护人制度的早期，多数州是由律师作为未成年人的诉讼监护人，这些律师由法律援助机关负责选聘和管理，经

---

①　陶建国：《家事诉讼比较研究——以子女利益保护为主要视角》，法律出版社 2017 年版，第 30–31 页。

培训合格后列入诉讼监护人名册，待法院需要时由法院任命成为具体案件中的诉讼监护人。总体来看，域外家事诉讼中担任未成年人程序辅助人的资格条件比较严格，要么是律师，要么是具有专门知识并经相关培训的其他人员。

在家事诉讼中，程序辅助人要全程参与诉讼程序，向未成年人告知诉讼程序与诉讼信息，探求未成年人的真意表达并立足未成年人最大利益向法院提出主张，这需要程序辅助人具有比较高的法律专业素养。从我国目前的实践情况来看，还没有形成专门的第三方机构或组织能够胜任此项工作，因此，考虑由律师和基层法律服务工作者担任程序辅助人是比较可行的。未成年人权益具有公益性质，未成年人权益的实现关系着社会的发展与国家的未来，全社会都有义务关注并为此做出努力。律师作为开展公益法律服务的重要主体，有义务为保护未成年人权益做出贡献。2019 年 10 月 23 日司法部发布了《关于促进律师参与公益法律服务的意见》，其中提出"倡导每名律师每年参与不少于 50 个小时的公益法律服务或者至少办理 2 件法律援助案件"。这一倡导在一定程度上必将促进律师承担公益服务，在家事诉讼中担任未成年人程序辅助人服务于家事审判。目前，全国律师协会已成立了未成年人保护专业委员会，能够有效指导、推进全国各地的律师在维护未成年人权益方面发挥应有的作用。2017 年 5 月，未成年人保护专业委员会在北京组织召开了"儿童保护论坛"，就律师如何在家事诉讼中切实发挥保护儿童利益的问题进行了专题探讨，并一致赞同要大力推进相关工作。总之，无论是从程序辅助人的作用方面还是从未成年人权益的公益属性方面来衡量，由律师担任程序辅助人都具有正当性和可行性。在我国，基层法律服务工作者也是开展法律服务的重要主体。2018

年 2 月 1 日起施行的新修订的《基层法律服务工作者管理办法》提高了基层法律服务工作者的执业门槛，由原来的"具有高中或者中等专业以上的学历"提高到"高等学校法律专业本科毕业"，这对于提高基层法律服务工作者的法律服务质量起到了保障作用。目前，对于律师和基层法律服务工作者已经基本形成了相对固定和完善的培训机制，可以借助现有的培训机制实现程序辅助人的相关技能的训练，以此提高开展工作的各项能力，这也有助于节约开展此项工作的成本，实现较好的制度功能。

2. 程序辅助人的适用情形

综观域外相关国家设立程序辅助人制度的初衷可知，该制度主要是破解未成年人与其法定诉讼代理人之间存在利益冲突，或法定诉讼代理人不能有效行使代理权的困境，程序辅助人通过对未成年人真实意愿的把握，从实现未成年人最大利益的角度提出独立于未成年人、独立于法院的见解，以实现家事案件的妥适化解，减少诉讼对未成年人的影响和伤害。根据该制度功能，可以确定在出现下列情况时，人民法院可以依据职权或当事人及关系人的申请，为未成年人选任程序辅助人：（1）未成年人与其法定诉讼代理人出现利益冲突；（2）未成年人的法定诉讼代理人不能行使代理权或面临行使代理权的困难；（3）保护有诉讼行为能力的未成年人利益之必要的。

3. 程序辅助人的诉讼地位

在德国，程序辅佐人在家事诉讼中处于关系人的诉讼地位，具有独立性，不受被代表的未成年人及其父母、监护人、探望权人和法院的意思限制。在日本，程序代理人并非未成年人的法定代理人，法定代理人属于诉讼代理人，而程序代理人是未成年人利益的特别维护者，在涉及未成年人利益的家事诉讼中，可以由其亲权人或监护人担任法定代理人，但如果有必要仍然可以为未成年人选任程序代理人，由此可见，程序代理人在诉讼中的独立地位。

程序辅助人在家事诉讼中以自己的名义参加诉讼活动，不受未成年人意思表示的约束，能够提出与未成年人表达的意愿不同的观点，其以独立之身份探知未成年人对监护人的确定、探望权的行使及抚养人的确定等事项的真意表达，有为未成年人的利益为一切程序行为的权利，维护未成年人最大利益。程序辅助人也独立于法院，其不是在法院授权的范围内行使职权，完全从实现未成年子女最大利益的立场履行职责，通过多种方式与未成年子女沟通交流获知其真实意思，并将该意愿传递给法院。可以认定，程序辅助人的适用情形、权限、作用等方面均与法定代理人、委托代理人存在明显区别，未成年人程序辅助人是独立的诉讼参加人。

4. 程序辅助人在保障未成年人参与权方面的作用

程序辅助人设立的初衷就是要保障未成年人的参与权，使未成年人能够在关涉其权益的家事诉讼中有效表达自己的意愿、观点和偏好，成为法院裁判的依据，实现未成年人最大利益。因而，程序辅助人的作用就必须围绕保障未成年人参与权的落实来设置。德国 FamFG 明确规定程序辅佐人的作用就是"查明子女的利益，并在法院程序中予以维护"。在美国，有关监护、抚养、虐待、忽视未成年人等诉讼程序中，诉讼监护人最主要的功能就是让未成年人说出自己的想法和偏好，在对未成年人进行全面调查后形成评估报告，确定哪一种行动方案最符合未成年人的利益，这可能是也可能不是家长、社会工作者、养父母、教育工作者或孩子本人所提倡的。[1]具体的职责包括调查、评估、谈判、调解和倡导。在澳大利亚，独立律师在诉讼中发挥着三种不同的作用：促进未成年人参与诉讼程序；收集与未成年人的最大利益相关的证据；发挥诉讼管理作用，包括确保诉讼以未成年人为中心的方式进行、鼓励以适当的方式解决纠纷等。可以说，关于程序辅助人的作用在域外立法与实践中尽管不完全相同，但是，均将促进未成年人参与诉讼程序，让未成年人表达自己的真实想法作为重要的任务之一。

　　具体来说，家事诉讼中程序辅助人在保障未成年人参与权方面的作用主要有：第一，向未成年人说明程序的有关信息，包括诉讼标的、程序的进展及可能产生的诉讼结果，使未成年人能够了解程序的情况，便于做出相关意愿的表达。第二，听取未成年人意愿，了解与掌握未成年人的真实想法。第三，辅助未成年人参加诉讼活动。基于未成年人之利益，享有参与调解、代为上诉、申请再审等权利。第四，查阅有关诉讼文书，包括卷宗、家事调查员提交的家事调查报告等。第五，反映未成年人意愿。以书面或言词形式向法院、家事调查员等反映未成年人的理解能力、想法、是否适合出庭以及其他有利于未成年人最大利益的事项。第六，在所有询问、听取未成年人意见的程序时在场，辅佐未成年人回答法官等相关人员的询问。第七，申请进行必要的调查与鉴定，并对调查结果或鉴定意见提出质询。

5. 程序辅助人的费用支付

　　为确保程序辅助人的工作积极性，体现对其劳动的尊重与认可，域外

---

[1]　Carmen Ray- Bettineski：Court Appointed Special Advocate：The Guardian ad Litem for Abused and Neglected Child，Juvenile Family Court Journal，1978（8）.p.67.

国家立法基本都要求为其支付一定的费用。在德国，程序辅佐人的报酬和基于程序辅助工作发生的费用及增值税均由国库支付，并不增加程序辅佐人的任何费用负担。在日本，未成年人要承担程序代理人的费用，无论该程序代理人是由未成年人申请选任还是由裁判长依职权选任，即使选任的律师是公共律师（国选律师），原则上也要由选任者自行负担费用。在未成年人面临为程序代理人支付费用的困难时，可以申请法律援助。但是这样的支付模式可能会由于未成年人的亲权人或监护人行使撤销权而导致未成年人无法获得程序代理人的协助。对此，日本律师协会提出，应当修改现行的法律援助法，为未成年人自己选任程序代理人而申请法律援助专门建立"给付制"，以便能够有正当理由实现国家负担。在澳大利亚，独立律师的费用原则上是由法律援助资金提供的。

我国应立足提高程序辅助人工作积极性和工作质量，制定适合我国国情的费用支付模式，具体来说可以采用以下几种方式：第一，由未成年人的监护人与国家共同承担。考虑到未成年人利益具有公益性质，程序辅助人是出于国家监护人的立场实施对未成年人的保护，是代表国家对未成年人实施亲权，所以向程序辅助人支付的费用具有明显的公共成本属性，由国家负担一部分是合适的。同时，考虑到若全部费用均由国家负担可能会导致财政上的压力，如果因为国家面临的财政压力而降低相应的费用标准则有可能影响程序辅助人的工作积极性，不利于该制度发挥应有的功能。因而，可以考虑由未成年人的监护人分担一部分费用。第二，如果程序辅助人是由家事诉讼中的当事人或关系人依申请而产生的，那么发生的费用原则上应由当事人或关系人承担。第三，如果当事人或关系人面临经济上的困难，可以由法律援助基金、儿童少年基金会的基金项目负担。[①]需注意的是，即使律师是基于开展法律援助而作为程序辅助人工作也应当获得正当的收入，积极扭转当前律师因获取的政府补贴较低而不愿开展法律援助的局面，以吸引更多的律师加入程序辅助人的队伍，保障该制度的良性运转。

三、建立家事调查员制度

家事案件的妥适解决往往会影响到未成年人的身心健康、未来居住的安排、教育环境、生活环境的变化等，显现出典型的公益性。然而，在家事案件中未成年人的权益往往容易被忽视，未成年人很难凭借自身的力量有效参与到家事诉讼中来并发出自己的声音。因此，需要法院充分依据职权调查事实与证据，倾听未成年人的表达，全面掌握案件情况，促进未成年人最大利益的实现。《民诉法解释》第96条[②]明确了法院可以对涉及身份关系的事实进行职权调查，这为法院依职权调查收集证据提供了正当性基础。

然而在我国，由法官完成以上任务面临着案多人少的压力实为不现实。就笔者调查的呼和浩特市某区人民法院家事审判的情况来看，某区人民法院作为最高人民法院家事审判的试点法院成立了家事审判团队，有员额法官1名，助理2名，内勤1名，速录1名，外勤送达2名。2018年共审结家事诉讼案件587件，2019年共审结家事诉讼案件610件。在与主审法官的访谈中得知，近几年家事案件的数量增长迅速，而囿于员额制的限制，

---

① 陶建国、马鹏程：《论家事诉讼中未成年人利益代理人制度的构建》，载《前沿》2019年第4期，第96页。

② 参见附录［2］。

办案法官人员有限，法官的办案压力巨大。实际上，这种情况在全国的各级法院尤其是基层法院都是非常普遍的。为保障法官的办案效率及审判质量，消除当事人对法官直接调查取证而影响其中立性、权威性的顾虑，有必要引入专门的人员辅助法官进行事实调查。另外，法官往往缺乏心理学、社会学等专业知识以及与未成年人沟通交流的技巧，由其亲自与未成年人进行交流沟通，往往并不能很好地把握未成年人的意愿和偏好。家事调查员通常擅长与未成年人沟通交流，并辅之以多元的调查方式如走访学校、社区，通过观察未成年人与父母、兄弟姐妹的共同活动等来确定未成年人的意愿与偏好，为法院做出裁判提供较为全面的事实依据。

（一）我国家事调查员制度的实践探索

家事调查员制度起源于刑事诉讼中的社会观护制度，其基本理念在于保护未成年人权益。早在 2007 年广州市黄埔区人民法院审理的一起涉及未成年人抚养费案件中，人民法院首次在民事案件领域启用了"社会观护（员）"制度，开了适用该制度的先河。[①] 最高人民法院在 2010 年发布的《最高人民法院关于进一步加强少年法庭工作的意见》（以下简称《加强少年法庭工作意见》）中明确指出，各级法院应当坚持对未成年人"特殊、优先"保护原则，大胆探索实践社会观护（员）制度。该规定为涉及未成年人的民事案件包括家事案件中适用社会观护（员）制度指明了方向。从各地法院的实践来看，社会观护员主要由法院聘请的来自社会团体、组织的热心未成年人工作的人员担任，在庭前就未成年人的性格特征、成长经历、亲

---

① 《广州"社会观护员"亮相民事案件庭审现场》，载东方律师网，http://www.lawyers.org.cn/info/032a021aa13541629b5957cdaee55bf5. 访问日期：2019 年 10 月 12 日。

子关系、学习与生活环境、监护人的经济能力、品格等情况进行社会调查，并向法庭提交"社会调查报告"；在开庭时可出庭宣读调查报告并接受质询；在庭后就未成年人权益落实情况进行跟踪观察并及时反馈、干预和援助等。在家事诉讼中，社会观护员通过对未成年人的各种情况进行充分的调查，以了解未成年人的意愿和偏好，促进家事案件的妥善解决。对此可以通过北京市门头沟区人民法院审理的首例采用社会观护（员）制度的家事案件来考察该制度在这方面发挥的作用。

案例5-2：孙先生与李女士协议离婚，并约定二人之子孙明（化名）由孙先生抚养，后李女士起诉要求变更抚养关系，由自己抚养。因双方都表现出希望抚养孙明的愿望，两位社会观护员先后走访了二人生活、工作的单位、社区及孙明所在的学校，对双方的经济条件、社会评价及对孩子的照顾情况进行了全面的调查。为了解孩子的意愿，其中一名社会观护员利用自身作为英语教师的专业特长，通过给孩子辅导作业，与孩子建立起了信任。孩子消除了紧张情绪，表达了想与妈妈共同生活的愿望。在全面调查的基础上，社会观护员形成了观护调查报告，并促成了双方的和解。[①]

虽然不同的法院适用社会观护（员）制度的案件范围不尽相同，但通常都包括关涉未成年人权益的家事案件例如抚养权案件、探望权案件、监护权案件等。为规范该制度的适用，多地法院制定了有关社会观护（员）

---

① 母冰：《社会观护员维护儿童利益最大化》，载《北京日报》2013年6月5日。

制度的工作规程，^① 对社会观护员的来源、适用案件范围、工作流程等方面进行规范。以上海市闵行区人民法院少年庭审理民事案件适用社会观护（员）制度的情况来看，2012 年至 2017 年，适用社会观护员的比例从 1.4% 增加到 9.5%，而且 8 成的案件是涉及子女抚养纠纷的家事案件。^② 社会观护（员）制度畅通了未成年人表达意愿的途径，在促进实现未成年人最大利益方面发挥了独特的作用。社会观护（员）制度与家事调查员制度在价值理念、功能作用、人员组成、适用范围等方面均存在一定的共通之处，该制度在家事诉讼实践中的经验探索可以作为我国在家事诉讼中进一步确立家事调查员制度的重要参考。

家事审判改革试点工作的启动正式将家事调查员制度引入司法实践，各地法院在准确把握家事审判改革总体要求的基础上，立足家事案件的特点，探索家事审判模式的创新，借助家事调查员的制度优势实现最大化地查明案件事实，尤其在涉及未成年人权益的家事案件中，通过家事调查员与未成年人的沟通交流，探明未成年人的真实意愿、观点与偏好，在法院妥适解决家事纠纷方面发挥着重要的作用。各地法院也纷纷制定有关家事

---

① 如 2007 年广州市中级人民法院制定《广州市法院审理未成年人民事案件社会观护（员）制度实施规程》；2011 年上海市高级人民法院与共青团上海市委联合下发《上海法院审理未成年人民事、行政案件开展社会观护工作的实施意见》；2012 年上海市闵行区人民法院出台《上海市闵行区人民法院审理未成年人民事案件开展社会观护工作的实施细则》；2013 年门头沟区人民法院制定《门头沟区关于在未成年人民事案件中开展社会观护工作规程（试行）》；2013 年宁波市中级人民法院发布《关于审理涉未成年人民事案件中适用社会观护制度的若干规定（试行）》等。

② 朱妙、吴瑞益、沈梓君：《少年家事审判改革背景下社会观护制度的检视与完善》，载《青少年犯罪问题》2018 年第 3 期，第 86–87 页。

调查员的工作规程，形成了具有一定地域特色的实践基础。[①] 山东省德州市武城县人民法院对涉未成年人权益保护的家事案件予以重点关注，根据家事调查的需要，对与未成年利益关系巨大的抚养权案件制作了"未成年子女抚养情况表"和"家事纠纷回访登记表（涉及未成年人权益类）"以全面掌握未成年人的利益需求。然而由于法律规范层面相关规定的缺失导致实践当中在家事调查员的适用范围、选任条件与程序、家事调查规则、家事调查员的培训等方面均存在诸多问题。在抽样调查的 200 件家事诉讼裁判样本中，只有 2 件家事诉讼[②] 适用了家事调查员和社会观护（员）制度，适用比例是非常低的。因而有必要结合已有的实践探索，借鉴相关国家与地区的立法构建我国家事调查员制度，促进该制度在涉及未成年人家事诉讼中更好地发挥作用。家事调查员制度涉及的内容很多，本书仅就与未成年人参与权的落实有关的几个主要方面进行阐述。

（二）建立我国家事调查员制度的具体设想

1. 适用家事调查员制度的家事案件范围

家事调查员制度设立的基本原理是法院基于职权探知的需要尽力发现事实，维护公益。据此可知公益性越强的家事案件，对职权探知的需要就越强，对于涉及身份关系、家庭伦理与公序良俗的家事案件，在事实发现

---

① 广西壮族自治区高级人民法院出台《家事案件调查工作规则》；2016 年徐州市贾汪区人民法院出台《家事调查工作规则（试行）》；2017 年南京市中级人民法院出台《关于建立家事调查员参与调查和调解家事纠纷工作制度的意见》；2017 年广东省高级人民法院出台《关于建立家事调查员制度的意见》《广东法院家事调查员工作规程（试行）》；2017 年安徽省安庆市迎江区人民法院出台《家事调查员工作规则（试行）》等。

② 原告荣某某与被告张某甲变更抚养关系纠纷一案一审民事判决书，（2017）鲁 1428 民初 727 号；宋某诉李某华探望权纠纷一案二审民事判决书，（2017）沪 01 民终 14407 号。

层面对法院的要求就比较高。此外，不同的家事案件的讼争性不同，对当事人或关系人的处分权的限制也不同。一般来说，讼争性较强的家事案件，当事人或关系人刑的处分权较大，如基于婚姻家庭关系发生的财产型案件，反之，讼争性较弱的家事案件，当事人或关系人的处分权较小，法院依据职权对事实进行探明的权力相对较大，如基于身份关系发生的家事非讼案件。当然家事案件种类繁多，"诉讼与非讼，不论是在程序上或者是事件上，其真正的本质都不是二元世界，很难回答某一件事情一定是诉讼或者非讼"，[①] 这就会出现在家事诉讼中诉讼与非讼法理交错适用的状态，导致有的家事案件虽为诉讼案件但存在需要适用职权探知的情况。

日本，在有关亲子、亲权或者未成年人监护的家事审判或者其他未成年的子女（包括未成年被监护人）会因其结果受影响的家事审判程序中，可以适用家事调查官制度。法国，在确定行使亲权与探视方式或将子女交由第三人照顾的任何最终或临时决定做出之前，法官得委派任何有资格的人进行社会调查。[②] 可以看出，在涉及未成年人的亲子关系案件、亲权案件、监护案件、探望权案件中为查明相关事实，掌握未成年人对亲权人的确定、监护人的确定、探望方式等事项的态度往往适用家事调查员制度。《家事审判意见（试行）》根据家事审判的改革经验，规定在涉及抚养事项和探望事项中，家事调查员可以征询8周岁以上的未成年子女的意愿和态度。本书认为有必要根据涉未成年人权益的家事案件的特性，进一步扩大适用

---

① 吕太郎等：《家事事件法若干解释上之问题——民事诉讼法研讨会第一百一十五次研讨会纪录》，《法学丛刊》2012年第227期，第241页。转引自王德新：《家事审判改革的理念革新与路径调适》，载《当代法学》2018年第1期，第101页。

② 参见附录［3］。

家事调查员制度的范围，将那些公益性较强、讼争性较弱的家事案件纳入适用范围，主要包括涉未成年人离婚关系案件、抚养关系案件、收养关系案件、监护权案件、探望权案件。这些家事案件的妥适解决均会影响到未成年人未来亲子关系的维系、居住与教育安排、生活环境的变化等与未成年人权益密切相关的事项，具有典型的公益性，通过家事调查员能够全面掌握未成年人的心理状况、对相关事项的意愿与偏好，了解法律事实之外的影响未成年人最大利益实现的生活事实和心理事实，为法院做出妥适的裁判提供全面的事实依据。

2. 家事调查员的来源与任职条件

家事调查员的来源与任职条件直接关系着家事调查的质量。目前，我国家事调查员的来源途径基本上可以分为三种。一是从法院的司法辅助人员如法官助理或书记员中产生。[①] 二是相关单位推荐人选，法院选聘。如珠海市香洲区人民法院聘任了由妇联干部和社会工作人员为主体的家事调查员队伍；[②] 东莞市第二人民法院聘任的首批家事调查员主要是镇街妇联干部、社区社工，也有部分律师、心理咨询师等专业人士；[③] 厦门市中级人民法院从市妇联推荐的心理专家、妇联干部、社区干部、社区挂点律师

---

① 参见《山东即墨"女子法庭"解开万千家事结》，载新浪网，http://news.sina.com.cn/o/2016-03-08/doc-ifxpzzhk2490512.shtml.《甘肃省华池县人民法院委任家事审判庭的两名书记员担任家事调查员，甘肃华池县法院家事审判改革试点工作纪实》，载中国法院网，https://www.chinacourt.org/article/detail/2016/08/id/2056018.shtml. 访问日期：2019 年 10 月 15 日。

② 《聘任 20 名家事调查员 多元化解家事纠纷 我院联合区妇联在珠海首推家事调查员制度》，载珠海市香洲区人民法院网，http://www.zhxzcourt.gov.cn/index.php?ac=info&cid=3293&do=news. 访问日期：2019 年 10 月 10 日。

③ 《东莞"家事调查员"在行动》，载东莞新闻网，https://news.timedg.com/2018-04/02/20652069.shtml. 访问日期：2019 年 10 月 15 日。

中选任了首批 40 名家事调查员。① 这是目前很多法院采用的做法。三是由法院直接面向社会发布招聘公告，对符合条件的人员予以聘任，如徐州市贾汪区人民法院。② 从各地法院的实践来看，法院选任的家事调查员的数量从几人到几十人乃至上百人不等，聘期也不尽相同，基本上在 1 到 3 年之间。

在家事调查员的任职条件方面，大部分法院做了比较宽松的规定，如广东省高级人民法院仅要求"有相应实务社会经验和阅历，具备较好的语言文字表达、判断分析和沟通协调能力；身心健康、品行端正、责任感强，热爱家事调查工作"③；南京市中级人民法院要求"具备两年以上调解工作经历、道德品质良好，在本辖区具有一定公信力、拥有较好的沟通协调和语言表达能力、热心社会工作，服从工作需要和安排"④；有些法院则在前述条件的基础上规定"具有法律从业经历、法学专业背景或基层工作经历的，优先选任"⑤；或规定家事调查员可以从"具有社工、教育、心理、辅导等专业知识背景，且调解能力较强的工作人员中遴选"⑥。

---

① 《首批 40 名家事调查员获聘厦门法院探索家事调查、婚姻冷静期等机制取得成效》，载厦门法院网，https://www.xmcourt.gov.cn/xwzx/mtkfy/201801/t20180108_67167.htm. 访问日期：2019 年 10 月 15 日。

② 《徐州市贾汪区人民法院家事调查工作规则（试行）》。

③ 《广东省高级人民法院关于建立家事调查员制度的意见》《广东法院家事调查员工作规程（试行）》。

④ 《南京市中级人民法院关于建立家事调查员参与调查和调解家事纠纷工作制度的意见》。

⑤ 《贾汪区人民法院家事调查工作规则》；广西壮族自治区高级人民法院出台《家事案件调查工作规则》；《辽宁省高级人民法院关于进一步深化家事审判方式和工作机制改革的实施办法（试行）》；《宁波市海曙区人民法院家事调查官工作规程》。

⑥ 《福建省厦门市海沧区人民法院家事调查员工作规范（试行）》。

从域外立法来看，家事调查员的选任基本上分为三种模式：一是家事调查员隶属于法院，是家事法院的司法辅助人员，日本、韩国是其典型代表。二是由法院外的社会组织或福利机构作为调查人开展工作，以美国为典型代表。三是兼采以上两种模式，如澳大利亚。无论采用哪种模式，以上国家对家事调查员的任职条件都规定得比较严格，基本上都要求具有法学、社会学、心理学或相关的专业知识，日本、韩国还要求通过法院举行的相关考试。

在涉未成年人家事诉讼中，家事调查员通过运用多元的调查方法、娴熟的沟通交流技巧获知未成年人的意愿、想法和偏好，因而，从保障家事调查的质量上来看，有必要为家事调查员设置与之相匹配的任职条件。《家事审判意见（试行）》对家事调查员的任职条件提出了要求，[①]笔者认为，这一条件是符合设立家事调查员制度的初衷的，也是与我国当前的社会发展相适应的。考虑到未成年人的身心发展特点，在涉及未成年人权益保护的家事诉讼中可以适当提高家事调查员的任职条件，优先选任具备法学、社会学、心理学或相关专业背景的人员，以确保家事调查员能够与未成年人进行有效的沟通与交流。至于家事调查员的设置，从目前的实践来看，大多数法院均是引入社会资源，通过司法行政部门、妇联、教育部门、共

---

①　《家事审判意见（试行）》

17. 家事调查员由司法行政、教育部门、妇联、共青团、社区等单位及基层群众组织推荐，由人民法院选任。人民法院可以邀请人大代表、政协委员、人民陪审员、人民调解员、专家学者、律师、基层法律服务工作者、仲裁员、退休法律工作者、基层工作者以及其他具有社会、人文、法律、教育、心理、婚姻家庭等方面专业知识的人员加入家事调查员名册。

18. 家事调查员应当品行良好、公道正派、热心群众工作并具有较强沟通协调能力和丰富的社会知识经验，具有基层工作经历和适宜处理家事纠纷专业背景的个人可优先选任。少数民族聚居地区可考虑优先选任熟悉当地语言、风俗习惯、宗教信仰等的个人。

青团、社区等单位及基层群众组织推荐。此外，为有利于家事调查员制度功能的有效发挥，尤其是维护未成年人权益，政府应当承担更多的社会责任，投入相当的资金以政府购买服务的方式培育相关社会组织，承担家事调查员制度的功能。

3.规范针对未成年人的家事调查程序，制定调查规则

在家事诉讼中，由于未成年人身心发育的独特性以及不同年龄阶段的未成年人表达方式的差异，决定了家事调查员在查明未成年人的意愿时要遵循适当的调查程序。程序设置得当与否影响着未成年人是否愿意接受调查，能否陈述尽量多的信息，将自己真实的意愿、看法和偏好表达出来以及将调查可能对未成年人造成的伤害降低到最小，这是该制度对家事调查员提出较高挑战的问题。家事调查报告是法院做出裁判的重要参考，调查程序的妥当性也影响着家事调查报告作为裁判依据的资格和能力。所以，针对未成年人设置适当的调查程序在家事调查员制度中是非常重要的问题，有必要制定详尽的调查规则保障家事调查的规范化和制度化。调查规则应当对调查程序的启动、调查方法、地点、如何舒缓未成年人的不良情绪等事项做出指导性的规定。下面就其中比较重要的几个方面进行具体阐述。

家事调查的启动与调查事项的确定。鉴于家事调查员制度的功能主要是协助法院查清法律事实背后的生活事实和心理事实，因此，应规定由法院根据家事诉讼的具体情况依职权决定是否启动家事调查程序，决定是否需要委托家事调查员对未成年人的性格、身心状况、情感需求，以及未成年人对直接抚养人的确定、探望的时间与地点、监护人的确定等事项的意

愿进行查明。

　　调查方法与场所的确定。应规定根据未成年人的不同年龄阶段采用相应的调查方法，具体包括访谈、观测、心理测评等。访谈是通过家事调查员与未成年人直接交流来获知未成年人意愿的一种方式，是家事调查的常用方法。采用这种方法与未成年人交流，应注意谈话的方式尽量委婉，充分考虑不同年龄阶段的未成年人的意思表达能力，避免直接询问未成年人"更愿意谁作为自己的监护人"等可能会导致未成年人心理伤害的问题。家事调查员可以采用与未成年人共同做游戏、绘画等方式，了解未成年子女与父母之间的亲密度等事项。在访谈之前应做好访谈提纲，以保障能够有针对性地与未成年人进行交流，获取相关信息。为了实现未成年人在不紧张的氛围中接受访谈，访谈地点应选择在未成年人熟悉的环境中进行，如家里、公园或者法院专门设置的儿童会见室等。对于一些年龄比较小的未成年人，可辅之以观测的方式掌握其意愿。由两名家事调查员在未成年人不受干扰的情况下观察其行为、表情等并以此判断其心理状态，探知内心意愿和偏好。具体的观测场景可以是在家庭之中通过对未成年人与父母的日常行为获知未成年人与父母的亲密关系，也可以在法院的儿童会见室进行亲子互动游戏来掌握未成年人的倾向和意愿。心理测评也是家事调查中常用的辅助调查方法，往往是由家事调查员与擅长心理学知识的专业人士共同完成，主要通过专业的方法对未成年人的性格与心理状况进行评估。不同的家事调查方法的适用应结合家事案件的具体情况和未成年人的不同特点而选择确定，并且通过以上方法获得的有关未成年人的相关情况需要家事调查员进行综合分析，不能孤立考察，以保障对未成年人意愿的真实把握。东莞市第二人民法院在一起监护权诉讼中采用了以上多种方法探明未成年人的意愿，形成了全面的家事调查报告，作为法院裁判的重要参考，得到了当事人的认可。①

第四节　完善家事诉讼中未成年人参与权的配套机制

一、以未成年人利益最大化为中心转变法院职能

伴随着联合国《儿童权利公约》的推动，"未成年人利益最大化"原则成为世界范围内处理与未成年人有关事项的基本准则。未成年人由此进入了婚姻家庭法的立法中心，成为处理婚姻家庭关系的首要考量。在普通民事诉讼中，定纷止争是法院裁判的主要目的与职能，但是在家事诉讼中法院的职能不能仅停留于解决家事纷争的层面，更重要的是要通过化解纷争维系家庭成员之间的亲情，维系家庭生活的健全稳定，尤其在涉及未成年人的家事诉讼中，要将家庭纷争对未成年人的矛盾降到最低，面向未来塑造未成年人良好的教育、生活环境及亲子关系。在家事诉讼中落实未成年人利益最大化是家事诉讼的应有之义，也是家事诉讼的首要目的。要实现这样的裁判效果就要求法院以未成年人利益最大化为中心转变职能，从单一的争端裁决者转向未成年人权益的保障者与监督者。

---

① 　东莞市第二人民法院委托了两名心理咨询师对未成年人及其父母进行了心理测评。心理测评包括亲子互动游戏、牵手合作游戏、结构性访谈、家庭调查和 MMPI 测量（明尼苏达人格测量）等五个项目。测评方式为在自然条件下，有目的、有计划地系统观察测评对象的行为和活动，从中发现个体的心理及行为反应；以及通过结构性的用口头或者书面的形式对测评对象进行谈话或者问卷，分析了解评测对象的心理活动。参见《东莞"家事调查员"在行动》，载东莞新闻网，https://news.timedg.com/2018-04/02/20652069.shtml. 访问日期：2019 年 10 月 20 日。

（一）家事事件的特殊性要求转变法院职能

在现代社会，"定纷止争"是法院最本职、最狭义也是最传统的职能，尤其是针对财产型民事纠纷，法院仅需要根据现有的证据对案件事实进行回溯，确定当事人之间对已发生的纠纷该如何划分权利与义务。与财产型民事纠纷相比，家事事件以家庭成员之间的身份关系为基础而产生，事件中往往掺杂了大量的社会性因素和家庭成员之间的情感因素，比如在涉及未成年人的家事事件中，往往掺杂着父母对子女的养育之恩，子女对父母的依赖之情，而这些事实与因素较之那些法律事实往往对法院裁判家事事件的影响更大。作为能够引起法律关系产生、变更、消灭的法律事实，在法院处理的家事事件中只占一部分，而且引起家事事件的真正根源往往隐藏在法律事实的背后，所以，家事事件体现出包含大量"超越法律事实"的"社会事实与情感事实"的特性，要求法院必须全力探求各种法律事实以及法律事实背后的有关当事人的情感需求、心理状态以及对未来生活的计划，并将其作为裁判的基础。其次，家事事件往往带有强烈的公益性。自家庭出现以来，家庭就是社会中最重要的单位之一。从社会学意义上来说，对未成年人提供应有的社会化是重要的家庭功能之一。家庭对未成年人的抚养与教育不仅关系未成年子女的健康成长，也关系到国家未来的发展，社会的持续存在。在涉及未成年人利益的家事事件中，比如监护权事件、抚养权事件、探望权事件等，虽然未成年人不是诉讼的直接对立双方，但事件的处理却影响着未成年人的利益，甚至对未成年人利益的影响比成年人更大，因而，很多国家与地区的家事诉讼法均把这样的未成年人列为当事人或关系人的范围，实现未成年人利益最大化也成为家事诉讼追求的首要目标。总之，家事事件的公益性要求法院在审判职能上做出一定的调整。

最后，家事事件的解决具有面向未来性。财产型民事纠纷的妥善解决仅需要法院依据已经形成的证据对"过去时"的事实做出认定，划分当事人之间的权利义务关系，法院进行的审判是一种"回溯型"的制度模式，无须为当事人未来的社会关系的形成与发展做出计划。但是，家事事件产生于家庭成员之间的身份关系，家事事件即使得到法院的依法裁决，家庭成员之间的亲情关系、血缘关系也不会因裁判的做出戛然而止。"离婚不是家庭的结束，这是一次家庭重组。婚姻结束后，家庭仍在继续，但形式有所不同。"① 父母对未成年子女的教育、抚养仍要继续，未成年子女的成长也需要获得父母的持续关爱。这样的需求要求法院在裁判时除了要查明已经发生的事实，还要面向未来去弥合家庭成员之间的情感裂痕，为未成年人未来的教育、居住、生活做出合理的安排，致力于恢复和构建和谐的家庭生活秩序、未成年子女与父母之间融洽的亲子关系等。这样的裁判突破了法院在财产型民事诉讼中的职能区间，对法院的职能定位提出了全新的要求。

（二）立足未成年人利益最大化转变法院职能

法院职能与特定的时代背景和社会需求密不可分，法院要承担什么样的职能植根于司法之实践，是社会需求之使然。家事事件的处理并不能像财产型民事纠纷那样做出非黑即白的两极分明的答案，家事事件往往牵扯家庭成员的情感纠葛、心理问题，呈现出"多中心（poly-centric）"和"非线型（non-linear）"② 的特征。家事诉讼涉及大量的未成年人利益保护，

---

① The Honorable Gerald W．Hardcastle：Adversarialism and the Family Court：A Family Court Judge's Perspective，UC Davis Juvenile Law & Policy，Vol.9：1，Winter 2005，pp77-78.

② The Honorable Gerald W．Hardcastle：Adversarialism and the Family Court：A Family Court Judge's Perspective，UC Davis Juvenile Law & Policy，Vol.9：1，Winter 2005，p78.

除了要处理好与未成年人有关的监护人的确定、抚养费的给付、探望权的行使等摆在面前的具体问题，还要关注未成年人因父母婚姻关系的变动而引发的心理问题，未成年人在新的生活、教育环境中的适应问题以及预防有可能因家庭关系的影响而引发的刑事犯罪等社会问题。面对以上家事诉讼引发的当事人的诸多需求，家事法院的功能就不能仅仅停留在单纯解决纠纷的层面上，还要继续延伸和拓展，降低和消除诉讼对未成年人身心造成的负面影响，建立和维护家庭成员之间的社会关系，面向未来改善当事人之间的情感对抗等，推动家事事件得到全面的解决。"家事法院的显著特点包括：（1）对一系列家庭法律事务行使全面的管辖权，也就是家庭法院将所有类型的家庭纠纷集中于一个统一的法庭系统中，不仅包括离婚诉讼还包括所有与离婚诉讼相关的附带诉讼；（2）贯彻"治疗性正义（therapeutic justice）①，而不是强制和惩罚性措施，重点是协调整体性服务；这一功能是对传统审判功能的发展与突破，是对传统的对抗性法庭程序的修正。'治疗性正义'是将法律作为治疗手段，而不仅仅是社会控制的手段，法院不仅要解决当事人之间的纠纷，而且要解决当事人及其家庭内部存在的深层次的功能失调。"②未成年人是受到离婚等家事事件影响最大的主体，也是家事诉讼予以重点保护和关注的对象，未成年人在家事诉讼中始终处于核心地位，这就要求法院履行职能时要以未成年人利益最大化为中心，遵循未成年人身心发展特点，灵活运用多元的程序，整合各种社会资源，

①　The Honorable Gerald W. Hardcastle：Adversarialism and the Family Court：A Family Court Judge's Perspective，UC Davis Juvenile Law & Policy，Vol.9：1，Winter 2005，p90.

②　The Honorable Gerald W. Hardcastle：Adversarialism and the Family Court：A Family Court Judge's Perspective，UC Davis Juvenile Law & Policy，Vol.9：1，Winter 2005，pp83-84.

协调各种专业人员积极参与其中，应对未成年人在诉讼程序各个阶段以及在程序做出后可能出现的各种问题及各种需求，使未成年人的生存、发展、心理等各方面的需求与利益都能够得到适当的满足，发挥未成年人权益的保障者与监督者的职能。

澳大利亚法律改革委员会在确定家庭法院的指导原则时指出，家庭法院应保护儿童权利和福利的需要；维护婚姻制度的需要；给予家庭保护和帮助的需要；协助双方考虑和解或改善彼此及其子女的关系的手段。[①] 可以看出，在澳大利亚，对儿童权利和福利的保障已经成为其首要关注点，澳大利亚《家庭法》也立足于此，在保障法院灵活运用多元程序，积极整合各种专业服务资源方面做出了努力，以促进未成年人最大利益的实现。例如，在离婚诉讼中，法院可以命令当事人在诉讼程序开始之前接受专家咨询，促进当事人围绕子女监护人的确定、子女居所的选择、探望权等问题达成有利于实现子女利益最大化的合意；咨询专家也会为当事人提供心理疏导、督促其思考如何解决子女监护等争议；广泛适用家事案件调停制度，避免诉讼的对抗性、缓解当事人的对立情绪。无论是家庭咨询员、调解员还是家庭法院顾问均是法院的专职人员，而且是从心理学家、社会学家中遴选出来的专家人员，擅长未成年人的心理疏导、与未成年人沟通交流，能够有效协助未成年人与父母建立与保持良好的亲子关系，守护未成年人健康成长。

目前，我国正在进行家事司法制度改革，各试点法院围绕对未成年人利益的保护不断调整审判职能，充分发挥未成年人利益保障者和监督者的

---

① The Honorable Gerald W. Hardcastle: Adversarialism and the Family Court: A Family Court Judge's Perspective, UC Davis Juvenile Law & Policy, Vol.9: 1, Winter 2005, p76.

职能，探索出了一系列可复制可推广的做法。各试点法院纷纷建立家事法庭，温馨的审判环境在消除与法官及对方当事人的对立、化解当事人自身的紧张、焦躁的负面情绪方面发挥了重要作用；组建家事审判团队，选任具有丰富社会阅历、熟悉婚姻家庭审判业务、掌握心理学知识和热爱家事审判工作的法官从事审判工作；积极采用和解、调解等非诉讼程序解决家事事件，避免人际关系的彻底破坏以及因直接冲突给未成年人带来的心理伤害；为准确把握未成年人的真实意愿，很多法院建立了单面镜观察室，通过观察未成年人与父母的互动来判断未成年人监护权的归属；积极引入社会力量作为未成年人的利益保护人，把握未成年人的真实想法和意愿，助力未成年人最大利益的实现；发挥社会力量的优势作为家事调查员为妥适解决家事事件全面了解未成年人的抚养状况，为抚养权事件的解决提供全面的依据。2016年最高人民法院在启动家事司法改革之际就提出要"发挥家事审判的诊断、修复、治疗作用，实现家事审判司法功能与社会功能的有机结合"，各试点法院针对未成年人的身心发育特点，在解决家事纠纷的同时，更加关注未成年人的心理需求，与父母等监护人关系的持续与发展，未成年人在行使探望权方面的需求等，以充分发挥"治疗性正义"的作用。正如刘敏教授所言："当代中国的家事司法改革应当坚持'321'的基本思路，即通过家事司法专业化、家事司法人性化、家事司法社会化等三条基本路径，发挥家事司法的纠纷解决功能和人际关系调整功能两项基本功能，实现家事司法正义这一个价值目标。"涉未成年人的家事诉讼必定要坚持以上基本思路，立足未成年人利益最大化，积极转变法院职能，助力和谐稳定的家庭关系与社会秩序。

二、建立判后回访制度

涉及未成年人利益的家事案件往往影响的是未成年人未来的生活、居住、教育、与父母双方关系的互动与维持等，均涉及未成年人健康成长之需求，因而，在家事诉讼中，无论未成年人处于当事人的诉讼地位还是关系人的诉讼地位均有必要发表对自身利益有影响的事项的意见与愿望，并成为法院裁判的重要依据。为准确把握未成年人的真实意愿，各国与地区均设立了一系列探究未成年人真意表达的程序与制度，以从未成年人的角度考量和确保未成年人最大利益的实现。家事诉讼所涉及的未成年人利益包括未成年人的基本利益、发展利益和自主决定利益，然而这些利益的实现不是通过一次家事诉讼就能获得而是存在和伴随着未成年人生活与成长的始终，即使在家事诉讼结束后，法院仍有必要开展对未成年人的判后回访工作，了解有关未成年人的抚养、监护、探望等事项的落实情况，未成年子女可能因父母婚姻关系的解除而遭遇的心理伤害等情况，以积极解决遇到的各种问题，这样才能真正保障未成年人的健康成长与生活的根本利益。

在全国家事审判改革进程中，各地法院纷纷探索开展判后回访工作，维护未成年人利益。武城县人民法院委托武城县司法局公证处进行家事回访，对未成年子女的生活情况、抚养费的支付、探视权的行使等情况进行回访，并向法院提交回访报告，对于需要心理疏导等帮扶的，人民法院建议有关单位进行社会帮扶。还有一些家事案件，因夫妻矛盾较深，在婚姻关系解除后一方排斥未成年子女与对方交往，拒绝配合对方探望未成年子女，广西壮族自治区南宁市良庆区人民法院在开展判后回访时，遇到此类情况为这样的当事人安排进行心理咨询，使其了解这样做可能对未成年子女造成的心理伤害，同时对当事人进行劝导教育。各试点法院根据开展的工作纷纷制定了专门的家事案件回访工作制度，以有效指导工作的开展。[①]涉及未成年人的家事案件在法院结案后一般都会裁判父母一方承担抚养费，这笔费用往往是未成年人正常生活、学习的基本保障。在法院回访过程中经常会遇到抚养费不能及时给付甚至不能执行到位的情况，导致未成年人的生活陷入困境。对此情况，域外立法均有相应的措施予以应对。法国成立了家庭补助金管理机构，如遇一方当事人不履行给付义务时，可以先行垫付该方当事人应承担的生活债权，垫付后对该方债务人享有追偿权。鉴于我国目前离婚案件不断增多，涉及未成年人抚养费的案件数量也在上升，为保障未成年人的生活、教育能够不受父母离异的影响，法院可以强制离异夫妻在离婚时为子女购买教育、医疗保险并设立生活费账户，报备关工委以便监控资金动态，防止直接抚养人擅自挪用子女抚养费，督促间接抚养方及时支付抚养费，强制间接抚养人以不动产、汽车、债权、保险等对子女抚养费提供担保。

判后回访制度的设立旨在充分关注未成年子女利益的实现情况，虽然家事案件已经通过诉讼程序得到解决，但是未成年子女的生活、学习、教育、居住、心理问题是否得到实质上的解决是需要持续跟踪和关注的。结合我国目前各地法院已开展的实践探索，可以考虑充分借助政府福利机构或未

---

① 如《福建省泉州市鲤城区人民法院家事案件回访帮扶制度（试行）》《武城县人民法院家事审判方式和工作机制改革实施方案（试行）》《包头市昆都仑区人民法院家事案件审理规程》《柳州市中级人民法院家事案件审理工作规程（试行）》《彭州市家事案件回访帮扶工作规程》《西吉县人民法院家事审判方式及工作机制改革实施方案》《徐州市贾汪区人民法院家事纠纷案件审理工作规程》等。

成年人保护组织的力量开展此项工作，或者由国家拨付专项经费进行政府购买服务委托社会专业团体进行，以保障判后回访的持续进行，减轻法院的工作压力。总之，无论是在诉讼中还是在诉讼结束后，法院均应通过未成年人的声音把握未成年人的需求，进而实现未成年人的最大利益。

三、加强对家事法官及审判辅助人员的培训

未成年人是受到离婚等家事案件影响最大的主体，也是家事诉讼予以重点保护和关注的对象，未成年人在家事诉讼中始终处于核心地位，通过法官与未成年人有效的交流、询问不仅能够准确把握未成年人的意愿，还能够进一步发现未成年人在情感方面的需求以及心理健康状况等，这就要求通过持续化、专业化的培训使家事法官熟悉有关未成年人身心发育特点的相关知识，掌握与未成年人沟通交流的技巧与方法。目前，我国多地法院已开展这方面的探索，但是尚未形成较系统和规范的模式。[①]也有一些法院还未对家事法官开展这方面的相关培训，在笔者调查的呼和浩特市某区人民法院，家事法官主要通过自学来弥补这方面的知识缺陷，常规的、系统化的培训活动尚未展开。2016 年最高人民法院在启动家事司法改革之际就提出要"发挥家事审判的诊断、修复、治疗作用，实现家事审判司法功能与社会功能的有机结合"，加强对家事法官的培训，使其准确把握家事案件的特点，掌握与未成年人沟通交流的技巧与方法，在解决家事纠纷的同时，能够更加关注未成年人的需求，与父母等监护

---

① 如《青岛市中级人民法院举办家事审判实务及家事法官心理辅导专题培训》，载秦皇岛市中级人民法院网，http://qhdzy.hebeicourt.gov.cn/public/detail.php?id=3661.《珠海市香洲区人民法院联合市妇联、市司法局举办家事业务培训》，载珠海市香洲区人民法院网，http://www.zhxzcourt.gov.cn/index.php?ac=info&cid=3424&do=news. 访问日期：2019 年 10 月 28 日。

人关系的持续与发展，促进司法的"治疗性正义"的作用持续增强。

家事调查员作为协助法院对事实进行职权调查的主体，也必须通过持续的培训保障其具有相应的专业知识与能力。以日本为例，家事调查官的待遇和社会评价都很高，这一方面得益于严格的任职条件，另一方面与严格而规范的培训密切相关。另外，日本将家事调查官分为一般调查官、科学调查官、心理调查官、医务室技官，以实现对不同种类的事实进行有针对性的调查，也能够实现更准确地查明未成年人的意见、看法和偏好，同时也反映了家事调查的复杂性和难度，需要调查官高超的专业能力。对此，日本最高法院为家事法院的家事调查官设置了"研究训练所"，以实现对家事调查官定期、专门和常规的训练。训练的内容贯穿了进行家事调查所需的专业知识，包括基本的法律法规、也包括心理学、社会学的专业知识以及访谈的方法和技巧。对于新入职的家事调查官的培训还设置了定量的要求，每年必须参加规定时间的培训，而且对于新入职的家事调查官还需要担任两年的辅助家事调查官，经过两年的研修和培训后才能成为正式的家事调查官。

目前，在我国各地法院已开展了对家事调查员的培训，但基本是在聘任家事调查员时开展的岗前培训，主要就家事调查方式、调查流程、调查报告形式、调查技巧等方面的知识进行讲授。[①] 对此，建议借鉴日本家事

---

① 参见《广东佛山市南海区首期家事调查员培训班开班》，载国务院妇女儿童工作委员会网站，http://www.nwccw.gov.cn/2018-11/21/content_229727.htm.《浦东新区法院外高桥法庭开展家事调查员岗前培训》，载上海市高级人民法院网，http://www.hshfy.sh.cn/shfy/gweb2017/xxnr.jsp?pa=aaWQ9MjAwMTczMTImeGg9MSZsbWRtPWxtNDYwwz&zd=xwzx.《聘任 20 名家事调查员 多元化解家事纠纷》，载珠海市香洲区人民法院网，http://www.zhxzcourt.gov.cn/index.php?do=news&ac=info&cid=3293. 访问时间：2019 年 10 月 28 日。

调查官培训机制构建内容覆盖全面，具有系统性、持续性的家事调查员培训制度。从保障未成年人参与权，实现未成年人最大利益的角度来看，对家事调查员的培训应注重提升家事调查员与未成年人的沟通及交流能力、敏锐的观察能力、心理疏导能力等，在课程设置上应当安排系列实践课程，就访谈、观测、心理测评等调查方法进行实践模拟，以有效提高家事调查员的能力与水平。考虑到家事调查员均为兼职，时间精力有限，可以运用互联网信息平台，由法院开发网络在线课程，家事调查员进行网络学习。

附录

[1] 第 56 条

对当事人双方的诉讼标的，第三人认为有独立请求权的，有权提起诉讼。

对当事人双方的诉讼标的，第三人虽然没有独立请求权，但案件处理结果同他有法律上的利害关系的，可以申请参加诉讼，或者由人民法院通知他参加诉讼。人民法院判决承担民事责任的第三人，有当事人的诉讼权利义务。

前两款规定的第三人，因不能归责于本人的事由未参加诉讼，但有证据证明发生法律效力的判决、裁定、调解书的部分或者全部内容错误，损害其民事权益的，可以自知道或者应当知道其民事权益受到损害之日起六个月内，向作出该判决、裁定、调解书的人民法院提起诉讼。人民法院经审理，诉讼请求成立的，应当改变或者撤销原判决、裁定、调解书；诉讼请求不成立的，驳回诉讼请求。

〔2〕第 96 条

民事诉讼法第六十四条第二款规定的人民法院认为审理案件需要的

证据包括：

（一）涉及可能损害国家利益、社会公共利益的；

（二）涉及身份关系的；

（三）涉及民事诉讼法第五十五条规定诉讼的；

（四）当事人有恶意串通损害他人合法权益可能的；

（五）涉及依职权追加当事人、中止诉讼、终结诉讼、回避等程序

性事项的。

除前款规定外，人民法院调查收集证据，应当依照当事人的申请进行。

〔3〕《法国民法典》第 287–2 条

在确定行使亲权与探视方式或将子女交由第三人照管的任何最终或

临时决定做出之前，法官得委派任何有资格的人进行社会调查。此

种调查目的在于，收集有关家庭的物质与道德状况、子女生活与教

养条件，为其利益有必要采取的措施等方面的情况材料。《法国民

法典》，罗结珍译，中国法制出版社 1999 年版，第 93 页。

结论与展望——构建未成年人福祉

在漫长的人类历史中，未成年人仅仅被作为一种客观存在，数千年都未被真正"发现"。人们仅仅关注未成年人对社会的价值，无视未成年人自身的权利需求，未成年人或以成人的附属物存在，或以成人的缩小版出现，其自身独特的自然属性和成长规律被掩盖。随着对未成年人独特性的认识，18世纪未成年人被"发现"之后，其权利主体地位以及其自身的独特性才开始进入人们的视野，正如卢梭所言，"在万物的秩序中，人类有它的地位；在人生的秩序中，童年有它的地位；应当把成人看作成人，把孩子看作孩子"。① 随着资产阶级革命的推动，保护未成年人权利成为近代欧美国家政治法律制度改革的一项重要内容，并逐渐进入国际人权法领域，成为当今人类社会的一个制度共识。

在亲子关系领域，未成年人最初仅被视为实现家族利益的工具，后经

---

① ［法］卢梭：《爱弥儿：论教育》（上下卷）［M］，李平沤译，商务印书馆1983年版，第74页。

"幼年原则"直至 20 世纪未成年人的独立主体地位得到确认，未成年人成为亲子关系的核心，未成年人最大利益得到了国际社会的普遍承认。联合国《儿童权利公约》更是将"未成年人最大利益"提升为关于未成年人的一切行动的首要考虑，是"一项权利、一项原则和一项行事规则"。域外亲子关系立法也纷纷进行修正，突出对未成年人利益的保护，如 1989 年修订的《英国儿童法》用"家长责任"取代了"家长权利与义务"；1980 年《德国民法典》以"父母照顾"取代了"亲权"；《俄罗斯联邦家庭法典》更是将"未成年子女的权利"单独成章专门做出规定。欧洲家庭法委员会为形成有关儿童权利和福利的欧洲普遍价值观，提出统一欧洲各国关于父母亲权（监护的术语）为"父母责任"，并将其定义为：促进和保护子女福利的权利和义务的集合。[①]

可以说，未成年人的权利与最大利益在家庭法领域已得到充分的认可与保障，但是，家庭给未成年人带来的并非总是安全与温暖，家庭关系的破裂往往给未成年人造成巨大的影响，也是未成年人刑事犯罪的一大诱因，在"国家亲权"理念的推动下，立足于未成年人福利，世界上第一个少年法院在美国诞生。基于未成年人的生理心理发育状态，建立不同于以刑事追究和惩罚为导向的而强调对未成年人的教育、感化和挽救的相对独立于普通司法制度的少年司法，其更注重强调未成年人的福祉，并把未成年人福祉作为整个少年司法制度的支撑。

随着人们对未成年人刑事犯罪的深入研究，愈加认识到家庭关系对未成年人的巨大影响，如果不能妥善处理好基于父母婚姻关系的解除而带来

---

① 夏吟兰主编：《从父母责任到国家监护——以保障儿童人权为视角》，中国政法大学出版社 2018 年版，第 126 页。

的抚养、监护、探望等事项，不能妥善处理好未成年人未来的居住、教育等事项，未成年人的身心健康发展必然受到影响，甚至导致未成年人的违法犯罪。"几十年来，保护儿童不受监护权冲突之害一直是儿童监护问题的社会政策和制度改革的中心目标。国家对离婚后家庭的介入反映了其在离婚和父母关系解体的情况下保护那些最脆弱和不能保护自己的人的家长义务。"[①] 倾听孩子的声音，从孩子的声音中得到更多的关涉其自身利益的想法、观点和偏好，法院做出的裁判就越能更好地保护孩子，帮助孩子成长，是实现孩子最大利益的必然要求。

在家事诉讼中，没有单一的"最佳方式"让孩子参与到诉讼中来以表达他们的声音，很大程度上取决于诉讼程序的性质和阶段；孩子的年龄、能力和参与的意愿；可用的资源如儿童的律师、儿童的诉讼监护人、家庭报告的观点以及法官和其他专业人员的经验和培训。目前，在域外诸多国家与地区已经建立起了一套较为系统的保障未成年人行使参与权的机制体系，包括法官直接听取未成年人陈述，通过利益保护人传达对未成年人最有利的信息，通过家事调查员协助法官发现案件事实以探求未成年人的真意表达等等。同时，为保障以上制度的具体落实，诸多国家与地区建立与完善了相关的配套措施，如建立了适合未成年人身心特点的会见室，加强对法官、律师及社会工作者等人员有关与未成年人交流方面的专门培训，以更好地掌握未成年人的生理、心理特点等。

对未成年人声音的关注和尊重是实现未成年人最大利益的内在要求。近些年来，关涉未成年人利益的家事诉讼领域中，围绕未成年人最大利益，

---

① Milfred D. dale, Don't Forget The Children: court Protection From Parental Conflict Is In The Best Interests Of Children, Family Court Review, Vol.52 No.4, October 2014, P650.

立足未成年人福祉也开始了诸多变革。根据家事事件的特点设立专门的家事法院或家事法庭；传统的对抗制诉讼程序在家事事件的解决方面受到了挑战，家事事件中更多地采用非讼事件法理，积极探求事件背后的情感纠葛及未成年人的需求和偏好；法院不断调试自己的角色与功能定位，从作为吹毛求疵的裁判者转变为冲突管理者、和解推动者和治疗法学的管理者[①]；而所有的这些改变均在追求面向未来的家庭关系，助力未成年人福祉的实现。

新中国成立 70 年以来，随着各项法治工作的逐步推进，未成年人权益保障体系也经历了从无到有、日渐完善的发展过程。未成年人在关涉自身利益的事项中积极行使参与权，社会越来越深刻地认识到未成年人已经不再是成年人说教的被动接受者，而是在自己成长过程中发挥积极作用的主导者。在与未成年人息息相关的家事诉讼中，父母及其他亲权人、法官等需要从是否倾听未成年人子女的声音转向如何倾听未成年子女的声音，这关系着未成年子女为未来生活安排的认同，也意味着对未成年子女拥有参与成长的自主决定权利的尊重。本书立足于促进未成年人利益最大化，在借鉴域外相关立法与实践的基础上，提出了完善我国家事诉讼中未成年人参与权的具体设想，但是随着研究的推进发现，对未成年人参与权的研究涉及法学、心理学、社会学等诸多学科，需要多元知识作为研究基础，但是笔者在这方面的能力是欠缺的，笔者在写作过程中尽管倾其全力也仅仅在该研究领域踏出了一小步。同时，对未成年人参与权的保障是一个系统工程，不仅需要法律的制度支撑，还需要全社会在理念上的转变，建立

---

① Milfred D. dale, Don't Forget The Children：court Protection From Parental Conflict Is In The Best Interests Of Children，Family Court Review，Vol.52 No.4，October 2014，P650.

起一套有利于未成年人成长、发展的福利系统。通过本书的写作，笔者强烈感受到我国在这些方面还有很多需要完善改进的地方，今后笔者也将不断学习相关知识，进一步关注该领域的发展并开展相关研究。

习总书记说："家庭是社会的细胞，家庭和睦则社会安定，家庭幸福则社会祥和，家庭文明则社会文明。"[1] 未成年人是家庭的核心，未成年人利益的实现事关家庭、社会与国家的持续、稳定与发展。2007 年 12 月 11 日至 12 日，联合国大会召开了关于儿童问题特别会议后续工作成果的纪念性高级别全体会议。针对千年发展目标，《关于儿童问题的大会特别会议的后续行动》强调："未来社会的品质和繁荣取决于当今儿童权利的实现程度。"[2] 未成年人的参与不仅是裁判的重要依据还是公民的一项基本权利。只有参与到家庭、学校、社会的决策过程中，孩子才会更好地了解自己的权利和义务并尊重决策的结果。期望孩子在他们的成长过程中一夜之间成为一个积极参与民主政治的公民的想法无疑是天方夜谭。但是如果建立一套保障参与的制度将会使他们真正理解民主的意义，并努力成为一名积极的社会建设者。希望本书的写作能够引起更多的人关注未成年人，助力未成年人成长与发展。

---

[1] 见习近平总书记在 2015 年春节团拜会上的讲话。

[2] 范忠信、尤陈俊、龚先选编：《为什么要重建中国法系——居正法政文选》，中国政法大学出版社 2009 年版，第 11 页。

参考文献

一、著作类

［1］［德］奥特玛·尧厄尼希. 民事诉讼法［M］. 周翠，译. 北京：法律出版社，2003.

［2］［德］黑格尔. 法哲学原理［M］. 范扬，等译. 北京：商务印书馆，1961.

［3］［德］康德. 道德形而上学原理［M］. 苗力田，译. 上海：上海人民出版社，2002.

［4］［德］康德. 判断力批判［M］. 邓晓芒，译. 北京：人民出版社，2002.

［5］［德］马克思，［德］恩格斯.《马克思恩格斯全集》第1卷［M］. 中共中央马克思恩格斯列宁斯大林著作编译局，译. 北京：人民出版社，2016.

［6］［法］卢梭. 爱弥儿：论教育（上卷），李平沤，译. 北京：人民

教育出版社, 1985.

[7] ［法］让·文森, 赛尔日·金沙尔. 法国民事诉讼法要义（上）［M］. 罗结珍, 译. 北京: 中国法制出版社, 2001.

[8] ［古希腊］亚里士多德. 尼各马可伦理学［M］. 廖申白, 译. 北京: 商务印书馆, 2003.

[9] ［美］哈里·D. 格劳斯, 大卫·D. 梅耶. 美国家庭法精要［M］. 陈苇, 等译. 北京: 中国政法大学出版社, 2007.

[10] ［美］罗伯特·D. 帕特南. 使民主运转起来［M］. 王列, 赖海榕, 译. 南昌: 江西人民出版社, 2001.

[11] ［美］玛格丽特·K. 罗森海姆, 富兰克林·E. 齐母林, 戴维·S. 坦嫩豪斯, 等. 少年司法的一个世纪［M］. 高维俭, 译. 北京: 商务印书馆, 2008.

[12] ［美］迈克尔·D. 贝勒斯. 法律的原则: 一个规范的分析［M］. 张文显, 等译. 北京: 中国大百科全书出版社, 1996.

[13] ［日］谷口安平著. 程序的正义与诉讼［M］. 王亚新, 刘荣军, 译. 北京: 中国政法大学出版社, 2002.

[14] ［日］棚濑孝雄. 纠纷的解决与审判制度［M］. 北京: 中国政法大学出版社, 1994.

[15] ［日］松本博之. 日本人事诉讼法［M］. 郭美松, 译. 厦门: 厦门大学出版社, 2012.

[16] ［日］小岛武司. 自律型社会与正义的综合体系: 小岛武司先生骑七十华诞纪念文集［M］. 陈刚, 等译. 北京: 中国法制出版社, 2006.

[17] ［意］彼得罗·彭梵得. 罗马法教科书［M］. 黄风, 译. 北京:

中国政法大学出版社，1992.

［18］［英］A. J. M. 米尔恩. 人的权利与人的多样性：人权哲学［M］.
夏勇，张志铭，译. 北京：中国大百科全书出版社，1995.

［19］［英］戴维·M. 沃克. 牛津法律大辞典［M］. 李双元，等译. 北京：
法律出版社，2003.

［20］北京政法学院民法教研室［M］. 外国婚姻家庭法典选编，1981.

［21］蔡定剑. 公众参与：欧洲的制度和经验［M］. 北京：法律出版社，
2009.

［22］曹云吉. 日本民事诉讼法典［M］. 厦门：厦门大学出版社，2017.

［23］陈爱武. 家事法院制度研究［M］. 北京：北京大学出版社，2010.

［24］陈爱武. 人事诉讼程序研究［M］. 北京：法律出版社，2008.

［25］陈麟书. 宗教伦理学概论［M］. 北京：宗教文化出版社，2006.

［26］陈瑞华. 刑事审判原理论［M］. 北京：北京大学出版社，1997.

［27］陈苇. 澳大利亚家庭法（2008 年修正）［M］. 北京：群众出版社，
2009.

［28］陈卫佐. 德国民法典（第 4 版）［M］. 北京：法律出版社，2015.

［29］迭朗善译，马香雪转译. 摩奴法典［M］. 北京：商务印书馆，1982.

［30］杜威. 民主主义与教育［M］. 北京：人民教育出版社，1993.

［31］杜新丽. 国际私法［M］. 北京：中国人民大学出版社，2015.

［32］段小松. 联合国《儿童权利公约》研究［M］. 北京：人民出版社，
2017.

［33］法国民法典［M］. 罗结珍，译. 北京：中国法制出版社，1999.

［34］福建省三明市中级人民法院课题组. 困境未成年人国家监护制度的

健全［M］．北京：法律出版社，2016.

［35］官玉琴．亲属身份权理论与实务［M］．厦门：厦门大学出版社，
　　　2007.

［36］管华．儿童权利研究：义务教育阶段儿童的权利与保障［M］．北京：
　　　法律出版社，2011.

［37］郝卫江．尊重儿童的权利［M］．天津：天津教育出版社，1999.

［38］郝振江．德日家事事件与非讼事件程序法典［M］．赵秀举，译．
　　　北京：法律出版社，2017.

［39］何海澜．善待儿童：儿童最大利益原则及其在教育、家庭、刑事制
　　　度中的运用［M］．北京：中国法制出版社，2016.

［40］胡锦光，韩大元．中国宪法［M］．北京：法律出版社，2004.

［41］李双元．儿童权利的国际法律保护［M］．北京：人民法院出版社，
　　　2004.

［42］李图强．现代公共行政中的公民参与［M］．北京：北京经济管理
　　　出版社，2004.

［43］梁漱溟．中国文化要义［M］．北京：中华书局，1983.

［44］刘金霞．未成年人法律制度研究［M］．北京：群众出版社，2007.

［45］刘立杰．少年刑法基本问题研究［M］．北京：法律出版社，2013.

［46］刘敏，陈爱武．《中华人民共和国家事诉讼法》建议稿及立法理由
　　　书［M］．北京：法律出版社，2018.

［47］刘涛．刑事诉讼主体论［M］．北京：中国人民公安大学出版社，
　　　2005.

［48］刘雄．儿童参与权研究［M］．北京：光明日报出版社，2020.

［49］柳文华．儿童权利与法律保护［M］．上海：上海人民出版社，2009．

［50］陆克俭．发现与解放：中国近代进步儿童观研究［M］．武汉：华中科技大学出版社，2015．

［51］陆士桢，魏兆鹏，胡伟．中国儿童政策概论［M］．北京：中国社会科学文献出版社，2005．

［52］马丁·P．戈尔丁．法律哲学［M］．齐海滨，译．上海：生活·读书·新知三联书店，1987．

［53］冉启玉．人文主义视阈下的离婚法律制度研究［M］．北京：群众出版社，2012．

［54］饶志静．宪法理论及其实践［M］．上海：人民出版社，2011．

［55］史秋琴．儿童参与与公民意识［M］．上海：上海文化出版社，2007．

［56］世界著名法典汉译丛书编委会．汉穆拉比法典［M］．北京：法律出版社，2000．

［57］世界著名法典汉译丛书编委会．十二铜表法［M］．北京：法律出版社，2000．

［58］宋朝武．民事诉讼法学［M］．北京：高等教育出版社，2018．

［59］宋豫，陈苇．中国大陆与港，澳，台婚姻家庭法比较研究［M］．重庆：重庆出版社，2002．

［60］孙笑侠．法理学［M］．北京：中国政法大学出版社，1996．

［61］汤维建．美国民事司法制度与民事诉讼程序［M］．北京：中国政法大学出版社，2001．

［62］陶建国．家事诉讼比较研究：以子女利益保护为主要视角［M］．

北京：法律出版社，2017.

［63］王葆莳，张桃荣，王婉婷. 德国《家事事件和非讼事件程序法》［M］. 武汉：武汉大学出版社，2017.

［64］王刚义，孙蕾. 比较法学［M］. 北京：中国教育文化出版社，2006.

［65］王思斌. 社会工作导论［M］. 北京：北京大学出版社，1998.

［66］王雪梅. 儿童权利论：一个初步的比较研究［M］. 北京：中国社会科学文献出版社，2005.

［67］王勇民. 儿童权利保护的国际法研究［M］. 北京：法律出版社，2010.

［68］吴海航. 日本少年事件相关制度研究：兼与中国的制度比较［M］. 北京：中国政法大学出版社，2011.

［69］吴鹏飞. 儿童权利一般理论研究［M］. 北京：中国政法大学出版社，2013.

［70］肖建国. 民事诉讼程序价值论［M］. 北京：中国人民大学出版社，2000.

［71］肖永清. 中国法制史简编（上册）［M］. 太原：山西人民出版社，1981.

［72］谢怀栻. 德意志联邦共和国民事诉讼法［M］. 北京：中国法制出版社，2001.

［73］徐显明. 国际人权法［M］. 北京：法律出版社，2004：397.

［74］徐亚文. 程序正义论［M］. 济南：山东人民出版社，2004.

［75］许身健. 律师职业伦理与行业管理（英文版）［M］. 北京：知识

产权出版社，2015.

［76］杨建华. 民事诉讼法实务问题研究［M］. 上海：广益印书局，1981.

［77］杨柯. 学前儿童发展心理学［M］. 成都：西南交通大学出版社，
2015.

［78］姚建龙. 少年刑法与刑法变革［M］. 北京：中国人民公安大学出
版社，2005.

［79］佚名. 日本民法典［M］. 刘士国，牟宪魁，杨瑞贺，译. 北京：
中国法制出版社，2018.

［80］于海. 家庭与学校的联系［M］. 呼和浩特：远方出版社，2005.

［81］张红艳. 马克思恩格斯家庭伦理思想及其当代价值［M］. 桂林：
广西师范大学出版社，2015.

［82］张鸿巍，闫晓玥，江勇. 美国未成年人法译评［M］. 北京：中国
民主法制出版社，2018.

［83］张卫平. 诉讼构架与程式——民事诉讼的法理分析［M］. 北京：
清华大学出版社，2000.

［84］张晓茹. 家事裁判制度研究［M］. 北京：中国法制出版社，2011.

［85］赵秉志. 中国现阶段犯罪问题研究（总卷）［M］. 北京：中国人
民公安大学出版社，2004.

［86］赵军. 未成年人犯罪相关因素定量研究［M］. 北京：人民日报出
版社，2017.

［87］郑晓江. 中国生育文化大观［M］. 南昌：百花洲文艺出版社，
1999.

［88］中国社科院语言研究所词典编辑室. 《现代汉语词典》（第7版）

［M］．北京：商务印书馆，2016．

二、论文期刊类

［1］陈瑞华．程序正义论—从刑事审判角度的分析［J］．中外法学，
1997（2）．

［2］陈思琴．离婚后监护安排中儿童意愿之听取与考量——立法表达与
司法实践［J］．青少年犯罪问题，2012（2）．

［3］高强．断裂的社会结构与弱势群体构架的分析及其社会支持［J］．
天府新论，2004（1）．

［4］郝振江．德国非讼事件程序法的新发展［J］．河南政法管理干部学
院学报，2010（2）．

［5］郝振江．法国法中的非讼程序及对我国的启示［J］．河南财经政法
大学学报，2012（2）．

［6］郝振江．论非讼事件审判的程序保障［J］．法学评论，2014（1）．

［7］郝振江．论我国非讼程序的完善——聚焦民诉法特别程序的"一般
规定"［J］．华东政法大学学报，2012（4）．

［8］胡玉鸿．和谐社会视域下的弱者人权保护［J］．现代法学，2013（2）．

［9］马长山，李金枝．青少年法治教育中的公民性塑造［J］．上海师范
大学学报（哲学社会科学版），2018（4）．

［10］马长山．公民性塑造：中国法治进程的关键要素［J］．社会科学研
究，2008（1）．

［11］钱大军，王哲．法学意义上的弱势群体概念［J］．当代法学，2004
（3）．

［12］任凡. 论家事诉讼中未成年人的程序保障［J］. 法律科学，2019（2）.

［13］邵明. 论民事诉讼程序参与原则［J］. 法学家，2009（3）.

［14］施义慧. 近代西方儿童观的历史变迁［J］. 广西社会科学，2004（11）.

［15］唐力. 当事人程序主体性原则——兼论"以当事人为本"之诉讼构造法理［J］. 现代法学，2003（5）.

［16］陶建国，马鹏程. 论家事诉讼中未成年人利益代理人制度的构建［J］. 前沿，2019（4）.

［17］陶建国. 我国家事审判中的家事调查员制度研究［J］. 保定学院学报，2019（2）.

［18］王德新. 家事审判改革的理念革新与路径调适［J］. 当代法学，2018（1）.

［19］王洪. 论子女最佳利益原则［J］. 现代法学，2003（6）.

［20］薛宁兰. 婚姻家庭法定位及其伦理内涵［J］. 江淮论坛，2015（6）.

［21］杨曦，张旭，章皎洁，等. 家庭因素对青少年犯罪的影响［J］. 神经疾病与精神卫生，2007（2）.

［22］姚建宗. 法治的人文关怀［J］. 华东政法学院学报，2000（3）.

［23］张卫平. 民事诉讼基本模式转换与选择之根据［J］. 现代法学1996（6）.

［24］郑杭生，李迎生. 全面建设小康社会与弱势群体的社会救助［J］. 中国人民大学学报，2003（1）.

［25］朱力. 脆势群体与社会支持［J］. 江苏社会科学，1995（6）.

［26］朱妙，吴瑞益，沈梓君. 少年家事审判改革背景下社会观护制度的检视与完善［J］. 青少年犯罪问题，2018（3）.

三、论文集

［1］［日］中村英郎. 家庭事件裁判制度的比较法研究［M］//郎治国，译. 张卫平. 民事程序法研究（第三辑）. 厦门：厦门大学出版社，2007.

［2］二宫周平. 子どもの意思の尊重と子どもの自己決定［M］//二宫周平，渡辺惺之，離婚紛争の合意による解決と子の意思の尊重. 日本：加除出版株式会社，2014.

［3］高伟. 未成年人监护制度之公法化变革趋势［M］//陈苇. 家事法研究. 北京：群众出版社，2010.

［4］刘敏. 家事正义：家事司法的终极价值目标［M］//中国法学会民事诉讼法学研究会. 中国法学会民事诉讼法学研究会，家事及非讼程序理论研究专业委员会成立仪式暨学术研讨会论文集，2018.

［5］田平安，陈飏. 中国家事诉讼程序论［M］//董开军，张卫平，俞灵雨. 民事诉讼法修改重要问题研究（2011年卷）. 厦门：厦门大学出版社，2011.

［6］王洪. 离婚后监护与子女最佳利益原则——以英美法为中心［M］//夏吟兰，龙翼飞，张学军. 婚姻法学专题研究（2007年卷）. 北京：中国人民公安大学出版社，2008.

［7］谢佑平. 权利保障：诉讼的起源于本质［M］//樊崇义. 诉讼法学研究（第3卷）. 北京：中国检察出版社，2002.

［8］周展．试论早期希腊正义观的变迁——从荷马到梭伦［M］//杨适．
希腊原创智慧．北京：社会科学文献出版社，2005.

四、学位论文集

［1］何燕．家事诉讼中未成年人利益最大化原则研究［D］．南京师范
大学，2016.

［2］胡辉．我国非讼程序立法研究［D］．武汉大学，2013.

［3］侍东波．程序参与及其保障［D］．中国政法大学，2005.

五、网址及其他

［1］联合国网站．联合国1990年世界儿童问题首脑会议：《儿童生存，
保护和发展世界宣言行动计划·导言》第4条［EB/OL］．［1990-09-30］．
https://www.un.org/chinese/events/children/Action/Introduction.html.

［2］民政部网．民政部2012-2018年社会服务发展统计公报［EB/OL］．
http://www.mca.gov.cn /article//sj/.

［3］最高人民法院网．2012-2018年最高人民法院工作报告，2012-2018
年全国法院司法统计公报［EB/OL］.http://www.court.gov.cn/.

［4］新浪网．普陀法院首创儿童权益代表人机制［EB/OL］.http://k.sina.
com.cn/artic le_6200134163_1718e8a13001002n1p.html.

［5］中国法院网．甘肃华池县法院家事审判改革试点工作纪实［EB/OL］.
https://www.chinacourt. org/article/detail/2016/08/id/2056018.shtml.

［6］珠海市香洲区人民法院网．聘任20名家事调查员 多元化解家事纠纷
我院联合区妇联在珠海首推家事调查员制度［EB/OL］.［2021-07-28］.

http://www.zhxzcourt.gov.cn/index.php?do=news&ac=info&two=fyyw&three=tpxw&cid=3293.

［7］秦皇岛市中级人民法院网. 青岛市中级人民法院举办家事审判实务及家事法官心理辅导专题培训［EB/OL］.http://qhdzy.hebeicourt.gov.cn/public/detail.php?id=3661.

［8］东方律师网. 广州"社会观护员"亮相民事案件庭审现场［EB/OL］.［2007-05-25］. http://www.lawyers.org.cn/info/032a021aa13541629b5957cdaee55bf5.

［9］宣言. 用好家风 成风化人［N］. 人民日报，2016-10-20.

［10］上海市高级人民法院网. 浦东新区法院外高桥法庭开展家事调查员岗前培训［EB/OL］.［2017-03-21］.http://www.hshfy.sh.cn/shfy/web/xxnr.jsp?pa=aaWQ9MjAwMTczMTImeGg9MSZsbWRtPWxtNDYwcz.

［11］厦门法院网. 首批40名家事调查员获聘厦门法院探索家事调查，婚姻冷静期等机制取得成效［EB/OL］.［2018-01-08］.https://www.xmcourt.gov.cn/xwzx/mtkfy/201801/t20180108_67167. htm.

［12］东莞新闻网. 东莞"家事调查员"在行动［EB/OL］.［2018-04-02］. https://news.timedg.com/2018-04/02/20652069.shtml.

［13］最高人民法院网. 从司法大数据看我国未成年人权益司法保护和未成年人犯罪特点及其预防［EB/OL］.［2018-06-01］.http://www.court.gov.cn/fabu-xiangqing-99402.html.

［14］国务院妇女儿童工作委员会网. 广东佛山市南海区首期家事调查员培训班开班［EB/OL］.［2018-11-21］.http://www.nwccw.gov.cn/2018-11/21/content_229727.htm.

〔15〕民政部网. 2018 年民政事业发展统计公报〔EB/OL〕.〔2019-08-15〕.
http://images3.mca.gov.cn/www2017/file/201908/1565920301578.pdf.

〔16〕珠海市香洲区人民法院网. 珠海市香洲区人民法院联合市妇联,
市司法局举办家事业务培训〔EB/OL〕.〔2021-07-28〕.http://www.
zhxzcourt.gov.cn/index.php?ac=info&cid=3424&do=news.

〔17〕Australian Law Reform Commission. Review of the Family Law System
（2018）〔EB/OL〕.〔2017-09-27〕.https://www.alrc.gov.au/
inquiries/family-law-system.

〔18〕Australian Law Reform Commission. Family Law For the Future—An
Inquire into the Family Law system〔EB/OL〕.〔2019-03-31〕.https://
www.alrc.gov.au/inquiries/family-law-system.

六、外文资料

〔1〕Alan Campbell. The Right to be Heard：Australian Children's Views
about their Involvement in Decision-making following Parental Separation
〔J〕. Child Care in Practice, 2008（14）：3.

〔2〕Andy Bilson, Sue White. Representing Children's Views and Best
Interests in Court：An International Comparison〔J〕. Child Abuse
Review, 2005（14）.

〔3〕Anne B, Smith, NicolA J, Taylor. Rethinking children's involvement
in decision-making after parental separation〔J〕. The Eighth Australian
Institute of Family Studies Conference, Steps forward for families：
Research, practice and policy, Melbourne, 2003：12-14.

[4] Anne Graham, Robyn Margaret Fitzgerald. Taking account of the 'to and fro' of children's experiences in family law [J]. Children Australia, 2016, 31 (02): 30-36.

[5] Barbara A. Atwood. The Child's Voice in Custody Litigation: An Empirical Survey and Suggestions for reform [J]. Arizona Law Review, 2003 (45): 629.

[6] Barbara Ann Atwood. Representing Children: The Ongoing Search for Clear and Workable Standards [J]. Journal of the American Academy of Matrimonial Lawyers Representing Children, 2005 (19).

[7] Carmen Ray-bettineski, Court Appointed Special Advocate: The Guardian ad Litem for Abused and Neglected Child [J]. Juvenile Family Court Journal, 1978 (8).

[8] Carol Smart, From children's shoes to children's voices [J]. family court review, 2002 (40): 3.

[9] Carolr, Lowery. Child Custody Decisions in Divorce Proceedings: A Survey of Judges, Professional Psychology, 1981 (12): 4.

[10] Ciara Smyth. The Best Interests of the Child in the Expulsion and First-entry Jurisprudence of the European Court of Human Rights: How principled is the court's use of the principle [J]. European journal of migration and law, 2015 (17).

[11] Debra H, Lehrmann J D. Advancing Children's Rights to be Heard and Protected: The Model Representation of Children in Abuse, Neglect, and Custody Proceedings Act, Behavioral Sciences and the Law Behave [J]

. Sci. Law，Published online in Wiley Inter Science，2010（28）.

［12］Duchschere J E，Beck C J，Stahl R M. Guardians Ad Litem and Children's Attorneys in Arizona，A Qualitative Examination of the Roles ［J］. National Council of Juvenile and Family Court Judges，2017（2）.

［13］Felicity Bell. Barriers to Empowering Children in Private Family Law Proceedings ［J］. International Journal of Law，Policy and The Family，2016（3）.

［14］Flowerdew J，Neale B. Trying to Stay Apace Children with Multiple Challenges in their Post-Divorce Family Lives ［J］. Childhood 2003，10（2）.

［15］Hardman C. "Can there be an anthropology of children？" ［J］. Journal of the Anthropology Society of Oxford，1973，4（1）.

［16］Harry Shier. Pathways to Participation：Openings，Opportunities and Obligations ［J］. A New Model for Enhancing Children's Participation in Decision-making，in line with Article 12. 1 of the United Nations Convention on the Rights of the Child. CHILDREN & SOCIETY VOLUME，2001（15）.

［17］In re Gault，387 U.S.1（1967）.

［18］Ingrid Runeson，Inger Hallström，Gunnel Elander，et al.Children's Participation in the Decision-Making Process During Hospitalization：An Observational Study ［J］. Nursing Ethics，2002，9（6）.

［19］Jacqueline Clarke，Do I Have a Voice? An Empirical Analysis of Children's Voices in Michigan Custody Litigation ［J］. Family Law

Quarterly，2013（47）：3.

[20] James A，Prout A. Constructing and Reconstructing Childhood：
Contemporary Issues in the Sociological Study of Childhood （2nd ed.）
[M]. London：The Falmer Press，1997.

[21] Judith S. Wallerstein，The Long-Term Effects of Divorce on Children： A
Review [J]. J Am A cad Child Adolesc Psychiatry，1991（30）：3.

[22] Judy Cashmore，Patrick Parkinson. Children's and Parents'
Perceptions on Children's Participation in Decision Making After Parental
Separation and Divorce [J]. Family Court Review，2008（46）：1.

[23] Judy Cashmore，Patrick Parkinson. Children's Participation in
Family Law Disputes：The Views of Children，Parents，Lawyers and
Counsellors [J]. Family Matters，2009：82.

[24] Judy Cashmore. Children's participation in family law decision-
making：Theoretical approaches to understanding children's views
[J]. Children's Participation in Family Law Disputes：The Views
of Children，Parents，Lawyers and Counsellors，Children and Youth
Services Review，2011（33）.

[25] Katz S N . Family Law in America [M]. Oxford University Press，
2003.

[26] Lashanda Taylor. A lawyer for every child：client-directed representation
in dependency cases [J]. family court review，2009（47）：4.

[27] Laura Lundy. "Voice" is not enough：concept tualising Article 12 of
the United Nations Convention on the Rights of the Child [J]. British

Educational Research Journal, 2007（33）: 6.

[28] Lowden J. Children's rights: A decade of dispute [J]. Philosophical and Ethical Issues, 2001（8）.

[29] Lynne Marie Kohm. Tracing the Foundations of the Best Interests of the Child Standard in American Jurisprudence [J]. Ssrn Electronic Journal, 2008（10）.

[30] Marit Skivenes, Astrid Strandbu. A Child Perspective and Children's Participation [J]. Children, Youth and Environments, 2006, 16（2）.

[31] Marvin R. Ventrell, Rights & Duties: An Overview of the Attorney-Child Client Relationship [J]. Loyola University Chicago Law Journal, 1995.

[32] Mayall B. "Introduction", in B. Mayall （ed.）, Children's Childhoods: Observed and Experienced [M]. London: The Falmer Press, 1994.

[33] Michelle Fernando. Family Law Proceedings and the Child's Right to Be Heard in Australia, the United Kingdom, New Zealand, and Canada [J]. Family Court Review, 2014（52）: 1.

[34] Milfred D. Dale, Don't forget the children: court protection from parental conflict is in the best interests of children, Family court review, 2014（52）: 4.

[35] Nicholas Bala, Rachel Birnbaum, Francine Cyr, et al. Children's Voices in Family Court: Guidelines for Judges Meeting Children [J]. Family Law Quarterly, 2013（47）: 3.

[36] Nicholas Bala, Victoria Talwar, Joanna Harris. The Voice of Children

in Canadian Family Law Cases ［J］. Canadian Family Law Quarterly, 2005（24）.

［37］Nicola Taylor, Pauline Tapp, Mark Henaghan. Respecting Children's Participation in Family Law Proceedings ［J］. International Journal of Children's Rights, 2007（15）.

［38］Nigel Lowe, Children's participation in the family justice system—translating principles into practice ［J］. Child and Family Law Quarterly, 2001（13）: 2.

［39］Patrick Parkinson, The Law of Postseparation Parenting in Australia ［J］. Family Law Quarterly, 2005（39）: 2.

［40］Patrick Parkinson. The child participation principle in child protection law in New South Wales ［J］. The International Journal of Children's Rights, 2001（9）.

［41］Rachel Birnbaum, Nicholas Bala. a survey of canadian judges about their meetings with children: becoming more common but still contentious ［J］. the canadian bar review, 2012（91）.

［42］Richard A. Warshak, Payoffs and Pitfalls of Listening to Children ［J］. Family Relations, 2003（52）.

［43］Richard Chisholm. Children's Participation in Family Court Litigation, Family Law: Processes, Practices and Pressures. Ed. John. Dewar and Stephen Parker ［J］. London: Hart Publishing, 2003.

［44］Roger Hart. Children's Participation: From Tokenism To Citizenship ［M］. UNICEF, 1992.

［45］Ronda Bessner, The Voice Of The Child In Divorce Custody And Access Proceedings. Family ［J］. Children and Youth Section Department of Justice Canada, 2002.

［46］S Rozell. Are Children Competent Witnesses. A Psychological Perspective ［J］. Washington University Law Review, 1985.

［47］Sara R. WALLACE, SUSAN SILVERBERG KOERNER. Influence of Child and Family Factors on Judicial Decisions in Contested Custody Cases ［J］. Family Relations, 2003, 52（2）: 180–188.

［48］Smart C, Wade A, Neale B. Objects of concern?—Children and divorce ［J］. Child and Family Law Quarterly, 1999, 11（4）.

［49］Sttzel M, Fegert A. Fegert, the representation of the legal interests of children and adolescents in germany: a study of the children's guardian from a child's perspective ［J］. International Journal of Law, Policy and the Family, 2006（2）: 2.

［50］Taylor N J, Gollop M, Tapp P, et al.Children's Rights in New Zealand Family Law Judgments: Research Report ［M］. Dunedin: Children's Issues Centre, University of Otago, 2000.

［51］The Honorable Gerald W. Hardcastle, Adversarialism and the Family Court: A Family Court Judge's Perspective ［J］. UC Davis Juvenile Law & Policy, 2005（9）: 1.

附录　家事诉讼中人民法院
听取未成年人意见规则

一、指导方针和目的

　　制定该规则的目的旨在鼓励人民法院使未成年人能够更多地参与到对其利益有影响的家事诉讼中来；使未成年人有机会确信人民法院已了解他们的愿望、看法和感受；帮助未成年人了解人民法院的工作职责和诉讼程序；同时，使人民法院能够掌握更多的有关未成年人的想法、愿望和偏好，以能够做出更全面的决定，实现未成年人利益最大化。

二、人民法院听取未成年人意见的适用情形

　　人民法院听取未成年人意见应在未成年人自愿的情况下进行。如果未成年人不愿意向人民法院表达其想法、愿望和偏好，人民法院应了解未成年人是否可能受到父母或其他人的压力与阻碍。

　　人民法院有决定是否听取未成年人意见和决定如何听取意见的自由裁

量权，在做出以上决定时需考虑以下因素：

·未成年人的年龄和发展阶段；

·程序的性质和阶段；

·争议事项；

·人民法院参与适当的司法培训项目和经验；

·人民法院可以征求未成年人的监护人、律师或程序辅助人的意见。

未成年人的监护人、律师或程序辅助人如提出人民法院应听取未成年人意见的要求应：

·从未成年人的角度向未成年人解释人民法院听取其意见的目的；

·对人民法院听取未成年人意见是否符合该未成年人的利益提供意见；

·对人民法院听取未成年人意见如何举行、在何处和何时举行提供建议。

如果未成年人希望向人民法院表达意愿，但人民法院认为这样做将是不适当的，人民法院应为未成年人提供一份简短的书面解释，如果可能的话，可由未成年人的监护人、律师或程序辅助人转交。

三、人民法院听取未成年人意见的具体规则

（一）人民法院听取未成年人意见的准备阶段

如果人民法院决定听取未成年人意见，应对以下事项做出决定，并应在听取未成年人意见前将有关这些事项的决定通知当事人各方。

（1）人民法院听取未成年人意见的目的；

（2）人民法院听取未成年人意见的审判人员；

（3）人民法院听取未成年人意见的地点；

（4）人民法院听取未成年人意见的时间；

（5）未成年人的律师或程序辅助人应带领未成年人参加人民法院听取意见程序。

（二）人民法院听取未成年人意见的场所与在场人员

人民法院听取未成年人意见通常应在人民法院的专门的会见室进行。

人民法院听取未成年人意见时，通常应有一名法庭书记员在场。如果未成年人有律师或者程序辅助人的，则律师或程序辅助人应到场。

在人民法院听取未成年人意见时，为促进未成年人更全面的表达，可以由一位中立的心理健康专家协助人民法院与未成年人进行对话。

未成年人的父母或父母的律师不应在场，因为他们的出席可能会抑制、过度施压或使孩子难堪。

如果案件涉及兄弟姐妹，人民法院可以小组形式听取他们的意见，如果有必要也可以安排单独会见每个孩子。

（三）人民法院听取未成年人意见的具体方式

人民法院听取未成年人意见如果是在法庭以外的地点进行的，应该是非正式的和对话性的。如果孩子需要边说话边画，人民法院应为孩子提供纸、蜡笔或彩色铅笔等文具以帮助他们更容易的表达。人民法院应该使用适合未成年人的语言简要解释谈话的目的，然后询问孩子们的兴趣和活动。在父母之间发生争执的情况下，可以询问孩子们在学校和家庭中的日常活动、朋友、亲戚、兄弟姐妹，以及每个家庭是否有他们喜欢或不喜欢的东西。人民法院提出的问题应该是开放式的。

人民法院应避免直接要求未成年人陈述他们对生活安排的偏好，或选择他们希望与之居住的父母。

（四）人民法院对未成年人意见的审酌义务

未成年人对抚养、监护、探望等事项的意见表达应得到承认，但人民法院应告知未成年人，这些意见并不是决定性的。

人民法院可将未成年人的意见、愿望和偏好告知未成年人的父母，以帮助未成年人的父母准确地了解孩子的意愿，也有助于家事案件的解决。

（五）对人民法院听取未成年人意见的记录

人民法院应确保对听取未成年人意见进行记录。人民法院有权封存记录，以便在可能的上诉程序中使用，并可决定只向当事人各方提供记录摘要，以帮助保护未成年人与有关各方的关系。